唤醒

好父母就是好老师

朱桂根 著

作家出版社

孩子的教育，既是科学，又是艺术；既要遵循有关规律，又要讲究方式方法。在这方面，朱桂根先生深有体会。本书用生动的案例，讲述他的成功经验，值得家长们学习和借鉴。

郭永福
2021年5月20日

相信每位为人父母的，都对自己的孩子爱得深沉。可是，您知道怎样去"懂"地爱自己的孩子吗？请您阅读朱桂根先生最新创作的"唤醒——为父母赋能如是怀"。通过读书，您或许能形找到爱孩子的"正确"方式。

刘彼
2021年5月13日

于此享.

孔子说：三人行，必有吾师焉。向优秀的人学习，是自身成长与进步的途径。朱桂根先生通过多年大量学习、研究和借鉴许多家教成功的经验，总结出了朱氏风格的家教之道。

《唤醒》这部专著，一定能让更多的教师和家长获得优秀的家教之道！

杨丰铭

2021年5月9日

——————————————————

做了二十多年家庭教育类报刊的编辑，手编过许多多家庭教育案例，依然被书中的故事吸引、感动、温暖。朱老师的文笔有着极强的感染力，选择的案例有很强的代表性，指导家长的家教方法也极具智慧。这本书可以成为家长育儿的工具书，每一位家长都能在书中找到那个相似的"我"。

家教周报 向蕾

教育孩子的过程和中医调理的过程是一样一样的，都必须慢慢来，急不得。宋桂根教授的新书《唤醒——好父母就是好老师》是要唤醒谁？是要唤醒什么？很简单，谁因阅读此书而受益，便是唤醒了谁；阅读此书所悟者何，便是唤醒了什么。

蒋乙嘉

桂根老师是我的好朋友，多年来一直会演到他的小品。

这本书值得推荐，不仅富有教育意义，而且完全吻合他的

个性风格，善良而高敬，精润而迅捷。再次读来都

深受裨益，非常喜欢他的这本书。

苏州工业园区青年活动中心 俞靖

欣闻柱根先生第二本著作即将问世，可喜可贺！

柱根先生是一名有大爱的摄影记者，马拉松有些"不务正业"，但以他对家庭教育的用心、执着和钻研精神，我相信，这本书将是每一位阅读者的宝典秘籍！

故事可以寓教于乐，道理可以深入浅出，经验可以举一反三，《唤醒》可以"读透"益善。这是一本有益于家长的好书，也是一本有益于孩子的好书！

沪苏蓝之天律师事务所

主任律师 周君磊

数十个典型案例，让父母《唤醒》孩子，让孩子读懂父母！

——周扬涛

三六集团董事长

《唤醒》一书，成功解读亲子沟通密码，破解学习成长症结难题。桂根兄不愧为最懂孩子们的"心灵导师"。

"谋略者联盟" 创始人 乐人
"好父母好导师" 品牌 创始人 乐人

心教不是教育的全部内容，更不是教育的根本目的，好的教育应该要终培养孩子们成全师仁秀的人格，赢得未来的幸福。桂根老师二十多年来对《唤醒》一直是家有真对家校家庭教育与亲子心育教育的思考与探索，这是一本有关于家长的好书，也是一本有关于孩子的好书。

江山

这个时代，教育是一个复杂的体系，所以我们家长不能简单化处理。没有教育公式和专家建议可以直接拿来用的。这本书《唤醒》的意义是在家长放下焦虑，接受和支持孩子，努力让孩子成为自己，体验成长的困惑，拥有追逐梦想的勇气。

金玲

《唤醒》一书让我懂得

人生最好的投资是下一代的孩子教育。

好的家庭教育才能使我们家族兴旺

光宗耀祖。

曹益民

《唤醒——好父母就是好老师》。书如

其名，"好父母就是好老师"，这强调了家庭教育

的重要性，且道理是人人都懂的，但却不是

人人都能做到的，否则天下就没有难带

的娃了。但是没关系，朱桂根老师可以唤醒

你，唤醒你对孩子的爱和尊重，唤醒你对孩子

的陪伴和引导。粗暴解决不了问题，要用尊重和

智慧。

杨秀林

目录
CATALOG

序 1 如何携手带路? 1

序 2 一个受教育者的教育观 3

前言 6

第一课 "网"商课

开篇 善用网络 2

《王者荣耀》是谁的"毒药" 5

逐步压缩游戏时间,降低对游戏的迷恋 11

"协议"严控游戏时间,让更多精力回归学习 18

"电子保姆"危害大 22

四周电子"禁食" 27

天猫精灵随叫随到 32

"学习小组"把孩子拉回课堂远离网游 35

游戏有毒 44

着魔的抖音 48

第二课 财商课

开篇 财商也要从小培养 54

做家务的意义 58

零花钱怎么花 62

钱从哪里来 67

会生钱的存折 72

用"赚"来的钱做公益，干得漂亮 76

追求名牌 80

第三课 情商课

开篇 挫折与解压 86

允许愤怒，是情绪管理教育第一步 89

少话，微笑，任务必做好，话前必思考 95

教孩子道歉 100

人生有做不到，也有不可能 104

表扬一席谈 108

第四课 "父母"商课

开篇 父母要学会做好父母 114

学会欣赏 118

你做到，孩子就做到 122

两个"负负循环"，两个"正正循环" 129

把孩子当"大客户" 136

同频共情不要比较，"顺"其自然因势利导 142

爱与道歉，不可拖欠 151

报喜又报忧，孩子会很优 158

别让娱乐式陪伴害了孩子 162

警察恐惧症 166

二宝来了 172

换种方式，引起他的兴趣 176

会装傻示弱，才是真高手 179

孩子不想和你说话，因为和你们"不熟" 184

第五课 "子"商课

开篇 孩子要学会做好孩子 190

有错必责，从小建立规矩心 193

孩子有"前科"，根源竟是大棒和冤枉 202

用做人影响做人，用美德养成美德 209

尊重隐私，保护孩子心理边界 214

遇见榜样 220

告别"巨婴" 229

承诺公式：审慎＋做到 240

用不唠叨换来孩子自治力 246

不为孩子择路，让他有自己的梦想 251

放下你的手机 257

读书的意义 261

追星辩证法 266

"早恋"转化法 270

第六课 "学"商课

开篇 父母要教孩子会学习 278

把字练好 281

快乐和被欣赏是兴趣之源 286

细心呵护孩子的兴趣，让他保持"喜欢" ·······························292

松开手，让孩子的"天赋"自由飞翔 ·······························297

"安排"孩子要有度，有张有弛有出口 ·······························305

爱上写作文 ·······························309

"填鸭式"辅导无效，让孩子自己思考 ·······························314

脑补记忆法：理解＋默记＋重复 ·······························318

默写常出错，不是阅读障碍症 ·······························324

效率越高自由越多 ·······························329

放弃保姆式养育方式，让孩子自己做自己的事情 ·······························337

致父母的一封信 ·······························342

后记：幸福人生是需要目标的 ·······························350

人间值得 ·······························353

序¹ 如何携手带路？

著名教育家　朱永新

我一直认为，做父母，要做好三件最重要的事情：陪伴、阅读和培养孩子的习惯。

父母对孩子的陪伴，是不可替代的。别人替代不了本人，未来替代不了现在。人生早期阶段的阅读从头塑造一个人的精神世界，但是当前阅读在家庭中还没有得到充分重视。至于习惯养成，家庭是最重要、最基础的习惯养成之地，好习惯是一个人一生的财富。

我很高兴，桂根的新书《唤醒——好父母就是好老师》里面的大部分篇章，都是关于陪伴和习惯培养的，其中还融入了一些新教育理念，这也是我愿意为桂根作序的重要原因。

父母是孩子的第一任老师，这是绝大多数国人的共识，既如此，何不把自己的老师角色，做得更出色一点？我们在任何一个儿童身上，能够看到其父母的影子；在任何一个儿童的问题中，都能够找到其家庭的问题，或者说父母的问题。所以，父母对孩子的影响，体现在每一个细节，包括你在饭桌上说的话。

西方心理学家做过一次很有意思的研究，就专门记录不同家庭晚餐说什么话，用录音录下来然后进行分析比较。他们发现，不同的话语情境对孩子的影响是不一样的，孩子受到的熏陶、被教育的地方都不一样。

父母不教育孩子，孩子可能会变坏；父母用错误的方法教育孩子，那么孩子会变得更坏。在好的教育、放养式的不教育和错误的教育三者中，很多父母恰恰选择的是错误的教育。那么，父母们容易犯的毛病主要有哪几方面呢？

第一，高期望值。几乎所有的父母都用很长的时间

做望子成龙、望女成凤的梦。几乎在所有的儿童早期阶段，他们的父母都认为自己的孩子很了不起，却又随着孩子的成长，期望值逐步降低。

应该说，望子成龙、望女成凤本身没有什么错，父母都期待孩子成长，但是期望要建立在孩子自身基础之上的，也就是说每个孩子都有成龙的可能，都有可能成为一个优秀的人。这个期望却不可寄托在不切实际的幻想、空想上——并非只有进北大清华，才意味着成功。

第二，重智轻德。这也是我们现在家庭、父母经常犯的一个毛病，"一俊遮百丑"，只要学习好，就什么都好。至于孩子怎么做人，怎么和别人相处，能不能成为受尊敬、受欢迎的人，有没有同情心，父母完全不关注。很多孩子唯学习是图，和同学却没有真正的交流、心灵的沟通等。

其实，作为一个人来说，他的品德发展、个性成长远比成绩更重要。在每个学校里面，成绩最优秀、考试最好的人，未必就是走向社会以后发展得最好的人。

第三，易走极端。一种极端是溺爱。我们在看到很多家庭，父母对孩子宠爱到无以复加，细致到了不让孩子去尝试一点新鲜事物，连孩子吃鸡蛋都要给他剥好皮。还有一种极端是冷漠，就是对孩子基本不闻不问，爱理不理。

家庭教育中充满着无证驾驶的"司机"。如果一个国家充斥着这样的"司机"，那么这个国家一定是危险的。这么说并非危言耸听。我们教育工作者的一个很重要的使命，就是培训他们"上路"。

所以，在人生成长的最关键时期，你怎么和孩子一起度过？你怎么成为携手带路的人？你该如何为孩子带路？桂根的这本《唤醒——好父母就是好老师》提供了诸多案例和指导，值得参考借鉴。

让父母和孩子一起成长，是最简单也是最有效的家庭教育之法。父母如何为孩子带路，其实就是父母继续成长的过程。愿天下父母都能够和孩子成为真正的同路人。

序²
一个受教育者的教育观

作者女儿　朱佳晴

在我近二十年的受教育过程中，我曾反复思考教育的根本意义。很久都没有得出过令我自己信服的结论。如今步入大学，好似拨云见雾般看清楚了些。就学习层面而言，我认为，教育可以培养学习兴趣、养成良好的习惯，为个体将来独立学习与发展奠定基础。但我深知，教育的意义远不止这些，或者说，这只能算是教育的目的之一。教育的意义体现在"人"作为一个整体，体现在一个人的品质、修养、能力、德行和习惯等，不可谓不深。而父母在教育孩子成长的过程中，扮演着极为重要且不可或缺的角色。

尊重孩子的天性：给予其适当空间，在实践中成长

我上小学的时候，学习生活乏善可陈。我成绩并不出类拔萃，也不是那类天赋异禀的孩子，可能是天性使然，我也并不为此忧心。回想我的小学生活，有一半的时间都是在教学楼前的操场疯跑着度过的。那时我总是飞奔着踩过还没来得及清理的银杏叶，留下一串银铃般的笑声，天大的烦恼在奔跑的时候也早已忘得一干二净了。也是在那段时间，我常常随我父亲出门采访，倒也不是标准答案常会提到的多长见识、开拓视野云云，只是很单纯的中午不会因为父母上班而饿肚子。采访的时候，见过电视台扛摄影机的摄像大叔，也见过拿着长枪短炮的报社记者；见过辛勤劳作的农民，也见过衣着光鲜的企业家；去过吵嚷喧嚣的集市，也去过气派高雅的艺术大厅。蹭午饭的一个个双休日过得倒也十分充实。

前段时间我看了一部电影《海蒂和爷爷》，影片里

那个热爱奔跑在阿尔卑斯山脉、关心周围事物的小女孩令我感到温暖又熟悉。这才后知后觉地反应过来：其实从那个时候开始，我的世界就再也不是那个从学校到家的两点一线和被教学楼围住的"四角天空"了。我很感激父亲的工作性质带给我的便利，让我在实践中感知生活，没有那些条条框框的大道理，我爱玩的天性也没有被过分约束，好像一切都在对的节奏上，像灵活的指尖跃过琴键后倾泻而出的流畅悠扬的钢琴曲。

如果你想要孩子成为什么样的人，自己就要首先成为什么样的人。

我自始至终都相信言传身教。父母的一言一行，无时无刻不在潜移默化地影响着孩子，无论是好的，还是不好的。梁启超先生拥有众多出色的子女，这和他自己的以身作则息息相关。在现实生活中，"说教"通常被孩子所厌恶，其实这是情有可原的。"说教"常有着"站着说话不腰疼"的意味，若是父母可以率先树立榜样，令人不快的沟通则可以有效避免。

我小的时候，曾和一位朋友在她母亲的陪伴下一起去社区帮忙。她的母亲是一位大学教授，很有社会声望。她在社区遇到清扫垃圾的阿婆会停下脚步点头致意并问候，在我跟她谈话的时候会弯下膝盖与我平视，谈话过程中嘴角总有温暖的笑意。这样的琐碎细节也与我朋友平时所展现出来的良好修养一致。其实生活并不总是波澜壮阔，相反都是由点滴细节聚集而成的，日子久了，耳濡目染，习惯也就成了自然。好的品质和习惯的养成自然也是瓜熟蒂落、水到渠成的了。反之，不起眼的坏习惯也会随着日子的推移而积微成著。

子曰："弟子入则孝，出则悌，谨而信，泛爱众而亲仁。"

我以为，在孩童时期，最为重要的是树立正确的道德观，明辨是非，尊重他人。跟这些最基本的做人准则相比，学习成绩优异与否，并不重要。

若一个人才高八斗、学富五车，但居心叵测，用我初中物理老师的话来说就是："对社会造成的危害不亚于核武器。"反过来说，若一个孩子虽资质平平，但却善良孝顺、讲求诚信，那么哪怕他是一个铁匠，也是光荣的、值得骄傲的。我记得小时候在放学回家的路上，奶奶总是会拉着我的手跟我讲些故事，有些是寓言故事，有些则就发生在身边，我也常复述老师讲的故事给奶奶听。这么一来一往，最为基本的道德观也在我的脑海里有了雏形。在这过程当中，回想起来，耐心的倾听和适当的引导起了很大的作用。

爱、关怀与理解

我曾与一个学教育专业的朋友探讨过家庭关系对孩子发展的影响。我们达成了一个很有趣的共识：在充满爱与关心的家庭里长大的孩子，往往更有自信。这是一种底气，对一个孩子有着极其深远的影响。和谐有爱的家庭给予孩子力量，让他在犯错或是事情没有做好的情况下也不会过于惊慌。经过父母的勉励，孩子通常会忘记错误带来的不愉快，朝着更好的方向发展。长此以往，良性循环。

相反，如果当孩子极其恐惧自己犯错的时候，或是急于逃避责任的时候，对于家庭氛围与孩子而言往往并不是一个好的信号。这时候，比起责罚，沟通并找到这种现象的根本原因更为重要。也许，藏在心里的黑暗小角落就会被发现并打上一束温暖的光。没有人是圣人，没有人永远不会犯错。家长也是普通人，不必苛责自己，但也不要忘了修补曾经留下的裂痕。

陪伴是孩子成长不可或缺的一部分

在陪伴的过程中，不仅增进了感情，家长往往也可以通过观察，进一步了解到孩子的性格、兴趣和特长等。就我自己和周围人的经历而言，我发现找到自己擅长的事物和感兴趣的事尤为重要，若是运气好，爱好和所长重叠那就再好不过了。就我自己来说，我书法不错，常常写常常被夸，硬笔字也随之越写越好看，又经常被老师点名表扬。这样的正面反馈收集多了，一方面越来越爱写，另一方面有强烈的我可以做好很多事的自我暗示。这样的感觉对孩子来说简直不能更好了。就像远航寻宝，第一站挖到了黄金，前往下一站的动力也会越来越足。

最后，我想说，每个孩子都是独一无二的，家长也是，谁也不知道会发生怎样奇妙的化学反应。我们大多是第一次当孩子，父母也是第一次当父母，磕磕绊绊再正常不过了。每个人都值得被尊重和爱护，要学会用爱与智慧找到平衡。

前　言

可以说，天下所有的父母都有着望子成龙、望女成凤的强烈愿景，希望自己的子女未来能有所成就，取得事业的成功，获得人生的幸福。愿景的实现，很大程度取决于父母的教育。即便是子女已然成年，也离不开家长的教导，因为家长毕竟比子女有着更多的人生经历和智慧，在子女遭遇逆境或者碰到困难时，家长们的教导往往会起着醍醐灌顶的作用。

教育的方式繁多，家家都有一套独有的理念，可中国式的家庭里，"打骂"似乎成了杀手锏："你这孩子，怎么这么不听话，是不是要逼我发火！""是不是一定要打你，才肯学啊！""我都跟你说了多少次，怎么就是不好好改改呢！"这些都是现实中父母对待自家孩子恨铁不成钢的典型话语。

英国著名的哲学家和教育思想家约翰·洛克早在三百多年前就提出：要尊重孩子，要精心爱护和培养孩子的荣誉感和自尊心，反对对孩子进行打骂式教育。他断言："打骂式的管教，其所养成的只会是'奴隶式'的孩子。"父母教育"失重""失度"，有意或无意中采取了打骂式教育，往往事与愿违。

打骂教育倒不单纯是为了显示父母的权威，很大程度上是父母受一种错误的教育观念的影响，那就是"不打不骂不成才""棍棒底下出孝子"。有老师在一所小学里以"你的父母打骂过你吗"为话题做过一次现场调查，请孩子们认真思考后举手表态，几乎百分之百的孩子回答：没被父母打过至少也被父母骂过。

打骂的方式，大概率培养不出父母们想要的"人才"。

因为，这往往展示的是尊严、威信，是一种居高临下的姿态。本书主要通过本人经手的、丰富翔实的成功教育案例，讲述经过无数父母证实的正确家庭教育方法，让曾经打骂孩子的父母明白并注意"单纯对孩子打骂是没有用的"这一客观现实。让父母学会用正确的方式来教育孩子，只要教育方式正确，结果会出乎意料。

第一课 「网」商课

开篇　善用网络

在这信息爆炸的时代，每个角落里仿佛都遍布着虚拟的、错综的网笼，无论是奔波城市乡镇的上班一族，抑或是低头锄地的农民莽夫，空闲时都会打开手机刷短视频。而在这段特殊时期——新冠疫情肆虐的大背景下，线上作为一种新的工作和学习模式，备受青睐。

而今，文字、音频和视频等资料通常作为网上共享资源。得益于此，人们的工作和生活都变得极为便利。拿我的经验来讲，写论文的时候我常常庆幸书目检索和系列文献推荐这样人性化的功能，使得我不用在图书馆彻夜不眠地人工检索相关书目。除此之外，我也会经常使用Kindle（电子阅读器）阅读书籍，这样既减轻了我肩上的负担，也可以为保护环境贡献一份自己的力量。线上支付的普及使得作者权益受到保护。这些都是网络带来的良性效果。

一次，我在公交车上，意外听见一位母亲训斥孩子看社会新闻，道："不要多管闲事，你也管不过来！读好你的书就好了！"我颇不认同。关心社会新闻是一种具有社会责任感的体现，无故的斥责不会产生良性的教育意义，反而会适得其反。毕竟只有现在"发现"问题，未来才有可能"解决"问题。对于很多热爱音乐的人来说，线上听歌甚至可以达到黑胶唱片的音质；对于许多听英语的学生，现在再也不是那个磁带在录音机里不停转动发声的年代了。除了以上两类资料，我也常常看网上的影像资料。学术方面，我就曾多

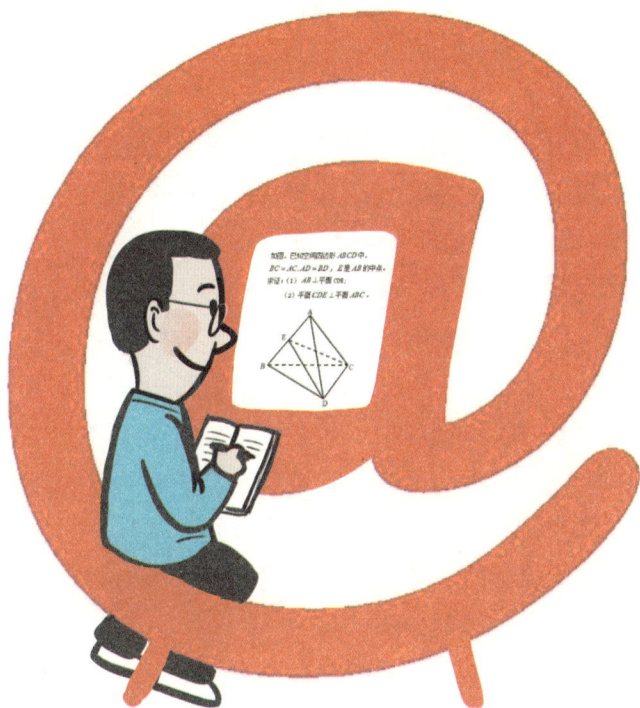

次观看可汗学院和各大高校的公开课，通常这些课都是相对基础的和解释清晰的。各大社会名流、高校教授和社会传播者爱去的 TED 也是观察社会热点问题和主流学术研究方向的不错平台。娱乐生活方面，我自己很爱看电影和纪录片，很多经典原版影片我都是在网上看的，蓝光画质和绝佳的音质提供了极好的观影体验。以上所谈到的各方面可以从各个角度培养学生的鉴赏能力和分析能力，无论是对学术文章的判断、音乐的欣赏能力、社会实况的分析，还是影视的审美。从这个角度来说，就不得不承认网络时代带来的巨大好处。

新冠疫情爆发后，人们的生活方式发生了翻天覆地的变化。线上课堂也作为一种新的普及性的解决方案被越来越多的学校采纳。不同于录播课，线上课堂可以互动，可以在授课结束后无限循环回放。这不仅弥补了录播课无法提问的短板，也为在课上没有消化好知识的学生提供了复习的可能。此外，在一些需要讨论的课堂，可能一些其他的会议软件也会被运用到，这也为更好适应未来的无纸化办公提供了一个契机。类似的人与人之间线上交往的应用还有很多，如微博、微信、在线游戏等。

但硬币还有另一面，我自己就曾看见过许多学生因过度沉迷网络游戏和微博追星与父母发生争执、离家出走的新闻。任何事情都要把握好度，适量的游戏确实可以解压，但是过量就会损害身心健康。

在信息社会高度发展的今天，使用电脑甚至电脑编程语言成了必修课，孩子也越来越早地接触到电子产品。学会熟练使用电子设备是一个现代人必不可少的技能，但是过分沉迷于虚拟世界也会带来一些负面影响。如何趋利避害确实是一个值得思考的问题。

我的建议是有计划地玩，规定好时间。要学会在学习和休闲中找到平衡，家长也应该起到一定的监督和引导作用。值得提醒的是，其实不用把游戏当作洪水猛兽，在兼顾好学习生活的时候，可以适当地放松。更理性地看待问题，才能寻找到一个更合理的解决方案。

时代总是不停地向前推进，但我依旧深信，宽容、开放、平等和理性的态度是看待问题、处理问题和解决问题的秘诀。

《王者荣耀》是谁的"毒药"

一个因游戏耽误前程的案例的反思

2017 年 7 月,《人民日报》和人民网连续对一款火爆全国的网络游戏《王者荣耀》发表 5 篇评论文章,深刻剖析这款游戏究竟是娱乐大众还是危害人生、为什么社交游戏监管刻不容缓、学生沉迷游戏背后的家庭教育问题等社会性问题,呼吁全国的青少年别把网游当成生活的全部。随后,新华社也分别在 7 月 7 日、10 日和 11 日连续发表了 3 篇评论文章《"王者荣耀"是"王者农药"? 健康游戏不止于防沉迷》《手游不该"游戏"历史》和《对游戏行业需"一手扶犁,一手挥鞭"》,对手机网游进行了深刻的剖析。

为何官媒连续对《王者荣耀》这款网络游戏发表批评性的评论? 正是由于《王者荣耀》给社会带来的巨大负面影响——尤其它侵害了青少年的身心健康。正如人民网的评论所言:作为游戏,《王者荣耀》是成功的,而面向社会,它却不断在释放负能量。从数据看,累计注册用户超 2 亿,日活跃用户超 8000 余万,每 7 个中国人就有 1 人在玩,其中"00 后"用户占比超过 20%。在如此可观的用户基础上,悲剧不断上演:13 岁学生因玩游戏被父亲教训后跳楼,11 岁女孩为买装备盗刷父母 10 余万元,17 岁少年狂打 40 小时游戏诱发脑梗险些丧命……到底游戏是娱乐了大众,还是"危害"了人生? 恐怕在赚钱与伤人并生时,后者更值得警惕。

作为家庭教育的指导师,我非常清楚《王者荣耀》给孩子带来的巨大杀伤力,所以不管在什么地方,我只要看到有孩子在玩《王者荣耀》,都会及时给予提醒。

我总结了游戏上瘾的条件:无时无刻不在想着网络上的事情;无法控制

上网的冲动；需要越来越多的上网时间才能满足，且上网总是超过预期的时间；几天不玩就会不安、愤怒，只好又玩；为了上网想尽各种办法；明知上网已引起或恶化身心问题，但无法停止。

我有个叫文强的学生，非常腼腆，初三认识他时，他成绩在班上名列前茅。他的爱好是打《王者荣耀》，在学校所有学生玩家里是领头的，班上的其他男生都"膜拜"他。

中考后，他轻而易举地考上了四星级高中，我建议他妈妈一定要安排好他暑假的生活，避免游戏上瘾。他妈妈却说："没关系的，我们一直是约定好的，他每周打游戏2小时，很自觉，不会上瘾。"

高一下学期快结束的时候，文强妈妈打电话给我："朱老师，怎么办啊？文强不肯上学了，天天在家没日没夜地打游戏，已经在家两个星期了。"我

想尝试和她多了解一下孩子打游戏的情况，可是她除了知道孩子一直在打游戏之外，其他的一无所知。

我找到文强，才了解到初三毕业的暑假，整整两个月他都在打《王者荣耀》，而且还参加了业余选手比赛，拿到了省冠军。为了保持在业余选手位中的名次，必须每天完成相应时数的比赛，要不然就会被后面的玩家追上。高一的时候，每天晚上刷点打游戏，白天到学校犯困，所以一整学年都没有真正听过课。其间上海还有个专门的游戏组织联系他，请他和其他6位业余玩家一起参加在上海举行的比赛。他在比赛中获得了二等奖，奖金是500元。

"我已经找到了将来要从事的职业，我要做一名专业的电竞选手。而且这个行业是我喜欢的职业，电竞现在是国家认可的职业。"文强这样和我说。

我附和："嗯，我知道，但是你要知道不是什么人都可以从事这个职业的。它属于高智力行业，对选手的反应能力、思维能力和四肢协调能力都有很高的要求，成功的概率是极低的。你怎样才能成为一名专业的电竞选手呢？"

"我想先从业余打起，有一家公司已经看中我了，答应每个月薪水不低于2万，我还没有和他们签。我毕业就到他们那里打，他们提供专业的培训，我的级别不需要培训费。高中阶段我就兼职参加他们的培训，有比赛就一起打。"文强非常自信地说给我听。

我对这家公司略有反感，要知道他们诱惑的都是还在上学的孩子啊！对一个还没有踏入社会的孩子来说，五星级酒店、专车接送、高薪职位的诱惑是没有办法抵挡的。

"你还是先和他们签合同吧。虽然你爸妈不支持，但是我可以帮你说服他们。这样对你也是保障，万一等你毕业了他们不和你签合同怎么办？"我极力劝说。

"没关系的，他们会和我签的，已经答应我了。"文强信心满满地说。

"那好吧，我来问你，打游戏的最佳年龄段是什么时候？"我问。

"16到24岁。"文强想了一下回答。

"这么短！那么你过了这个年龄段做什么？"我问。

"这个我也想过了，我可以做教练，我还可以做主播。两种工作收入都挺高的。"文强回答我。

"那说明你深思熟虑了，也做过职业规划了，可以走这条路。你上次参加上海比赛，团队获得的奖金是多少？"我问。

"10 万！"

"你想一下啊，一场比赛总奖金是 10 万，给你们 6 个人每人 500 元，一共 3000 元，再加上住宿，算一晚 1000 元，吃饭每人 100 元，他们总成本多少？"我把他参加的上海一场比赛的奖金进行了核算，"不到 5000 元吧！可是他们可以获得多少利润？等你大学毕业，你几岁了？"

"22 岁。"

"你觉得 22 岁的你比现在的 16 岁的你打游戏厉害吗？"我继续问他。

"那肯定没有，往后反应和灵敏度就跟不上了。"文强回答。

"如果你是老板，你要和那个马上就过了打游戏最佳年龄段的人签合同，还是去寻找不要太多成本、打游戏又是最佳年龄的人？"我继续问他。

文强有点窘迫了，吸了一口气。

"所以，你要尽快和他们签合同，最好能够签一个长期合同。因为你为了游戏现在高中也没得上了，你去试试。"

文强答应回去找对方谈谈合同。结果肯定是不能签了，耷拉着脑袋回来了。这个时候，盲目选择以游戏为"事业"的后果就出来了：由于他高一学年没有上课听讲，作业也没有做，成绩直接掉落到谷底，想回到课堂已经不可能了。最终，文强高考后没有什么大学可以选择，上了一所中专。

《王者荣耀》是一款名副其实的国民游戏，注册用户高达 2 亿。只需要一部手机，走路、课间、躺在床上的时候都可以玩一盘，每局战斗只需要15 到 20 分钟，这种碎片化游戏方式加上现在的孩子人手一部手机，吸引了大量的学生用户。虽然《王者荣耀》已出台防止青少年沉迷游戏的措施：12周岁以下的孩子每天限玩 1 小时，12 岁以上的未成年人每天限玩 2 小时，强化了实名认证，绑定硬件设备实现一键禁玩。

但实际上，这些措施在学生面前基本没有什么作用和效果——他们可以用爷爷奶奶的身份证申请。所以这次疫情期间，"老年"玩家数量激增，注册用户中很多都是 55 周岁以上的，但是他们真的是"老年"玩家吗？通过专业机构调查，小学生和初高中学生的总用户占了绝对的优势，高达 54%以上，这款游戏在这些学生中的火爆程度可想而知。大部分学生玩家对这款游戏欲罢不能，"班上所有的人都在玩游戏，男生女生都玩，只有少部分同学不玩，你不玩就没有办法和同学聊天了，感觉被孤立了"。这是一个新"入坑"的小学生"玩家"的心声。

当然我最痛心的还是有些家长明明知道自家孩子游戏上瘾不好，但还是纵容孩子玩游戏。还非常"科学"地制定游戏规则：每周只允许玩1小时，或者每周有4张游戏卡，每张卡面值半小时，如果超时要适当地惩罚。这种行为无异于掩耳盗铃。小学阶段用这种所谓的约定尚能限制孩子的行为，虽然他们想游戏想得百爪挠心，但是碍于家长的威严还是能控制的；但是到了初中，面对那些一言不合就摔门而去的"神兽"，我们又如何和他们约法三章？

很多来访家长说："我的孩子成绩为什么下降呢？老师反映他在课堂上睡觉，每天睡不醒的。"我说孩子半夜打游戏了。家长都是瞪大眼睛，拍着胸脯保证他们的孩子是不可能打游戏的。

为什么？家长分析的原因无非是孩子没有通信设备，没有 WiFi。睡前还特意到孩子房间确认孩子睡着了，怎么可能还有机会打游戏？

但是，"神兽"们做得到！我真是不得不佩服：没有手机可以用借的或租的，也可以用零花钱偷偷买；没有网络也没有关系，他们有办法破解隔壁邻居的 WiFi 密码；没有电可以接电；躲避父母监控那真是太小儿科了，他们甚至可以判断父母有没有进入睡眠状态。以上这些方法都是孩子们教我的，一言以蔽之，见招拆招。我见过太多太多的孩子因为打《王者荣耀》变得麻木不仁，白天黑夜颠倒着过。

不同年代都有不一样的流行游戏横空出世，这是时代发展的大势所趋，不以人的意志为转移，如果我们不能把游戏从孩子的生活中完全卸载，那该怎样做出适当的引导？

首先，家庭教育宜疏不宜堵，家长不用谈游戏色变，如果孩子确实要玩，不如大大方方接受，爸爸妈妈也一起参与，互相讨论，如果打游戏变成他的负担，在这种"真理越辩越明"的氛围当中，孩子会不知不觉地克制自己，兴趣也会有所降低。

更重要的是，家长要对孩子休闲时间的活动做出合理而丰富的安排。家长可以做一个长期的兴趣培养计划，可以进行家庭亲子活动，例如户外活动、下象棋等。

最后，我还是要非常认真严肃地提醒广大家长，一定不要小看孩子玩游戏，特别是寒暑假时间，不要自信地认为自家孩子一定是那个可以逃过网瘾的孩子。要在孩子心里建立一个尺度，无论什么时候，都不可越雷池一步。

◆ 教育学与心理学视角

2018 年世界卫生组织颁布的新版《国际疾病分类》将游戏障碍列为一种成瘾性疾病，这意味着游戏成瘾也被划归为一种精神疾病。相应地，如果孩子出现游戏成瘾问题，那么很可能表现出精神疾病症状（生理上和心理上），需要系统地调理和治疗。

研究表明，玩游戏的人中，虽然只有一小部分发展到游戏障碍的程度，但长时间玩游戏会引起身心健康和社交方面的诸多变化，长期沉迷游戏者的神经递质如多巴胺等会发生改变，使大脑不同程度受损，并进一步导致自制力下降、情绪失调、社交封闭、性格偏执、工作和学习停滞，且伴有多种其他症状，如视力下降、键盘手、颈椎病等。

青少年儿童是游戏障碍的重灾区。15—19 岁是最易出现游戏成瘾的年龄段，这主要与他们大脑尚未发育完全，世界观、价值观、人生观尚未成熟，自制力较差，好奇心较强，同时学业、家庭及人际关系压力大等有关。

姑且不谈将打游戏作为职业理想这件事本身正确与否，单就长时间玩游戏对青少年造成的身心健康危害、社会功能退化而言，就值得整个社会认真思考。

我们可以想象：如果没有健康的身体和心理状态，也失去了社交兴趣和技能，即便一时半会儿在游戏上取得了成功，这样的路又能走多远呢？

逐步压缩游戏时间，降低对游戏的迷恋

2019 年 12 月 24 日，圣诞平安夜，我开车送女儿晴儿去浦东机场。经过 3 年的热血拼搏，一朝"英榜题名"，女儿终于被英国名校录取。这是她第一次漂洋过海去留学，我们送她，夫人在车上一路已经默默地流了好几次眼泪。

到达浦东机场入口，远远看见有人向我们招手。眼尖的女儿已经认出是自己的朋友，并挥手大喊着："文文！"果然是文文，晴儿在班上最好的朋友。在这之前我已得知，她被同样是英伦名校的帝国理工大学录取。想不到她们竟同一天出发飞往英国，并且还在机场遇上了。

晴儿和文文热情地拥抱在一起，庆祝她们踏上新的征程，也庆祝她们能在异国他乡继续做好朋友。接着，文文转身面向我，深深鞠了一躬，说："朱叔叔，谢谢你，如果没有你，我真不知道现在正在哪个三流大学读书呢。"

我说："文文，你本来就是个优秀的姑娘，你的成功，靠的是你自己的努力。"

文文的父母也走过来，向我表示感谢。文爸说："朱老师，文文能够回到正轨，考上名校，你有首功。如果没有你，说不定到现在她还是一个网瘾少女呢！"

我略显不好意思，心里却感慨万千。是啊，文文能够梦想成真，拥有今日的成功，离不开她和网络游戏的决裂。如果她继续深陷其中呢？如果和她决裂的，是她的父母亲人，是她的远大前程呢？该是多么令人扼腕痛惜的事情！

时间回到两年前，女儿高二的时候，有一天她回家向我连发感慨："爸爸，可惜呀可惜呀！一棵那么好的苗子怕是要毁掉了。这该死的网络游戏！"

我问："什么事让你这么扼腕叹息？"

晴儿说："爸爸，你记得我跟你说过我们班上的文文吗？我最好的朋友。刚刚我们分班，她竟然放弃了国际班的资格，自愿降到普通班里去。"

星海国际学校是苏州顶级的学校之一，国际班则又是顶尖中的顶尖，一个年级只有28名最拔尖的学生才有资格入选其中，他们瞄准的都是全球顶尖大学。一个学生入选了国际班，却又放弃资格，这几乎是不可想象的事情，因为他们高一整整一年的努力，就是为了能够进入国际班冲刺一把。

女儿晴儿和我提起过文文，她们高一的时候都是班上的佼佼者，性格相投，也相互激励。一起入选国际班，连老师都为她们高兴。

入选国际班，可谓成为皇冠上的明珠。那么，究竟是什么原因，致使文文宁愿放弃国际班，退而求其"次"的呢？听完女儿的讲述，我也不禁发出一声叹息。

按理说，一个名牌学校的尖子学生，是不太可能和网络游戏产生"亲密接触"的。如果要怪，也只能怪那个暑假了，文文的爸妈出国度假，竟鬼使神差地没有带上他们的女儿。而文文也乐得自由，被安置在爷爷奶奶家里，且自逍遥没人管。

就在这个暑假，文文看同学群里的交流，很多都在说《王者荣耀》有多好玩多好玩，她禁不住好奇，同时也因为闲得无聊，便下载了。一上手，就停不下来了，疯玩了整整一个暑假，意犹未尽。

选拔国际班，是高一学年末的事情。高二开学后不久，有一场摸底考试。那场考试，很自然文文考砸了，因为其他的同学多多少少都会按照老师布置的方案去学习，而只有文文荒废了一个暑假，与书隔绝。

开学之后，文文也没有把心思花在学习上。她每天放学之后，第一件事就是急匆匆地回到宿舍，倒好一杯水，然后拿出手机，打开《王者荣耀》。

同宿舍有谁去食堂吃饭，她就递上自己的饭卡："帮我带一份，你的我请客，随便刷。"同学自然非常乐意。"有钱任性"的文文，平时也从不亏待她的同学，她们在劝阻她玩游戏未果的情况下，也只好反过来为她保密。

看着文文的成绩，老师很惊讶，从侧面向其他同学了解，得知文文整个暑假都在玩游戏，开学后也没有停止，每天要玩六七个小时，非常担心，立刻打电话让文文家长来学校。

文爸听了班主任的讲述，也是又惊又气，把她喊过来，指着她的鼻子怒骂她。文文从小娇生惯养，未受过半点委屈，如此被爸爸骂得"狗血淋头"，忍不住顶嘴："好不容易拼死拼活地从高一熬过来，我玩玩游戏放松放松怎么啦？我玩腻了自然就不玩了。"

文爸更愤怒了："拼死拼活上了国际班，你反而好罐子破摔。今儿要么游戏，要么国际班，你要是还玩游戏，就给我滚出国际班！"

谁知道文文的回答异常干脆："那就退出国际班！"她径直回到教室，利索地收拾好了东西，搬回了原来的班级、原来的位置。

文爸又愤怒又无语，非常挫败地回了家。

……

听完晴儿的讲述，我说："万事万物都有自己内在的'度'，中国人自古就明白'过犹不及'的道理，这孩子怎么就没有明白呢？这不是她在玩游戏，这是游戏在玩她啊！"

晴儿说："爸爸，你可要帮帮她啊，如果任由她随波逐流，她在普通班里说不定都会垫底呢，两年后说不定要混迹于三流大学了，多么可惜啊，她明明可以更好的。再说，我也不想失去这个朋友兼对手啊！"

我说："可以啊。这周末，你把她约出来，我和她谈一谈。"

文文坐下来之后，我端详这个长得很秀气的女孩，发现她的眼神是迷离的，还有些疲倦。因为晴儿的关系，她对我并不显得拘谨，也许她内心也渴望得到改变，所以她对我基本知无不言，直陈自己玩游戏过程中的内心世界。

"不是说我想打游戏，而是当我想到这个游戏的时候，我的大脑就已经被游戏控制了，哪怕死了都想先要打一局。"

听了她的话，我深深地意识到，这已经不是她想改就能改的事情了。"你有没有想明白，你老爸当时说的是一句气话。当时他一说完，你就拿起东西从国际班到了普通班，你当时心里是怎么想的？"

文文说："也许是对国际班的压力有些恐惧，总觉得上了这个班背负了很大的责任。"

我说："重点是，这个责任会影响到你玩游戏？"

文文说："对的。我爸那样说，我知道他是气话。但是我顾不了那么多。在普通班，以我的能力怎么着都不会太差，更重要的是我可以无拘无束地玩游戏了。"

我问："你没有梦想吗？没有人生目标吗？《王者荣耀》有多好玩，能够让你放弃这些，宁可逃避竞争都要把游戏玩下去？"

文文说："是的，游戏里边获得的成就感让我能够放弃梦想和别人对我的期望带来的重压，活在完全没有压力的世界里，为了玩这个游戏，我充了1万多块钱了，这些我爸妈都不知道。"

我问："在游戏里最终你能得到什么？"

文文说："得到安慰、成就感，赢了之后有奖励，它们让我非常满足和轻松。"

我问："有没有感觉到它对你的副作用？"

文文说："这也是有的。在我获得满足的同时，也有一种空虚感。我知道它不是好东西，但当我闭上眼的时候，脑子里全是它。"

我问："你能不能告诉我，这个游戏你一次玩多长时间才能过瘾？"

文文说："通常我一天打两局就能完全满足。一局 3 小时左右，两局就是 6 个小时。"

"最后一个问题，你现在是彻底放弃了你的梦想，还是梦想暂时屈服于游戏？你的内心深处想不想再回到国际班？"

这个问题击中了眼前这个女孩，文文哭着说："我当然想回，谁不想上名校呢？梦想始终都在啊，只不过我现在没有心思去考虑梦想。而且我现在是一个被放弃的人，我放弃了我自己，爸爸妈妈放弃了我，老师同学放弃了我，我没有勇气也没有脸面，回到国际班的教室。"

我说："如果现在，所有你所谓的放弃你的人，都没有放弃你，都支持你，你会不会放弃你自己？能不能给自己一个机会？"

文文犹豫着说："那我可以试试。"

我说："那就行。老师同学的工作我来做，我保证他们会 100% 地接纳你，支持你。你爸爸妈妈的工作也由我来做，我保证给你找到两全其美的办法，让你可以既坚持梦想，又得偿所愿。"

文文的爸爸是上市公司副总，妈妈是全职太太，在家专门负责照顾文文。文文染上网瘾后，文妈很自责。

和文文聊完后，我就登门拜访文爸。

我开门见山："我已经和文文沟通了，她愿意重回国际班，但前提条件是，她要保证每天 6 小时的游戏时间。"

这个条件显然激怒了文爸："这简直是痴人说梦，国际班压力那么大，时间那么紧，如何保证她 6 小时的游戏时间？像她这样的心态，去了国际班也一样会被扫地出门，更丢人。"

我说："我已经跟文文达成了协议，这个条件可以满足她。第一，她必须保证国际班所有的功课和作业一点不落。至于 6 小时怎么来，是她的事。第二，她必须每次游戏玩过之后，写一篇玩游戏的所思所得，在游戏里获得了什么。"

文爸说："这岂不是更加助长了她玩游戏的热情？"

我说："不会的。这是催化剂，催化她的空虚感，诱导透支她的满足感，催生她的厌恶感。你听我的，我一定还你个最棒的女儿，让她和我的女儿一起出国留学。"

文爸说："既然这样，可以试试。多久见效？"

我说："这很难说。这是一场持久战。我还需要你的夫人做一些配合工作。"

我所说的配合工作，指的是让文文从宿舍搬出来，离开那个"有钱任性肆意妄为"的自由环境，而由文妈在学校周边租一套房子。一方面给文文以家的感觉、父母的陪伴，为文文创造更好的学习环境；另一方面也让文文直面父母，愧疚感逃无可逃，在心里发酵，早晚会受不了。

和班主任老师的沟通则更简单高效，她告诉我他们从来没有放弃过文文，国际班的门一直都为她敞开着，随时欢迎她回来。

那天，重新出现在国际班的文文获得了老师和同学们的热烈掌声，这给了文文很大的精神鼓舞。

按照我们的协议，她首先得确保所有功课不落、作业全部完成。这没问题。女儿晴儿跟我说，只要课堂上认真听，那些作业就是小儿科，这也倒逼了文文在课堂上必须聚精会神，不能开小差。

其次，写"游戏日记"。开始，文文的日记写得潇洒自得，游戏的各种快乐和满足如数家珍。然而慢慢地，她的热情减退。笔下变得枯竭、生涩。再后来，她幻想自己成为一个游戏开发者，打造属于自己的《王者荣耀》。

在笔下枯涩的同时，她游戏的时间其实在减少。前一天打两局她才能获得满足，后来，她每天只玩一局，这样时间一下子减少了3小时，"计划成功了一半"。

最后，她开始不再每天玩游戏。

随着她玩游戏的时间间隔越来越长，有一天周末，我接晴儿回家的时候晴儿告诉我："爸爸，文文这个星期一次游戏都没有玩，你真是厉害。"

我说："也许她周末会玩一玩，但只是放松放松，已经没有瘾了。你可以去找她玩，带她出去运动运动，或者随便做点什么。"

晴儿欣然应允。

我们互相看了一眼，会心一笑。

文文的彻底"断网"，其实花了近一年的时间，但是好在她坚持了我给她划下的底线，所有的功课完全没有落下。这也就为她的高三阶段打下了厚实的基础。

文文的高三，是与游戏完全决裂的一年，她和晴儿一起结成了令人生畏的"巾帼双娇"，轮流占据考试"排行榜"的前排位置。

那天，浦东机场，当我看着她们双双通过检票的闸机，身边是早已哭成泪人的我爱人和文文的父母，其实我的内心也在因激动而流泪：她们终将长大，她们终于长大。而父母的努力一直在路上。只要我们持续努力，我们终将到达成功的彼岸。

◆◆◆ **教育学与心理学视角** ◆◆◆

一件事情的意义和功能，以及给人们带来的主观感受，会随着多次重复暴露而递减。

著名心理学家霍兰德曾经在课堂上给学生讲了一个生动有趣的故事。学生们听后，全都捧腹大笑。过了一会儿，霍兰德再次把这个故事从头到尾说了一遍。这时候，只有几个学生礼貌性地笑了笑。没想到准备下课时，霍兰德又一次把这个故事复述了出来。但这次，没有一个人笑了，大家不禁紧皱眉头，神情显得有些无奈。就在这时，霍兰德开口道："一个故事讲一次，你们会笑，但重复讲述，你们就不会再愿意听。"

同样地，在古装电视剧《芈月传》中，秦王让芈月跟他聊子歇，聊了一次又一次。一开始芈月有很多很多关于子歇的话可以说，但是很多次以后，有一天秦王又让她聊子歇，她却说："过去提起子歇，这胸口总是满满的，如今，倒是觉得空了。"

在本篇文章中，朱老师让主人公文文坚持写"游戏日记"，跟上面两个故事有异曲同工之妙。关于游戏带来的快乐和满足，会随着一次次的书写而变得寻常而平淡，最终引不起她的热情和渴望了。

其实，倾诉和书写本身就是具有特殊功效的心理疗愈方法。重复多次的倾诉和书写能够化解执念，从而使新的感受和见解有机会生根发芽。

"协议"严控游戏时间，让更多精力回归学习

我有一个教育系统的朋友杨姐。有一次在一起聊天，谈到了教育的话题。她给我讲了她的女儿，那时候她上高二，成绩也算不错了，只是爱玩游戏，做作业的时候常常边玩游戏边做，"一心二用"的本事挺高。

爸爸倒是个严厉的人，女儿对他很是惧怕，只不过他很少管孩子的教育问题，家庭教育的担子落到了杨姐的身上。杨姐对女儿"一心二用"的坏习惯很是担忧，就想了一些方法去纠正。

"你现在是高二，马上就是高三了，这时候你自己应该有紧迫感了。现在看起来成绩还不错，但是游戏玩得实在有点多，比你学习的时间还多，这样下去，你目前的成绩可能都保不住。而你自己应该很清楚，这远远不是你的上限啊！你要有目标，有梦想，挑战自己，挑战你们年级最优秀的同学，你有这个实力，但如果你没有做到，你就要找找是什么原因了。"

女儿说："妈，你说的这些我都知道，我现在也没有放松啊，我只是稍稍玩一玩游戏，放松一下而已啊。"

杨姐说："也不是不让你释放学习的压力，但是要有节制。今天我要给你立个规矩，该学习的时候不能玩游戏，在作业完成的前提下，我不反对你玩一会儿，具体什么时间学习、什么时间玩游戏由你来定，但一旦写下来就必须遵守。"

女儿表示同意，并且白纸黑字写下来："每天，做 2 小时作业，玩半小时游戏。"

这样执行了相当长一段时间，杨姐突然发现女儿在搞"小动作"。

杨姐每次下班回家，都有一个固定不变的习惯，就是很自然地把手表从手腕上摘下来，放在鞋柜上，每天如此，雷打不动。女儿遂在她妈妈的手表上动起了"歪脑筋"。什么歪脑筋？

"偷"时间。

她每次做作业的时候，会偷偷把老妈放在鞋柜上的手表拨快 1 小时，再"同步"把挂在墙上的时钟调快 1 小时，这样就把学习的时间"偷"了 1 个小时到游戏上。最后，再神不知鬼不觉地把两个时间恢复。

杨姐发现了女儿的小聪明，被她"瞒天过海"的手法气笑了，但是也并未揭穿，因为她的成绩虽不算拔尖，倒也很稳定，并没有因为偷玩游戏而下降。她也没有告诉孩子的爸爸，父女之间代沟很深，一戳破怕是火上浇油。她独自生了好几天闷气，直到遇见了我。

杨姐说："朱老师，我女儿用这种小聪明偷时间来玩游戏，说明她对游戏真的是非常沉迷了，等升了高三，怕对她有严重的影响啊！您的办法多，您看用什么办法能把她的游戏戒掉呢？"

我说："你女儿真的非常聪明，她在和你达成协议的时候就已经把局给布好了，她故意不写时间节点，留下漏洞，就是为了瞒天过海啊。你可以继续不揭穿她，这么大的孩子自尊心很强了，父母需要照顾一下他们的'面子'。"

杨姐说："嗯，是的，朱老师。她平时其实还是蛮听我话的。"

我说："那么你要做的事情其实很简单啊，补充协议嘛。不过你可以做得巧妙一点。"

"怎么做得巧妙呢？"

我告诉她如此这般……

杨姐下班回家后，女儿已经放学到家了。杨姐"忘了"把手表摘下来放到鞋柜上，就戴着手表开始烧菜做饭了。女儿对手表没了可乘之机，不过不要紧，还可以继续在挂钟上动动手脚。她趁着妈妈做菜的空隙，悄悄地把挂钟取下来，拨动了时针。

不一会儿，妈妈烧好了饭。母女二人吃完之后，杨姐说："女儿，该做作业了啊！"

女儿说："嗯，好的！"

杨姐"无意中"抬头看了一眼挂钟，说："哟，挂钟怎么坏了？时间不

准了，看来明天得拿去修一下。"

女儿一听，心里暗暗叫苦。

杨姐说，"上次你和我签的协议，你遵守得很好。但是我想和你再签个补充协议，把它细化一下。"

女儿说："既然我遵守得很好，那干吗还签个补充协议呀？"

杨姐说："签补充协议，并不是要增加什么条款，只是为了把时间细化一下嘛——这是为你好。第一，我觉得你现在作业的正确率还不够高，你要把它提高到95%以上，做完之后，自己要仔细检查一遍，这才是对自己负责任的态度；第二呢，就是学习和玩游戏的时间，当然时间是你定的，妈妈尊重你，不会更改，但是你是不是可以把它具体一下，几点到几点学习，几点到几点玩游戏？"

女儿想了一下，这两条确实不属于额外增加的条款，而且提得非常合理，自己无法反驳，就同意了。

杨姐继续说："然后，再加一个处罚的规矩。任何协议里面都有处罚的规则，如果违反了协议的内容，就要接受相应的处罚。咱们的协议同样要有处罚规则，我先提出来，如果你觉得不合理你就提。如果你违反协议的条款，有三个处罚的方式供你任选其一：第一，你自己主动把玩游戏的事情告诉老师；第二，你每天玩游戏的时间减半，只有15分钟；第三，延长学习时间半小时。"

处罚规则非常合乎情理，女儿找不出反对的理由，只好同意。于是这个协议就正式地"生效"了。杨姐扫清了协议作弊的障碍，女儿再也"偷"不到时间了，只好乖乖就范，她游戏的时间被真正限制在了半小时以内。

效果超出预期！此后，女儿心无旁骛地学习，备战高考，不仅成绩更上一层楼，更可喜的是她慢慢地减淡了对游戏的兴趣，而更喜欢看书了。

再后来，女孩顺利考上了中国传媒大学。

教育学与心理学视角

孩子在成长过程中，偶尔会在父母面前耍小聪明，这再正常不过了。如何看待孩子们的小聪明呢？直接揭穿、严厉斥责、粗暴惩罚固然也有道理，毕竟"小聪明"破坏规则，还有点"藐视""戏谑"父母的意味在里面，任谁都难免有点火气。

不过呢，如果真的直接揭穿、严厉斥责、粗暴惩罚了，孩子肯定是输了。那么做父母的就赢了吗？未必。即使觉得赢了，也无非是赢了个气呼呼、失望愤怒的心情罢了。

正如文中朱老师所说，孩子大了以后，自尊心很强了，父母需要照顾一下他们的"面子"。不动声色地换一种方式，也可以有效遏制小聪明。孩子会从中发现父母毕竟是"老江湖"，从心里会自然而然多生出一分敬意。

假如不照顾孩子的"面子"会怎样？有可能孩子承认错误了，但也有可能他一方面在心里压抑了愤怒和羞耻感；另一方面又同化了这种直接、严厉、粗暴的方式，下次他觉得别人或者父母耍"小聪明"时，也以同样的方式反击回去。

所以，面对孩子的"小聪明"，我们在有火气的同时，也要冷静想一想，怎么样才能让家长赢了，孩子也没输。

"电子保姆"危害大

不要让手机代替陪伴

据心理学家研究，孩子 3 岁以前，若平均每天看 1 小时的电视节目，7 岁时注意力障碍问题的发生率会增加 10%。因为这个时间孩子的注意力控制能力弱，被电视和游戏吸引，其实更像是被动地沉浸于某个外在刺激的诱惑，不利于孩子主动控制注意力的训练。而有些家长根本没有对孩子长时间使用电子产品引起足够的重视。

一个非常普通的周末，我的一位朋友段美和她闺蜜约好出来一聚，她们约在段美家附近的咖啡店。很快，闺蜜带着她 4 岁的儿子出现在咖啡店里。

闺蜜把背包放在座椅上，熟练地掏出手机，打开小游戏程序，对儿子讲："妈妈和阿姨说说话，你在边上玩游戏，不要吵哦。"儿子接过手机低头开心地玩了起来。

段美问："孩子这么小，会玩手机吗？会不会对游戏比较依赖？"

闺蜜有些自豪地回答："不会，现在小孩不得了的，他会玩手机里面各种游戏，没有人教他，有些我都不会玩。"

"那他会想着玩吗？"段美问她。

"不会，一般不给他玩他就不玩了，我们约定好了每天只能玩 1 小时。他都是能够遵守时间的。"闺蜜一点也不担心孩子将来游戏上瘾的问题。

如今，电视、电脑、手机已经成为一些家长的"带娃神器"，孩子哭闹的时候，或者家长有事情的时候，打开电视，递上手机、IPAD，瞬间可以让孩子安静下来。我们出趟远门，在高铁上、大巴车上，有些父母为了防止孩子制造噪音，干扰到别人，也会拿出手机这一法宝，让孩子全程沉浸在电子屏幕的世界里。

段美俯下身，看着闺蜜孩子的眼睛说："宝贝，我们今天不玩游戏，妈妈想和阿姨说话，所以才把手机给你，其实这样做是不对的。"孩子没有任何反应，却把手机捏得更紧一点。段美继续开导他："阿姨很喜欢你，今天阿姨和妈妈一起陪你玩，好不好？在这里三楼有一个儿童游乐王国，里面有彩球、滑滑梯，还有小汽车和积木，我们一起去玩吧。"

"好的。"小家伙非常爽快地把手机塞给他妈妈，拉着段美的手就往外走了。闺蜜有点不好意思，跟在她们后面。到了游乐场所，孩子很快和别的小朋友打成一片，在里面玩起来。

因为是闺蜜的关系，段美瞅着空子和闺蜜传授经验和"要求"，不能把电子产品当作孩子的保姆，更不能沾沾自喜地认为孩子很"厉害"，可以"无师自通"玩很多游戏。这没有值得骄傲和得意的地方，这也不能证明孩子有多"聪明"。反而，这是对孩子的一种伤害，是影响深远的"内伤"，并不是很直观就能看出来的；而等到上瘾之后，想纠正就比登天还要难了。

闺蜜半信半疑，甚至觉得段美有点危言耸听了。现在孩子哪有不玩电子设备的？而且她的孩子一点也没有上瘾啊！

段美对过早给孩子使用电子设备是比较反对的。如今，孩子沉迷于电视、手机和电脑，已经成了普遍的，甚至是家长们不自觉的客观现象。孩子一旦一"屏"在手，就自动隔绝了外在的几乎所有事情，不闹人，"乖乖"的，家长可以自由地做自己的事情，而不用为孩子分心。当然，孩子不再喜欢跟周围的小伙伴玩，也不再愿意出门了。而且，孩子越小，玩的游戏越简单，就越容易对游戏产生依赖。

生活中确实大多数家长知道孩子不能多玩电子产品，但是这个度如何把握，以及对孩子未来的影响到底如何，他们却一无所知。

世卫组织曾在 2019 年发布过《为了健康成长，儿童需要少坐多玩》，这是一份关于 5 岁以下儿童身体活动、久坐行为和睡眠的权威指南，报告中旗帜鲜明地指出，2 岁以下的婴幼儿不应接触任何电子产品，2—5 岁儿童的"屏幕时间"不应超过 1 小时，少则更好。

美国儿科学会也有类似建议，呼吁学龄期儿童和青少年，应注意限制电子屏幕时间和内容，并保证足够的睡眠、身体活动及面对面社会交往的时间；

应避免在餐厅和卧室使用，就餐及睡前 1 小时内不应使用电子屏幕。

专家学者其实早已对此发出警告。英国著名思想家波普尔很早就对这种家庭现象感到忧虑和恐慌，他把这种现象称为不负责任的父母早早地为孩子请了一个"电子保姆"。在他看来，"电子保姆"就是魔鬼的化身，它对孩子心智、身体、大脑的发育，语言和身体能力的发展都会构成巨大的伤害。

过多的电子媒介接触给儿童带来的，除了显而易见的视力下降等危害，还会使其上学后产生注意力不集中、无法专心听讲等问题，也可能会提高孩子患上忧郁症的机会，或产生焦虑、混乱、自闭症等问题；亦不利于培养良好的阅读习惯，不利于理性思维的培养；不但阻碍亲子关系，也不利于孩子与同龄人的交流，而且极易上瘾，给孩子带来社交障碍；影响脑部发育，如果太早把电子产品给幼儿，可能会使他们注意力缺乏、认知力延迟、学习能力下降、变得更冲动以及缺乏自制能力，表现为易发脾气；更有研究称电视和游戏会引发肥胖，如果允许小朋友在卧室使用电子产品，肥胖发生的概率会提高 30%。

电子产品的过度使用还会使儿童心理上的童年期过早结束。在电子媒介环境下，儿童过早闯入成人的"秘密花园"，接触以往由成人控制的、特定形式的信息。成人和儿童之间的边界感模糊，童年期的缩短意味着儿童良好个性和品格的形成缺乏充分的培育时间、体验和经历上的准备，容易造成儿童个性和心理上的缺陷。

日本学者中野牧曾提出"容器人"的概念，用来形容从小看电视长大的年青一代内心世界的封闭。我们处在信息化高速发展的时代，孩子从生下来就开始"触网触电"，如果说让孩子完全和电子产品绝缘，那是不可能的。信息化时代的手机、平板电脑等新媒介在侵入个人生活上，比起电视来尤甚。我们不能把它视为"洪水猛兽"，但是如何才能让孩子用之有度呢？

问题产生的根源症结以及解法，其实都在家长身上。孩子迷上电子产品是因为无聊，家长多抽时间陪孩子聊天，去户外走走，孩子注意力就会慢慢转移。

关于电视、电脑和手机的使用，父母要给予充分的指导。孩子很小的时候，要尽量不让他看电视，到他长大一些，可以看一些儿童节目了，也要明确规定什么时候才能看，看多长时间，不能轻易把家里的遥控器交给孩子掌控。

有的家长经常用电子产品搞定孩子，在哄孩子的时候容易说："好好吃饭，就让你玩一会儿。"这是十分糟糕、不负责任的惰性"带娃"方法，只会强化孩子对电子产品的兴趣与期待，完全无助于孩子的成长。

很多家长试图通过"电子保姆"来帮助孩子开口讲话、增长知识，这种想法是极其错误的。首先，人类语言是一种高级的符号，是用来沟通交流的工具，而孩子在观看电子屏幕时并没有人跟他进行沟通交流，孩子是在沉默中观看的，孩子语言学习的前提条件是需要通过对日常生活的体验和认知加工形成对事物的概念。而两三岁以下的孩子对平面图像的认知加工能力非常有限，电子屏幕的使用无助于概念的形成，反而会减少家长与孩子及孩子们之间的互动交流，阻碍正常的语言习得。

作为一位负责任的家长，要力争成为孩子行为的榜样，不要当着孩子的面玩电子产品，尽量减少家里的电子产品数量，或将它们很好地隐藏起来。家长千万不要把电子产品作为"交易筹码"，比如"好好吃饭就给你玩"之类的。家庭中，需要营造一个"以孩子成长为中心"的氛围，比如，孩子在学习的时候，父母不应该玩手机，也不应该打游戏。如果父母整天不分场合不分时间，都在玩手机，那又有什么资格要求孩子不玩手机呢？

洛克在《教育漫话》中主张把儿童视为珍贵的资源，这一点在现代社会是不言自明的真理。诸多研究表明，最有益于儿童身心智力发展的活动是阅读、游戏和运动。从现在起，父母应该放下手机，多与孩子进行阅读、游戏和运动，帮助孩子走进真实世界，与他人建立高质量的亲密关系，此举有意义也能带来积极效果；作为"替代品"，要找一个比电子产品更好的东西推荐给孩子，如图书、玩具、户外亲子活动等。

教育学与心理学视角

父母都想给孩子一个"七彩童年"，然而各类"电子保姆"却是七彩童年的对手。它们正在越来越多地占据孩子们本来进行阅读、游戏和运动的时间。

孩子在童年体验到的东西，会影响他们一生的情感和认知。我们都希望孩子能充足地体验到阅读、游戏、运动和亲子活动的乐趣，最终成长为身心智力健康的社会栋梁，而不是成为文中所说的"容器人"或者"电子婴儿"。

没有哪一位家长会"故意"纵容孩子去依赖"电子保姆"，那么"无意"中会不会呢？有可能。好在文中孩子的妈妈有一位及时提醒她的闺蜜。所以做父母的要多走出去跟其他人交流学习，这样可以及时发现育儿方面的不当之处，并取长补短。

四周电子"禁食"

老贾是我的读书会朋友。他在读书会上很活跃，性格外向。但是有一次他却表现得很反常、很沉默，好像藏了一些心事。我就和他聊了聊。

老贾说，最近他遇到一些事情，很烦心。

老贾说："我儿子染上了网瘾，我觉得已经到了不可自拔的地步，怎么戒都戒不掉，实在是没有办法了，所以我想起来就头疼。"

据老贾说，他的儿子小小上小学五年级，考试成绩一直位于班级前五，但是自从他沾了手机，就一发不可收拾地往下掉，老师经常找家长谈话。

网瘾不是天生的。孩子是从什么时候开始爱上手机的呢？

老贾回忆起小小和手机"一见钟情"的过程，后悔不已，是由于他的一次疏忽，才让孩子陷入其中不可自拔的。

那次家里来了几位朋友，老贾陪着朋友在客厅里聊天说话，儿子小小在书房里做作业。聊着聊着，小小从房间里跑出来："爸爸，手机给我用一下，我要查一些资料。"

孩子要手机查资料，看起来合情合理啊，并且当时有客人在，老贾也没有多想，就自然而然地拿出手机给了小小，还告诉他怎样登录网页，在哪里查找资料。小小答应着，就把手机拿到了书房。

那次小小只是在网上浏览了很多知识性的网页，老贾也就没太在意。但正是那次对手机的"深度体验"，让小小的心里从此对手机种下了"念想"的根。这是老贾所不知道的。从那以后，小小便隔三岔五地来跟老贾借手机"查资料"，或以看书、学习为名，每一次的理由都十足地充分，老贾非常乐于看到孩子利用"高科技手段"实现对知识的探索。

直到有一天，老师打电话给老贾，告诉他小小的成绩最近下降得比较快，他才开始疑惑：为什么成绩会下降得那么快呢？难道是跟手机有关系？

当小小再次跟他借手机的时候，他对小小说："儿子，这个手机已经对你的学习有影响了，老师告诉我你的学习成绩下降了，所以从现在开始你不能再玩手机了。"

心瘾如洪水，宜疏不宜堵。如果你觉得切断了孩子的获得渠道就可以一了百了，那就错了。

又过了一阵子。老贾去他父母家，贾父问："小小的手机买了吗？"他感到困惑不解，询问之下才知道原来小小擅自跑来找爷爷奶奶要了2000元钱，买了个手机。

老贾气急地说："你们怎么能不跟我说一声就给他买手机呢？"

贾父说："这有什么？孩子要查资料啊，好多题目都能在手机上找到呢！"出于对孙子的疼爱，贾父不但给了小小买手机的钱，还特地帮他办好了手机卡。

老贾觉得问题十分严重，到家后声嘶力竭地质问孩子："你问爷爷奶奶要钱买手机，我们怎么不知道这个事情？为什么不跟爸爸妈妈说呢？"

小小低着头，无奈地轻声解释说："查资料用的。"

老贾说："那么你解释解释，老师说你最近成绩下降得很厉害，是怎么回事？是不是跟你一直在玩手机有关系？"

小小否认，但是眼神却很躲闪："没有关系，手机只是用来查资料，又不干别的。"

老贾很后悔那一次又"放过"了他。当老师又一次来电话，告诉他小小的成绩在继续下滑的时候，老贾意识到事情的严重性。他把孩子的手机拿过来查看，看他究竟在玩什么。不出所料，手机上有一个时下非常风行的游戏，很有可能小小沉溺于此已经很长时间了。

老贾气得要把手机砸掉。小小发疯似的上去护住手机："你要把它砸掉我就去跳楼，和它同归于尽。"

老贾愣住了，"跳楼"是个太过敏感的词，即便是孩子说的气话，即便是孩子在威胁你，你也绝不可"硬扛"。所谓不怕一万，就怕万一，跳楼就是那个"万一"。

老贾妥协了，继续和小小摊牌："你不可以再玩了，只能用它查资料，再玩的话我真把它砸掉了啊！"

这句话在小小看来，才真的是一句"气话"，是对他的妥协和让步，他已获得最大的胜利果实：威胁有效。于是小小也借坡下驴地让了一小步，以巩固自己来之不易的"战斗成果"："不玩就不玩呗。"

然而，"不玩"是不可能的。在指定的时间明着玩，在其他时间偷着玩，直到老贾夫妻都睡着了，小小在自己房间里，躲在被窝里，还在玩手机。此后老贾采用种种方法企图让小小放下手机，但打也打了，骂也骂了，就是没有效果。

听了老贾的描述，我认为小小的确是对网络上了瘾，在网瘾面前，要求和命令已经起不了作用。于是我给老贾提了"四周电子禁食"的计划。

所谓"电子禁食"，就是不得使用任何电子设备，这是需要全家人一致执行的计划。如果单纯把孩子一个人隔离于电子设备之外，那势必会引起孩子的强烈逆反心，"凭什么你们可以玩而我就不可以"？而如果家长和孩子一起来隔离电子设备，那么孩子将找不到合理的借口来拒绝这一计划，家庭成员之间也可以建立起互相监督、约束的机制，成功率将大为提高。

既然是计划，就要事先做规划。要准备五天到一周的时间来确定预期目标和准备工作。

第一是家庭成员意识上要达到高度统一，不能三心二意地执行计划，一定要严格实施"四周电子禁食"计划。需要一本笔记本和行事历，能挂在墙上，比较醒目的。

第二，要设定第一次计划预期达到的效果，例如情绪发作少于几次、按时完成学校作业等，目标不能设立得过高和过多，以不超过三个为宜。

第三，需要收集家庭成员的兴趣爱好，尤其是孩子愿意做的事情，列出至少二十个活动名称，这些活动可以填充孩子网络游戏的时间。

第四，要确定和这个计划相关的人员都必须配合。告诉他们这个计划，要求一起执行。

第五，也是最重要的一步：制定计划执行的日期和时程，选一个评估后觉得可以开始的日子，并且在执行前要非常详尽地规划孩子的作息来消除"禁食"时间里的空当。在此期间，要尽可能多安排一些有趣的事情，家长要确保能够花时间陪孩子。

计划做好后，我们要着手准备游戏的清单所需要的道具，在电子禁食开始之前翻翻你的橱柜，还要买一些玩具、桌游、拼图、涂鸦板、杂志等，只要是孩子感兴趣的都可以。孩子可能会对你说"桌游很无聊"，那么就给他一些经典的智力游戏和运动游戏。我建议多让孩子参与家务，从各方面来讲，孩子参与家务培养的品质是其他项目不能比拟的。

接着，我们需要和孩子一起制定《责任公约》，确保家长和孩子一起遵守约定，约定在计划实施期间家庭每一个成员的行为要求和没有执行的惩罚措施。例如违约所必须付出的代价：如果是家长，则买一套孩子想要的玩具，或提供一次旅游的基金；如果是孩子，就惩罚他做两套语文试卷或取消零花钱等。

在电子禁食开始的前一天，开始"屏幕扫荡"，移除所有的屏幕设备，因为你总会发现自己漏了一些设备，这些设备必须"被移除"，而不是藏在看不见的地方。建议你把这些设备带到你工作的地方，或放在家外。务必要把孩子房间里的所有电子产品都拿走，包括游戏机、电脑（台式电脑）、手机、笔记本电脑、平板、数字相机。如果你的孩子一定要用电脑做功课，请让孩子使用公共空间里的电脑，在家长能够看得到的地方。

我们尽可能严格按照计划表执行，在执行过程中，孩子对当天的活动安排如果不满意，可以做调整。不定时和孩子一起检查《责任公约》，看看是否有漏掉或没有彻底执行的事情。如果有，家长或孩子付出相应的"代价"

了吗？自己在执行中有没有放下焦虑，和孩子享受亲子时光？有没有发现孩子的兴趣点？不玩游戏之后，孩子的情绪控制有没有变好？对电子设备的使用频率是否降低？

计划执行完成后，根据执行中孩子的表现，及时巩固，可以根据情况再做一个"疗程"的计划。

最终，老贾的孩子成功戒除了网瘾，在没有电子设备的情况下，生活反而更加多姿多彩。

教育学与心理学视角

网络对孩子的吸引力更甚于对成年人的吸引力，因为他们的自控力和价值观还没有形成和巩固，加上年纪小，对未知的事物充满好奇，所以会在不同的年龄段里出现暂时性的"网络上瘾"问题。这其实很正常，毕竟我们身处的是一个网络时代。

如果孩子出现了"网络上瘾"问题，做家长的可以反思，但也没必要过多地自责，更没必要将内心的自责和担忧转化为严厉的控制和惩罚，因为有更加有效的方法可以帮助孩子走出问题，回归多姿多彩的生活。

文中的老贾在朱老师的建议下，有规划、有目标、有策略地制定电子"禁食"计划，在这个过程中，父母和孩子有了更多的亲子相处时间，孩子在父母的指导下参与家务，并形成责任公约意识。所以，与其说老贾是在帮助孩子戒"网瘾"，不如说是他跟孩子一起做了一个培养良好公民素质的"项目"。

所以，"网瘾"似乎是一个契机，抛出了一个"项目"，成就了父子的共同成长。

天猫精灵随叫随到

老夏下班回家，神秘地从包里拿出一个盒子，叫来儿子："毛毛，快过来，爸爸给你带礼物来了。" 毛毛甚是激动，一边拍着小手一边跳："爸爸买的吗？"

老夏打开包装盒，是一个 AI 音箱，白色的身体，长方体的形状。它可以播放音乐、电台点播，还有相声、小说、脱口秀、教育学习、儿童类多种有声读物内容。大家都叫它"天猫精灵"。

老夏插上电源，打开开关后，对着它叫："天猫精灵！"天猫精灵发出轻快的女声"哎"。老夏继续说："唱一首《小星星》。"天猫精灵说："对不起，找不到您要播放的《小星星》，正在为您准备其他儿童歌曲。"

老夏爽朗地笑起来，怀疑自己普通话不标准，叫来大儿子，请他帮忙和天猫精灵沟通。老夏大儿子看到家里来了新朋友可以直接对话，感到非常惊奇，不理睬老夏的请求，拉着弟弟直接和天猫精灵闲聊了。

"天猫精灵！" 老夏大儿子直接对着机器人说话。

"哎，我在。"天猫精灵耐心地应道。

"给我们讲一个《皇帝的新装》吧！" 天猫精灵说："主人稍等，正在为您准备。"天猫精灵刚讲了两句，老夏大儿子又打断它："天猫精灵。"

"哎，主人我在。"天猫精灵倒是一点都不恼。

"给我们唱一首张艺兴的《梦不落雨林》。"

"好的，主人。正在为您准备张艺兴的《梦不落雨林》，请稍等。"天猫精灵很快切换了任务。毛毛在边上也不甘示弱抢着和天猫精灵说话。不过

他的发音还不够清晰，天猫精灵不能准确为他执行任务。

　　随着科技的发展，孩子从出生就成长在电子产品中，娱乐、生活、学习，各种电子产品提供了诸多方便，简单的机器人纷纷来到我们的家庭，给孩子们带来欢声笑语，也开拓了孩子们的眼界。许多家长都处于快节奏的工作和生活压力下，很难经常抽出时间来陪伴孩子学习和玩耍。这时候，智能语音机器人在某种程度上弥补了这个缺失。伴随着人工智能AI技术的发展，越来越多的产品朝着人工智能的方向发展。对信息时代的孩子而言，他们能很快接受新鲜事物，但对父母来讲，在这样一个信息化飞速发展的时代之下，若想在教育内容上进行延伸，使用智能机器人有着非常明显的优势。

我个人是非常能接受 AI 智能机器人的，在一定程度上可以减轻父母的负担。我们平时上班很累，下班后教育孩子实在有点力不从心。毛毛有时候会经常考父母："爸爸，蟋蟀用英语怎么说？"老夏只能回答："爸爸也不会！"毛毛就会说："那你查查看呢！"

有了智能机器人，家长或孩子可以随时咨询一些问题，让孩子及时了解他想要了解的知识。如果平时是老人在家带孩子，地方口音会影响孩子普通话的学习，智能机器人就可以帮我们解决这些问题。除了学习新知识，智能机器人还具备娱乐功能，海量音乐可以进行在线点播。天猫精灵自然而然成为当下孩子学习的好助手，所以并不是所有的智能科技都是来毒害孩子的，关键是家长要懂得区分。

教育学与心理学视角

任何新事物都有利有弊，这句话用在电子产品上尤为确切。智能机器人作为科技发展的产物，代表了人类进一步解放人工劳动力的需求，对人们的生活、工作和学习无疑提供了很多的便利。

当然，正如前几篇文章所言，电子产品容易让孩子对之产生依赖，并有可能对孩子的身心成长和智力发展造成危害。智慧的父母可以早早地意识到科技产品的"双刃剑"特点，并有意识地寻找合适的时机引导孩子善用其便利，警惕其危害。

说白了，在电子科技时代，谁也没办法彻底把电子产品驱逐出生活。既然如此，那就好好享受科技的便利好了。同时，作为有主观能动性的智慧生物，我们总会有办法与其另一面斗智斗勇。

相信我们的孩子也一样。

无论是大人还是小孩，都值得拥有美好的新事物。至于潜在问题嘛，见招拆招呗。

"学习小组"把孩子拉回课堂远离网游

　　我的电脑坏了。我电脑上的任何问题我都只会找一个人解决，他能解决我电脑的任何问题——如果他解决不了，那么只有一个可能，我电脑的生命周期到了，比如主板烧了。我打电话给雷总——他是一个计算机高手，经营着一家计算机技术公司，帮助客户解决电脑和网络方面的问题。他是个工作狂，总是会立刻响应我的召唤，几乎可以做到随叫随到。

　　但是这一次，他"卡壳"了。他说："你看现在几点了！六七点了，我来不了。"

　　我问："我是不是遇到了一个'假的'雷总？你'第一时间'的属性呢？"

　　雷总说："现在不行了，我得在家镇着我家这头'神兽'，走不开。"

　　我问："怎么回事？"

　　雷总说："这小子不知啥时候，染上了一种叫网瘾的'病毒'，隐藏得极深，一发现就不得了了，搞得连我都差点'系统崩盘'。如果我不在家看着他，他一分钟都不会用来学习。"

　　我说："哦，是这么回事，你等着，我把主机拿你家去，送货上门。"

　　不消片刻，我便抱着我的电脑主机敲响了雷总家的门。一进门我就问："你家'神兽'呢？"

　　雷总说："在书房里写作业呢，我强制他关闭电脑，学习。"

　　我说："你帮我修电脑，我进去和他聊一聊。"

　　雷总说好的。我就敲了门，也不等他开门，便推门进去。"神兽"雷雷背着门，趴在书桌前，面前的电脑黑着屏，没有开机，书本摊在桌上，可是雷雷并没有在学习。听见我推门进来，便转过头看着我。

我说："你叫雷雷吗？我是你爸爸的朋友，我姓朱，他在帮我修电脑，我没什么事，就进来参观一下，欢迎吗？"

雷雷说："哦，朱叔叔你好。"很有礼貌的孩子。

我说："听说你喜欢玩游戏？"

雷雷问："叔叔你也喜欢玩游戏？"

我说："不喜欢，我从来没玩过游戏。"

雷雷说："哦，你没玩过游戏，那你就不会知道游戏有多好玩。"

我问："游戏有多好玩呢？"

雷雷说："游戏实在是太好玩了，如果在这世界上只剩一件事情可以做，那么我希望这件事情就是玩游戏。"接着说了一大堆让我听不懂的"专业词汇"，极尽所能地向我描述游戏世界里的"关卡""练级""技能""成就"等各种获得、各种乐趣。

我说："可是我们在这世界上不止要做一件事情，而是有很多很多事情等着我们去做。同样，也有很多很多乐趣等着我们去享受，有很多很多'成就'等着我们去达成，不可以只活在虚拟的世界里啊。"

雷雷说："对，是的，但是其他的事情都是不能带来快乐的，是不得不做的，只有游戏是能够带来无穷无尽的欢乐的。如果不玩游戏，那么我就没有快乐了。"

我说："那么我想问一句，游戏有没有影响到你的学习呢？你的成绩如何？"

雷雷顿了一下，眼神突然飘忽了一下，我就知道，他接下来说的这段话是在说谎："没有影响吧，我的成绩还可以，我也只是在功课都做完了才玩一玩。"

他看着我不相信的眼神，又尴尬地解释说："我爸还有我妈几乎每天晚上都不在家，我放学后一直到十来点，他们才回来，我做完作业又没别的事可做，当然只能玩玩游戏了，没有游戏我还能做什么？"

我说："所以，没有人约束你玩游戏，你可以无限制地玩下去，直到现在再也离不开游戏了，没有游戏整个人都不好了？"

雷雷磕磕巴巴地说："是……是的。"

我说："你知道像你这样深度沉迷很不好，你也想改过，或者至少有节制、有限度一点，但是你就是无法控制自己，看着电脑就心痒？"

雷雷说："不玩电脑就太无聊了，我不知道该做些什么。叔叔你出去吧，我要学习了。"

虽然学习只是个借口，但是逐客令一下，我也就不好意思和他继续聊了，只好告辞出来。雷爸还在修我的电脑，他一边修电脑一边和我聊。我问："我知道你很忙，白天黑夜地帮助客户维修电脑，那么你夫人呢？她也那么忙吗？你们就没有做出一定的牺牲，合理分工一下，在家里陪陪孩子？"

雷爸说："他妈妈比我还忙呢，她是银行的大客户经理，对孩子比我还'不靠谱'，每天晚上都是十一二点才回家。"

我问："那么，你们是哪根筋搭错了，为一个独自在家的孩子，配置一台高性能的电脑，让他可以无拘无束地上网冲浪？"

雷爸叹了口气，以一种"悔之晚矣"的情绪，向我讲述了雷雷染上网瘾的前因后果。

按照他的话讲，确实他们夫妻俩都是大忙人，不同的是，他的爱人比他更忙，而且她的事情安排都是刚性的，几乎都无法更改。所以照顾孩子的事情，几乎全落在雷爸一个人的头上。好在雷爸的忙只是急人之所急，他事实上是个自由人，没有活的时候就待在家里照顾孩子，电话来了就立即出去，干完了活再回来。也不用每天下午早早地回来接孩子放学，因为学校到他家的距离只有区区数百米，孩子放了学一个人回家就行，他自己什么时候忙完了工作什么时候回来。

因此配置一台电脑在家里，让孩子可以在网上"学习学习"，在学习之余也可以"娱乐娱乐"，就变得非常之必要了。因为毕竟孩子不可能总是在学习，也要适当地玩一玩，否则独自在家的孩子，恐怕要被"憋坏"，甚至难保闯祸。

"怪就怪我给他弄的电脑配置太高了，当时我是想着一步到位的，即使他上了高中性能也不会落伍。哪知道这反而让他玩大型游戏的体验爽爆了，一发而不可收拾。"雷爸悔恨交加地说。

电脑是在一年前雷雷上三年级时配置的。开始的几个月还好，雷雷只是玩一些小游戏，没有影响到学习。问题可能出在暑假里和其他孩子的交流，当潘多拉的魔盒一旦打开，"魔鬼"便被释放出来了。

雷爸根本不知道是在什么时候，雷雷在电脑里面装了大型游戏，他完全被蒙在鼓里。那天雷爸做好晚饭之后，喊雷雷出来吃饭，喊了好几遍雷雷也没有从书房出来，他想不到这孩子学习得这么起劲，真正到了废寝忘食的地步了，便推开书房的门进去喊他。

开门的瞬间他震惊了，电脑屏幕上是模拟枪战的大型游戏，雷雷正聚精会神地对着电脑"瞄准射击"，俨然一个游戏的老手，动作的熟稔程度告诉雷爸，儿子接触这款游戏已经很长时间了。

他怒不可遏地冲上去，直接关掉了电脑的电源，屏幕黑屏，游戏瞬间"死亡"。接着他抡圆了巴掌给了儿子一个重重的耳光，儿子在舒服的电脑转椅上悠悠地转了一圈才停下来，顿时傻了。

雷雷素来是一个乖巧、自觉的孩子，一到三年级年年三好，期期前三，雷爸正是觉得儿子具有很好的自控能力，才放心大胆地给他买电脑的，想不到他的自控力在游戏前面竟如此不堪一击。雷爸是计算机工程师，他自然深知染上网瘾的危害，为此他感到深深的恐惧。

儿子被他一耳光抽得呆立当场，哭不得，言语不得，心里汹涌澎湃却又似陷入无底深渊。雷爸在那一刹也心疼了，遂又蹲下来安慰儿子，告诉他玩游戏不好，容易上瘾，耽误时间，耽误时间就是耽误学习。

事情就这么过去了。第二天雷爸特意去了学校，和班主任见面聊了聊。班主任说："雷雷最近的成绩确有下降，而且上课的时候精力不集中，好像很疲惫的样子，我正纳闷呢。"

回去以后，雷爸严令禁止雷雷再玩游戏，否则将断他的网。在学校，班主任也找雷雷谈了话，告诉他游戏已经影响到他的成绩了，让他不要再玩游戏。雷雷在老师面前，依然维持一个好孩子的"人设"，表面上答应着老师。

表面上，雷雷的游戏似乎被他断掉了，雷爸回家总是看到一副岁月静好的样子，雷雷待在书房里，安安静静地做作业，电脑黑着屏。但是雷爸不知道的是，雷雷只是把显示器关掉了，主机还在运行。每次等雷爸接到"指令"一出门，雷雷便以迅雷不及掩耳之势打开屏幕开关，继续他虚拟世界的快乐。

在雷雷接触游戏的过程中，因为雷爸雷妈家长的角色是缺位的，独自在家的雷雷处于一个绝对自由的状态之中，没有任何的制约，甚至没有一个调节的旋钮，任凭他的网瘾野蛮肆意地疯长。

一个月后，班主任打来电话，告诉雷爸，雷雷的考试一塌糊涂。雷爸心慌，彻查了雷雷的电脑，这才发现雷雷在他不在家的所有时段里，都在上网游戏，而只有当他回家之后，雷雷才会装模作样地做一会儿作业。更令他震惊的是，由于家里的固话费用是后付费的，雷雷还在"偷取"话费为游戏充值购买"金币"。

雷爸下定决心要给雷雷断网。晚上雷妈到家后，他和爱人说了他的想法。雷妈说了一件让他更加担忧的事情。"我在打扫雷雷房间的时候，发现他的抽屉里有几乎一整瓶的安眠药。"雷爸的心情顿时和雷妈一样，又惊又怕。他们不知道，雷雷这个安眠药是用来压制自己游戏后高度紧绷的情绪以便尽快入眠的，还是准备一旦雷爸断网之后"生无可恋"时服的；他们也不知道，这个安眠药雷雷是怎么搞到手的，因为按常理来说任何药店都不可能卖安眠药给小孩子何况是一整瓶；他们更不知道，雷雷是真的"想不开"，还是只是以此威胁老爸不可断网，"网在人在"。

他们只知道一件事情，他们赌不起，无论真假，这个网都不能断。他们又特地去药店打听，药店营业人员告诉他们，小孩子是不可能在药房买到整瓶安眠药的，但是如果他们说自己的爸爸妈妈爷爷奶奶失眠，一次买个两三粒，积少成多的话，这是完全可能的，任何药店都不会怀疑。

因此，为了严控"神兽"的放飞自我，雷爸只好每天在他放学后在家看管他，不敢再"低时延"随叫随到了。

听完雷爸的讲述，我说："根据我的观察，你即便整天在家看住他，也只是管住了他的人，而没有管住他的心。他是身在曹营心在汉，看似学习，实则整颗心都飞到了游戏上。长此以往，会增加他的厌学情绪。事实上，你也不可能真的整天看住他。"

雷爸一筹莫展："可是，那怎么办呢？我看住他，是为了防止他在游戏里越陷越深，但也仅此而已了。"

我说："我来帮你想想办法。在这之前，我要先去和他的班主任交流一下，了解一下他在学校的情况。"

我来到学校，找到雷雷的班主任。她告诉我："雷雷之前一直是听话、自觉的孩子，可是现在他只剩'听话'了，就是对你的话只听不做，无论你

说什么，他都只是点头听着，却不会去做。老师的话并不能进入他心里。而他在家的时间，老师又管不到他，只能希望他的父母加强监督。"

我说："现在他的问题是，游戏在他的心里已经占据了几乎全部的空间，他的学习的场景和氛围是缺失的。我们要拉回他的心，只有为他重造学习的场景，让学习的场景占领他游戏的时间段，才能慢慢地把他游戏的心魔驱赶出去。"

班主任说："你说得非常对。回想他在一到三年级的时候，成绩一直在班里名列前茅，很自觉听话，那时候他心里就是被学习始终占领着。"

我说："在这之前，他面临着家长角色和学习场景的双重失位，我现在可以说服他爸爸，重新回归他家长的角色，同时我也想跟您探讨一下，家里应如何和学校协作来恢复他的学习环境。"

班主任说："好的，我们也很想帮助这个孩子。他本来就是一个很优秀的孩子，如果因为游戏毁掉了，那实在是太可惜了。"

我问："班上有没有雷雷比较喜欢、玩得好的孩子？"

班主任说："雷雷性格不错，自然是有的。我记得有一个小女孩和雷雷不错，她的话雷雷都是听的。对了，她还是副班长呢。"

我说："那实在太好了。我的想法是这样子的，就是由三四个人组成一个学习小组，这个小女孩算一个，她可以当小组长，每天固定到雷雷家里大家一起学习，这样一定会产生浓厚的学习氛围，形成学习场。"

班主任说："你的这个办法很有新意，我想可以试一试。只是不知其他孩子的家长是否愿意那么晚来接他们，而且是在别人家。"

我说："这一点可以不用担心，我可以说服雷雷爸爸，他为大家奉献一下，每天晚上开车把孩子们一个一个送到他们自己家里。并且，我让他再每天准备一些好吃的点心、小吃和水果，征服孩子们的胃。"

班主任开心地说："那太好了，这样我很有信心说服家长，如果做得好的话，这个方法还可以做一下推广，针对性地组成若干学习小组。有几个孩子比较适合雷雷这个学习小组，我可以安排一个语文好的、一个数学好的、一个英语好的在一起，那个小女孩就是其中之一。而且另外两个孩子的家长也比较忙，他们常常为接送孩子而苦恼，如果有人愿意免费接送他们的孩子，他们高兴还来不及呢。"

告别班主任，我和雷爸沟通："雷雷目前面临两种要素的缺位，一种是家长的角色，还有一种是学习的氛围。这两种我已经找到了解决的方案，但是需要你做出一定的牺牲和奉献，你愿意吗？"

雷爸兴奋地说："只要能帮孩子戒掉网瘾，还有什么是我不愿意的？快说快说。"

我说："我请班主任找了三个孩子，和雷雷组成一个学习小组，三个孩子每人擅长一门课：语文、数学和英语，学习小组的总部就是你家的客厅，但是需要你每天开车送孩子们回家。同时，要想拴住孩子们的心，还得拴住孩子们的胃，你要为他们准备可口的美食和水果，你愿意吗？"

雷爸说："我愿意啊！我太愿意了，这可比给孩子报辅导班便宜多了。"

没有鞭炮声声，没有锣鼓喧天，学习小组在孩子们的欢声笑语中成立了。享用着雷爸亲手端上的美食、水果，孩子们快乐地学习。而且雷雷果然很听副班长的话，她叫他阅读他便阅读，叫他做题他便做题。而且小女孩还不时地鞭策、督促他："雷雷，你又走神了！""雷雷，认真点，不然我不理你啦！"

非常管用！雷爸差点笑出声来。

半个月之后，班主任打电话给我："朱老师，让我担心的事情还是发生了。"

我惊问怎么了。班主任说："副班长向我'告密'说，雷雷让他们作业给他抄一抄，他自己憋不住了，要去玩游戏。"

我忙问："雷雷爸爸呢？不在家吗？"

班主任说："嗯，看着孩子们已经形成了很好的学习场，他把吃的东西准备好之后，就出去加班了，到差不多要送孩子们回家了，他才回来。雷雷看他不在家，心又痒痒了，就偷偷作弊。"

我火速找到雷爸，责问他："你是想前功尽弃吗？"

雷爸说："怎么啦，他们不是学习得很好吗？"

我说："在这关键时刻，你就是定海神针。你待在家不动，你就是他的紧箍咒。你一出门，雷雷就开始作弊，开始弄虚作假了你知道吗？你这样做只会让所有的努力都付之东流。"

雷爸大惊："啊，竟然是这样！我完全不知道！"

我说："现在，你知道了仍然要装作不知道，但是你不能再偷偷出去加班了，你要若无其事地陪在他们身边，当好他们的吉祥物。"

雷爸发誓说："不出去了，我再也不出去了。"

雷爸真的不再出去了，待在家里认真地陪着孩子们，孩子们饿了为他们准备吃的，渴了为他们倒水或准备水果，常常还会有一些小惊喜给他们。他在客厅添置了一个书架，书架上准备了许多图书，孩子们学习一节课左右的时间，就提醒他们休息一下，玩一玩，做一些游戏，或者看一些他们喜欢的图书，其乐融融。

变化在每一天看似不变的日子中发生着。慢慢地雷雷游戏的虚火逐渐地退去，心魔悄然消散，忘掉游戏为何物。

强大的学习场在四人学习小组中稳定地发挥着魔力，不仅仅是雷雷慢慢恢复到了一年多前的状态，另外的三个孩子，也在相互的促进和激励中，补齐各自的短板，并使得优势项目更加优秀，整体变得更好了。

四年级期末，班主任打电话给我说："朱老师，我向你宣布，学习小组是一件法宝，它在雷雷他们'F4'身上，取得了很大的成功！"

雷爸打电话给我说："老朱，告诉你一个好消息，雷雷又回到班级前三了！"

我说："也恭喜你，这回你可真正变成雷牛爸了，当然也恭喜你家长角色正式'重启'了。"

教育学与心理学视角

孩子自控力的形成，既跟先天因素有关，也跟后天的环境影响和不断培养有关，并不是天生自控力良好就可以一劳永逸。本文中的雷雷，从小就表现出了较好的自控能力，然而当接触到网络游戏这个"潘多拉魔盒"时，他的自控力不堪一击。这个现象并非雷雷所独有，事实上很多原本自控力好的孩子沉迷上网络游戏之后都会失去自控力。因此，老师和家长不可对孩子的自控力过度迷信，还是要经常观察，保持警惕，以便及时发现问题。

学习小组是一个有效的方法：它营造出一个学习场景，有利于发挥团体动力学效用，使孩子们在团体中互相学习，优势互补，又能够彼此督促，减少了一个人在家学习的孤独感和无聊感。而且同龄人之间共同语言比较多，交流起来比较顺畅，不容易让孩子产生排斥感。

然而，要想组建一个功能良好的学习小组，也是需要一些科学"设置"的，比如需要一位合适的小组指导者，还需要1—2名协同指导者，他们起到筛选小组成员、制定小组规则、监督规则执行、及时发现问题并"拨乱反正"的作用。同时为了保证小组的良好运行，指导者的陪伴、鼓励和及时控场也是非常重要的。

游戏有毒

一个深度沉迷者的反面殷鉴

2014 年的暑假，子豪（化名）的爸爸妈妈把孩子拽到我的工作室，子豪不太情愿地站在门口，目光躲闪，低着头一言不发。爸爸大声呵斥让子豪进来，子豪却不为所动。妈妈只好伸手去拉他进来，子豪人进来了，但是却像爆发的"小宇宙"，冲着妈妈大吼："干什么？"一手捶到办公室的墙上，随即右脚猛地踹墙，墙上瞬间留下了两个洞。

爸爸看到这情形，赶紧把子豪拉出去了。妈妈留下来继续和我沟通孩子的情况。从妈妈的描述中我大概知道了子豪的情况。

子豪的爸爸妈妈在园区外企分别担任生产经理和财务经理，子豪在小学的时候成绩很好，学习习惯非常好，不需要爸爸妈妈操心，在初一暑假，爸妈把子豪送到了外婆家。老家的表哥非常喜欢打游戏，子豪第一次跟着表哥接触了《王者荣耀》，每天都会跟着表哥一起打游戏，非常开心。开学后，子豪回到了苏州，和爸爸妈妈说需要电脑查找资料，爸妈没有多想，及时给孩子准备了一台电脑。

子豪没有办法控制自己，逐渐沉迷游戏当中，而爸妈还被蒙在鼓里。一直到班主任打电话过来说孩子的成绩下降了，白天在学校经常打瞌睡，最近还经常请假，这时候爸妈才知道子豪打游戏的事实。为"挽救"孩子，子豪的爸妈也试过断网断电，却导致了孩子的剧烈反抗：拍桌子、摔东西，甚至要和父母动手。从未见过儿子如此暴躁的父亲，情急之下，把子豪绑了一天一夜。

我应邀来到子豪家里，进门一刹那，我震惊了：家里空空荡荡什么也没有，只有客厅一张折叠起来的简易餐桌和一张沙发。妈妈无奈地和我解释："孩子容易发脾气，发脾气的时候很暴躁，会砸家里的东西，能移动的、砸得动的都砸了。"妈妈安排我在家里唯一能坐的沙发上坐下，尴尬地笑了笑："前几天孩子发脾气，把家里的保险柜砸了，不知道他哪儿来那么大的脾气。"

我问："他为什么发脾气呢？"

"还不是因为想打游戏嘛！我们把家里的电和 WiFi 都断了，他就问我们要钱出去玩，我们不给，他就把保险柜砸了。"妈妈回答。

"那孩子现在在做什么呢？"我进门到现在都没有看到孩子。

"他睡觉呢，最近他一直白天睡觉，晚上打游戏，我们现在也不敢说他，一说就发火，砸东西。"妈妈非常焦心地说。

我听了非常痛心。说实话，他已经很难戒掉网瘾了。网络或智能手机沉迷是指个人强烈渴望上网或使用智能手机的倾向与行为，且明知自己沉迷于网络或智能手机的情况已给身体、心理及正常生活带来危害，还是一再沉溺其中，并且，上网或使用智能手机的时间愈来愈多，无法上网或使用智能手机就会不安、激动甚至情绪失控。网瘾慢慢形成的过程大概经历以下的阶段。

不知道阶段。孩子接触不到游戏，那么自然对游戏概念一无所知。

知道、观看的阶段。知道游戏的概念但是孩子自己不想玩，因为没有太多兴趣。

开始接触阶段。孩子正常使用网络，不影响生活和学习。这个阶段也是家长最容易忽视的阶段，大部分人认为没关系，孩子正常接触一点游戏是正常的，没有必要大惊小怪，而放松了使用的管理，直接导致孩子快速进入下一个阶段。

使用过量阶段。但还可以克制，其实大部分玩游戏的小学生处于这个阶段。比起以前，必须花更多的时间上网才能得到满足，或者，如果继续花相同的时间上网，满足感会减少。父母在这个阶段看到孩子游戏的时间不受控制了，会采取一些协约或约定：每周玩两小时，或每周末可以玩游戏，上学的时候禁止。对于部分小学生会奏效，因为他们能够听从父母的安排。但是对一部分孩子来说，大脑结构没有发育完善，自控力又非常差，经常会想着玩游戏，得不到满足，脾气容易暴躁，觉得沮丧、心情低落，往往会和父母产生冲突和矛盾。

网络沉迷阶段。这阶段的孩子的功课和生活受到了影响，也就是父母和孩子闹得鸡飞狗跳的阶段。这时候父母才感受到游戏影响了孩子的学习和生活，要加以控制了，断电断网，威胁打骂，效果却往往不是家长预期的那样。

成瘾阶段。孩子不学习，生活没有规律，因上网而有身体不适，对身体健康造成负面的影响，和家人或朋友或同学互动减少了，平常休闲活动的时间减少了。这时候部分父母才能真正从心理上高度重视——再不管不行了，孩子要废了。可是如果孩子已经到了这个阶段，父母没有足够的经验和毅力是很难成功的。

最后就是大脑结构改变阶段。孩子可能会做出伤害自己或他人的出格行为，网瘾事件每年都有相关报道。

那么子豪这样的初中生为什么对网络沉迷成瘾呢？根据专业机构的说法，人的大脑 β 波/α 波值平均如果不满 2.5，表示脑部功能不佳，正常人的数值是 3.3。网瘾的孩子每天玩在线游戏 10 小时以上。在线游戏时，前额叶不运作，功能降低到几乎测不到 β 波，β 波 / α 波值常常接近零。这与一个高龄老年痴呆的反应类似。正常人的大脑前额叶会做出正常的反应和决策，网络成瘾的孩子前额叶长期得不到锻炼和发育，会情绪失调，诱发冲动的行为或成瘾的行为。

对于已经沉迷游戏的孩子，要实施网瘾戒断，首先是父母要做好充分的准备：确定要帮孩子做网瘾戒断，不管是身体上还是精神上都要能支持，需要家长的坚决执行信念才能成功。其次，帮助孩子做网瘾戒断的父母或其他家人要给孩子温暖的支持和合理的行为管控。预防孩子网络成瘾是最有效的行为管控，是将电脑、智能手机等放在客厅或其他家长能够看得到的地方。管控好上网的时间，并在智能设备或电脑上安装一些控制应用软件。再次，一定要搭配运动时间，让孩子能够在运动场上流汗，产生快乐的多巴胺，增生前额叶细胞，活化前额叶功能。最后要协助孩子合理安排作息时间，饮食规律。

◆ 教育学与心理学视角 ◆

过量使用网络到达成瘾阶段之后，如果突然强行戒掉网瘾，容易引发"戒断反应"：上网者会表现出心慌意乱、焦躁失控、摔东西、抓头发、打哈欠、没精神、流泪、抑郁甚至恶心、呕吐等症状。

文中的子豪，就是在爸爸妈妈突然断掉网络之后，表现出了戒断反应。这个时候需要及时修复亲子关系，从而让孩子能够接受爸爸妈妈的帮助。可以安排一些充实的运动或娱乐活动，比如游泳、打球、登山、旅游等，以替代网络的影响。同时，有条件的话可以带孩子做心理辅导，通过情感支持、放松训练、系统脱敏等专业方法帮助孩子释放压力和情绪，恢复平和心境（必要时也可以在医生指导下服用相应的药物缓解症状）。

着魔的抖音

未成年的孩子，对这个世界始终怀揣好奇，抖音于他们而言，仿若打开了新世界的大门。他们发现，抖音上有很多"炫酷"的东西：游戏、动漫、小宠物、零食广告等；还有很多他们平常接触不到的东西：穿着暴露的小姐姐、吞云吐雾的小哥哥……

渐渐地，他们发现这些视频的主角里，竟然出现了不少同龄人。这些同龄人都有很多粉丝，每次表演都会有很多点赞，这无异于给孩子们一个暗示：我也能成为和他们一样的人。长久下去，他们的专注力先会被打破，各种五花八门的视频场景将扰乱他们的思绪，令他们无法专心，开始变得烦躁不安。他们的学习能力也会因此下降，无法再把更多的心思放在学习上。

抖音从它诞生起，迅速火遍全球，特别是青少年群体。抖音也波及了魏总家的孩子。魏总和他夫人从来没有下载过抖音和快手，哪怕每年的春晚节目中，主持人总是激动人心地播报抢红包活动，全民瓜分 70 亿红包，他们也不为所动。

在锐锐五年级的时候，他们发现孩子眼睛红红的，一个人在房间里面"咯咯"地笑，有时候还会用手拍打着被子，说着 "去" "靠" 等粗俗的语言。这让他们很担心，和孩子沟通下来才发现，原来锐锐是对抖音着魔了。锐锐大大方方和他们分享抖音里面的小视频，建议父母要跟上时代，现在抖音很"火"。锐锐给他们看视频的时候，抖音不停跳出新的视频内容，大部分都是青少年哗众取宠的视频和搞笑逗乐的段子，好几次还跳出穿着比较暴露的女性视频。魏总和夫人都捏了一把汗：千防万防，防过了《我的世界》，断绝了《王者荣耀》，却没防得住抖音。

他们及时和锐锐沟通：禁止看抖音。

锐锐自然是反对的，但是视频里面的内容不健康锐锐也是认可的，所以没有用什么亲子谈判技巧，他们用最直接简单粗暴的方法封杀了抖音。虽然锐锐情绪上有一些不满，所幸"中毒"不深，倒也没有引起太大的情绪。

休闲时间，魏总喜欢陪锐锐下围棋打发时间，锐锐的兴趣很快从抖音转到了围棋上，慢慢地也就忘记了要去刷抖音视频了。

我身边很多朋友的孩子中了抖音的魔，不少孩子"中毒颇深"，家长普遍都比较忧心。抖音上很多内容不适合孩子观看，诸如炫富、骂脏话、虐待动物、自虐、无底线的恶搞、软色情等。更有很多孩子加入广告群、兼职群等。直播的虚假带货光环让很多孩子开始畅想职业：做直播太赚钱了，我就去做直播。

嘉义是一个非常聪明的男生，最近不上学了，在家里摆弄各种姿态，拍摄小视频。每天关注自己的粉丝涨了几个，掉了几个。嘉义对妈妈讲："我不用学习了，学习太辛苦。现在做直播非常赚钱，一场直播可以赚千万呢，你们天天工作能赚几个钱？等我赚钱了，我养你们。"面对妈妈的质疑，嘉义和妈妈讲："现在直播是正经职业了，我提前创业，又不是瞎玩。"当然爸爸还是把孩子揍到学校去了。

根据报道，印度尼西亚封杀了抖音，封杀的原因是："存在大量的不利于少年儿童健康成长的内容。"我不去评论抖音在别的国家被封杀的理由是否合理，作为家长，我强烈呼吁抖音、快手等 App 对少年用户进行屏蔽。数据统计，抖音的用户 85% 都在 24 岁以下，基本上都是 95 后，甚至 00 后。

抖音这款 App 中精心设计了让用户"上瘾"的自动推送机制：触发、行动、多变的犒赏、投入等。用户在看视频的时候，界面没有时间显示，让用户忘记自己处在什么时间，渐渐也就忘记了时间概念；根据喜好推送用户喜欢的视频，通常刷着刷着，几个小时就过去了。这样的机制，我们成年人都很难自控，更何况是孩子呢？

未成年的孩子，对这个世界始终保持着一种好奇，而抖音刚好给孩子们打开了新世界的大门。每天想着刷几个搞笑的视频成了必须要完成的"作业"，那么孩子在这样的情况下，专注力先会被打破，对孩子学习能力的破坏是毋庸置疑的。观看各种五花八门的视频，也是孩子沉迷网络的一种方式，网瘾

来得比游戏更猛烈。对孩子伤害最深的是他们在视频中学到的东西扭曲了他们的三观，他们无法正常判断事情的合理性，失去理智判断的能力。

前有《王者荣耀》，后有抖音、快手，未来还有连接不断的诱惑等着孩子们，家长的职责已经不是管好学习和生活习惯的问题了，我们还需要防游戏防视频对孩子的"俘虏"。如何正确使用高科技，不让孩子沉迷其中，需要家长更多的智慧和耐心，保证孩子能够健康快乐地成长。

教育学与心理学视角

无论是短视频平台还是网络游戏，似乎都能够轻易触发孩子体内的"上瘾"因子。如何在互联网时代教育孩子抵制外来诱惑，是一件考验智慧和耐心的事。

不过，虽然我们要对"上瘾"的可能性保持警惕（毕竟上瘾的危害真的很大），但是也没必要过度夸大上瘾的概率，即：并不是所有的孩子玩抖音都一定会上瘾。

我们需要关注的是：为什么孩子会上瘾？是什么环境条件和心理背景促使他们将注意力和时间花在抖音上呢？思考这个问题并针对性地进行预防，胜过盲目的担忧和简单粗暴的制止。

无论孩子是沉迷于刷短视频还是玩网络游戏，一个重要的指导原则是"先处理关系，再处理事情"。任何问题的发生，既有偶然性，也有必然性。大部分出现成瘾问题的孩子，其家庭中的亲子关系往往也存在或多或少的问题，这加大了改善问题的难度。反之，亲子关系良好的家庭，即使孩子在成长过程中偶然犯了错误或者出现了阶段性的问题，因为有良好的关系和情感做支撑，他们也能够较快地走出困境。

第二课 财商课

开篇　财商也要从小培养

　　培养孩子的财商成为如今教育孩子的一个新话题。的确，现在许多年轻人虽然已经参加工作，但是根本没有多余的收入可以支配。同时，又几乎不用为家庭负担什么，因而许多人自然而然成了"月光族"。他们令人"堪忧"的财商和财富管理观，其实是他们的父母没有对他们进行适时的教育和培养造成的。如今，这一话题引来了越来越多的讨论和思考，"财商课"成为家长没学过、孩子不能缺的一门课外"必修课"。这是一个可喜的现象。

　　任何一种教育，我都倾向于化繁为简，务求实用、高效。对于如何培养孩子的财商也是如此。财商培养用一句简单的话来概括，就是量入为出。而这恰巧是多数家长没有给孩子树立的基本意识，很多孩子一眨眼工夫就能把手上的钱花光，然后再伸手向家长要。

　　一种能力的培养，离不开实践。所以培养孩子的财商，就要让孩子自己去管理自己的可支配资金。

　　首先，家长给孩子的零花钱要定时定量，比如每周30元。具体可根据家庭实际情况来实施。但即使家庭富裕，也不宜给多。同时，一旦这个钱给了孩子，决策权就交给孩子，不要去干涉。

　　很多家长认为孩子小，还不懂得金钱的意义，所以不给孩子零花钱。这是错误的想法。你不给孩子钱，孩子就不能正确认识金钱，更谈不上运用金钱。从小给孩子一点零花钱，代价极小，用这极小的代价来培养孩子的金钱观和运用金钱的能力，实在是低成本大产出的教育投入。

　　其次，要界定好零花钱的使用范围。给孩子零花钱了，小物件都应该让孩子用自己的零花钱去买。比如孩子想吃冰淇淋，可以，用自己的零花钱买；孩子想买个小玩具，可以，用自己的零花钱买……

假如孩子想买一个自己喜欢的东西，但零花钱又不够，怎么办？举个例子，孩子想买一个玩具，需要 200 元，但孩子每周的零花钱是 30 元。正确的做法是：你告诉孩子，可以把每周的零花钱攒起来，7 周后他就拥有了210 元零花钱，足够买下这个玩具了。通过这种方式还可以很好地锻炼孩子的忍耐力、意志力。另外也可以自己挣钱买自己想要的东西。家长可以启发孩子，让孩子自己去思考如何达成自己的欲望，自己选择实现的路径。

所以，家长需要做的是帮孩子制定一个零花钱的使用范围和规则，其他的事让孩子自己做主，家长可以给孩子点建议，启发孩子。通过这种实践的方式，比去上各类财商课效果要好得多。可以让孩子在日常生活中认识金钱，体会如何用自己的能力解决问题，而不是伸手向父母要钱来解决。通过这种方式，一是可以有效锻炼孩子运用金钱、掌控金钱的能力；二是可以有效锻炼孩子的意志力；三是可以有效锻炼孩子的商业思维，提升孩子解决问题的能力；四是可以提高孩子的独立性，可谓一举多得。

财商教育是让孩子学会算经济账。如果孩子比较大了，已经养成了大手大脚花钱的毛病该怎么办？先给大家分享一个关于父母巧治"吞金兽"的故事。我有一个非常要好的企业家朋友费总，他家有个千金小姐，这个孩子从小花钱大手大脚惯了，费总也曾经警告过几次，但是没什么效果。后来孩子考上了大学，去外地念书，费总承诺自己每个月会准时把生活费汇给她，要女儿安排好自己的生活。结果父亲给她的第一个月生活费没到 10 天就差不多花光了，只剩下不到 200 元。于是女儿赶紧给费总打电话求助，说："老爸，我这个月的生活费快花光了，只剩不到 200 元了，再给我汇点吧。"起初，父亲没有忍住又给孩子打了 5000 元，说好是紧急备用金的，结果不到 3 个月又基本花完了。

当费总跟我说他家孩子是"吞金兽"时我还没明白其真正含义，经他解释后才明白，原来是这么回事。费总问我有没有办法治一下这个"吞金兽"。

"方法当然有……关键是费总你自己准备好了没有？"我问。

果然不出所料，"吞金兽"又来求助电话了。费总这回跟女儿说："我每个月都是准时把生活费汇给你的，由于你自己没有合理安排好资金，提前

花光了，我没有办法帮助你了，实在不行你只能饿肚子了。"随后费总就把电话给挂了。

随后，女儿又打给妈妈，妈妈回答得更加干脆："我们家财务是你爸爸管的，我是爱莫能助啊。孩子还是你自己想办法克服一下吧！"这次父母这边没有做任何妥协。

女儿终于绝望地发现，这回家里人跟她是动真格的了，可是等到父亲下一次汇生活费还得近 20 天呀，这下可怎么办呢？女儿绞尽脑汁，有时去老师那儿蹭一顿，有时向同学借 50、100，去食堂打饭的时候几乎不敢打荤菜。同学好奇地问她，怎么老是吃素菜呢？"吞金兽"苦笑着说，为了减肥。

这样能省则省，终于熬到了父亲汇款的日子，拿到了下一个月的生活费，女儿赶紧归还了从同学那儿借的钱，并且开始仔细盘算如何用剩下的钱过下个月的生活。

就这样，女儿慢慢学会了量入为出，还每个月存点钱下来以备不时之需。自然大手大脚的习惯也就消失了。

如果您的孩子已养成大手大脚的习惯，想要纠正过来，让孩子有点理财观念，那么，您也得狠下心来，饿一饿他。

除了培养孩子的金钱意识和掌握金钱的能力外，我们还要帮孩子塑造正确的金钱观。

股神巴菲特的儿子彼得是全世界最著名的"富二代"。他在《做你自己》这本书中写道："我父亲没有给我写过一张支票，我离开大学校园后不仅要还房贷，还有音乐设备的贷款要还。"彼得是著名音乐家、艾美奖获得者。

巴菲特告诉儿子："幸福快乐是你要追求的，金钱是跟随着你的幸福和工作而来的，而不应该由它来引领你的工作。"

所以，除了要让孩子学会"量入为出"外，还要让孩子正确认识金钱怎么来、该怎么用、将来我们需要用它来做什么。只要我们理清这些关系，对孩子来说就是最好的财商教育。

做家务的意义

孩子远远没有大人那么清楚需求和目的。一旦经历过物质奖励，孩子便会产生混乱的概念：获得物质奖励是学习的目的。随着物质奖励的持续，孩子的物质需求也会日渐增长，当我们不能满足孩子欲望的时候，孩子的学习兴趣就会大打折扣。

我有一个学生蔡同学，成绩不太好，妈妈答应他进步 1 分奖励 100 元。孩子成绩噌噌进步了 10 分，妈妈爽快地拿了 1000 元做奖励；第二次孩子数学一下子考了 92 分，按照约定，妈妈要奖励 3800 元，这时候妈妈觉得太多了，和孩子商量能不能打折，孩子不愿意，最终这 3800 元没有奖励给孩子。这个奖励没有拿到，孩子学习没有积极性了，成绩又回到了初始状态。

蔡同学妈妈用了物质奖励的手段。但是它真的有效吗？我们从案例中可以看出，事实恰好是相反的。想想以下场景在平时生活中是否常见：

"期末拿到'三好生'，我给你买一个手机。"

"帮我把地扫了，奖励 2 元。"

……

当我们第一次用物质来鼓励孩子，他就会等着我们第二次来鼓励他，然后就有第三次、第四次……我们一次一次的物质奖励，容易让孩子忘了做这件事最初的目的：好好吃饭是为了自己的健康，学习是为了获得知识和提升自己的能力，做家务是自己作为家庭一分子应该有的责任。

心理学家 Decharms 认为，若相信有外在力量的控制，如物质奖励，则个体的自主控制感会减弱，内在动机也会随之降低。也就是说物质奖励会降低内在动机，对内在动机产生"侵蚀"效应。靠奖励激发起来的行为，就必须靠不断升级的奖励来维持前进，孩子的胃口会越来越大，对物质要求就会越来越高。如果有一天，家长不再给孩子物质奖励，或者无法满足孩子的胃口，那么就再也无法调动孩子的积极性。

我家孩子上幼儿园的时候，有一次从邻居家串门回来后，说："爸爸，欣月她帮妈妈洗一个碗有 5 毛钱收入，扫地有 1 元钱收入。可是我们家为什么没有呢？"

孩子的话我一时不知道如何去回答，因为好像朋友家、同学家及周边的小孩都有被家长奖励做家务的例子，我们家却没有。什么样的解释，才可以让年幼的孩子接受这个"不平等的待遇"呢？

我蹲下来准备和孩子交流。

"孩子，你看，隔壁阿姨家和我们家做法是不一样。现在我们来想想这个事情，怎样做你觉得比较好。"

"嗯，好的。我也能有奖励吗？"

"可以啊，你付出劳动了，当然可以啊！"我停了几秒钟，观察孩子的表情，"那么，中午你自己吃饭了，是不是把饭吃到肚子里了？"

"嗯，是的呀！"

"那你吃饭的碗是不是应该自己洗呢？"

孩子脑瓜转得比较快："那么，爸爸，我可以把自己的碗洗了，再帮你们洗，这样你们的碗给我奖励就好啦！可以吗？"

"哎哟，挺会算的哦！可以啊，那你的衣服呢，要不要自己洗？"我看孩子开始皱眉头了，"哦，对了，你的鞋也要自己刷哦，那么这样看来你的饭也要自己做了呀。"

我一边说着，一边很"兴奋"地拍了拍孩子肩膀："孩子，爸爸觉得这样挺好的，要不我们就这么干吧！"

孩子为难地说："爸爸，这恐怕不行，我不会洗衣服，也不会做饭呢。"

"那怎么办呢？"我假装陷入了思考。

孩子耐心等待我的答案。

"那这样行不行，你帮我们做的事情，爸爸给你钱，那我们帮你做的事情你再给我们钱。你觉得怎样？"

孩子开始着急了："我会做得比较少，那我没有钱给你们怎么办？"

　　我拉过孩子坐下来。"是啊，你看，我们是一家人，家人，你懂吗？"我顿了顿，"家人哪有分清我为你做的、你为我做的呢？只要是家里的一分子，我们都要尽自己的一份力量，互相帮忙，你觉得这样是不是更好？"

　　"那么，欣月的爸爸妈妈为什么会给她做家务的奖励呢？"

　　我说："事实上，这并不是一种奖励，或者是和自己劳动对等的报酬，这个账是没法算的。只是欣月的爸妈为了教她做一些力所能及的事情，为了让她学会独立生活的能力，给她的一点额外的刺激罢了。懂了吗？如果你明白了这个道理，你就不会和爸爸妈妈谈钱了，因为爸爸妈妈对你的养育，也是没有任何条件、永远不需要你回报的。现在懂了吗？"

　　孩子貌似懂了，不过在她日后的成长过程中，我们仍然持续去沟通交流。孩子从来没有因为学习进步了而来索取奖励，也不会因为比赛拿奖了来谈判。

如果她想要什么，我会问她："这是你想要的吗？"我们会在合适的机会，例如生日、节日或者我们创造出来的日子送给她，并且让她明白，我们送她东西是因为我们爱她，而不是因为她的表现。

我再一次旗帜鲜明地反对用简单粗暴的物质奖励来妥协或追求短时间的"效率"。当然，也不是说绝对不能对孩子进行物质奖励，而是要非常克制。如果在特别的情形下，比如孩子获得了重大的荣誉或者取得了巨大的进步，必须用物质的奖励，那么一定要搭配精神奖励"同时食用"，借以强化孩子的内在驱动力。孩子在获得物质奖励之后，我们要及时表扬他、肯定他，让他戒骄戒躁，让他去享受做这件事情的意义和过程，乐在其中。

教育学与心理学视角

教育的成功指标之一是让孩子学会"为自己做事""为自己成长"：

起床是为了开始自己生命中新的一天；

吃饭是为了自己的身体健康；

学习是为了开阔自己的视野和增长自己的智慧；

工作是为了自己的生存和发展以及自我价值实现；

做家务是为了自己成为负责任有担当的家庭成员；

做义工是为了看清社会各方面的差异从而更明白自己的使命……

父母无论采用哪种教育方式，都不要忘了很多事原本是孩子自己的事。既然是孩子的事，那么孩子才是"主攻"，父母和亲人只是"助攻"。这个教育理念，越早运用，孩子越早受益。否则，一年一年过去，孩子很容易形成病态依赖心理：过度依赖物质奖励，过度依赖父母的包办，过度依赖父母为他"擦屁股"等。如果这样，做父母的早晚会收获一个没有责任意识、没有感恩之心，更没有独立能力的"巨婴"。

所以，教育方法千万条，主攻意识第一条。

零花钱怎么花

　　随着生活条件的改善，人们的物质条件越来越好，每年给孩子的零花钱、压岁钱也越来越多，有些孩子自然而然地成了"小富翁"。如何让孩子的钱用到比较合适的地方，成了许多家长比较头疼的问题。

　　在我带的小记者班，有位家长跟我分享她给孩子规划零花钱的做法，其中有教训、有经验，从失败到成功，在这里我和大家分享一下，或许对家长朋友们有所启发。

　　金总从孩子大宝一年级开始，便跟他沟通好了，每周零花钱是10元，钱怎么花可以自己决定，但是前提是不能购买垃圾食品，并且，要把每一笔"开支"都记账在册。大宝非常开心，准备了一个非常好看的零钱包。

　　金总就这样每周定时定量给大宝零花钱，大概一年之后，就没有再坚持下去。为什么呢？大宝好像并没有什么需要花钱的地方，他把钱都攒着，很快就可以达到100元。为什么要攒到100元呢？他想买他想要的玩具。但是这样其实违背了金总的初心。这是其一。其二，平时出去的时候，金总希望大宝自己的东西自己来买单，但是很多时候大宝都没有随身带钱，只能用他们的钱购买。更主要的是他要买的东西往往是必需品，也不是他的零花钱能够支付的，最后还是得由他们来买单。其三，金总夫妻也没有完全区分好哪些该是孩子负责的，哪些该是父母负责的。他们分析了一下，既然孩子本身没有什么消费的需求，平时根本没有什么需要买的，那么每周给他零花钱，也就没有什么意义了，所以这件事也就不了了之了。

　　后来很长一段时间，金总夫妻都没有特别提出零花钱的概念，在大宝需要用钱的地方，只要需求合理，他们都会满足，例如他参加学校的秋游活动，他们会给他 100 元，在渴了或想要买纪念品的时候，不会囊中羞涩。但是往往他又把 100 元带回来还给了他们。周末大宝和同学出去玩，金总也会给他零花钱，关照他："出去玩有什么想买的可以自己看着买。"大宝点头说好的，可是回来的时候又把大部分钱带了回来。

直到有一天，大宝和同学参加学校的综研活动，他居然把自己所带的钱全都花光了。"爸爸，我今天豪气了一把！"大宝很自豪地描述，"我今天请全班同学吃冰淇淋了。"

金总干咳了两声："你很大方嘛！"

五年级后，儿子的社交越来越多，花钱的地方慢慢多起来，为自己买东西，为家人准备生日礼物……虽然这些消费无可厚非，但是他没有计划和总数的概念，不知道钱是有限的，需要做一个合理的消费。金总这时候才意识到这样是不对的，要及时和孩子沟通零花钱怎么花的问题。

金总也向身边的朋友了解情况，发现大部分孩子的零花钱通常还是会由父母指导支配，最后多数用在学费、书本费等方面。父母一旦把钱给了孩子之后，也不会过多地去干涉孩子怎么用，没有真正让孩子自己安排零花钱该怎么用。

金总决定吸取之前的教训，跟孩子商量一下每周零花钱的数量、使用的方法。他特地给孩子讲了一些财商的课程，让大宝明白了钱从哪里来、应该如何区分必需品和非必需品。他们一起协商了每周的零花钱是 30 元，每周给一次。针对如何使用他们也做了约定：

1.原则上父母不干涉零花钱如何使用，建议不要购买垃圾食品和没必要的物品（这点之前有沟通过），避免浪费。

2.大宝生活的必需品，例如牙膏、衣服等生活用品，由爸妈统一采购。学习用品买足使用的量，如果因为自己保管不当等原因丢失，需要自己用零花钱购买。

3.购买书籍的费用，可以由爸妈全部承担。

4.交友的花费，买小礼物送给家人，购买非必需品，例如好看的笔、冰淇淋等，用自己的零花钱。

零花钱
管理方案
1. ____
2. ____
3. ____
4. ____
5. ____

5.如果零花钱不够，可以申请借款，但是需要付 10% 利息。

6.如果每周有存下的钱，可以申请 10% 利息。

就这样他们重新开始了零花钱的管理方案，执行中还是会遇到困难，例如开始没有纸币，现在消费都是通过网络，所以大宝每次都是把"钱"存在父母那里，需要买什么的时候去"取"钱，他们用微信或支付宝帮他付款。但是很快发现，大宝还是没有钱的观念，没有计划消费的意识，基本上只要手里有零花钱，见了喜欢的东西就买，不管对自己是否有用，总是花超了。钱用完了，该买的物品却没钱去购买了。

所以金总最后还是换了纸币，每周定期发给大宝，当他需要网络购物的时候，就拿纸币给金总，由爸妈帮他代付。同时他们也比较注意培养他的理财意识，避免他盲目花钱，养成量入为出的习惯。对大部分孩子来说，要他们合理安排较多的钱是不大可能的。因此，随着孩子逐渐长大，父母可以帮他们约定这些钱的使用范围，做一个大致的计划，养成量入为出的习惯。

金总特地打听了苏州银行可以给小孩办理存折的业务，于是给他开了账户存款。过年的压岁钱、平时攒下的钱定期带大宝去柜台办理存款，可以在存折上看到他每次存入钱的金额变化，目前他已经存下来 3820 元了。

金总在这个过程中，慢慢给大宝讲一些投资理财的简单知识，让他慢慢体会做金钱小主人的快乐。在这过程中，大宝慢慢了解了零花钱是有限的，怎样才能把钱花在自己最想花的地方，同时也了解了大人挣钱的不容易。俗话说"一分耕耘一分收获"，财富是一个积累的过程，谁的钱都不是轻松得来的。作为家庭重要的一员，如果大宝出自己一份力，也会使他的家庭责任感得到很大的提升。

◆◆◆ 教育学与心理学视角 ◆◆◆

大部分孩子的理财思维和能力并不是天生的，而是需要后天引导和培养的。他们一开始没有节约或者规划的概念，时常一不小心就"花超"了，或者拿着钱"爽气一把"，等到需要买正儿八经的物品时，反而没钱了。这种现象其实很正常，是孩子成长的必经之路。

如果父母能够较早地意识到培养孩子"财商"的重要性，有意识地指导孩子如何支配和使用零花钱，哪怕屡试屡败，也是有意义的。如果还可以接着屡败屡试，那就更值得肯定了。

文中的金总就是这样，根据孩子在不同年龄段的实际情况，适时地调整财商培养方式，方向不变，方法灵活多变，相信总有一款是适合孩子的。

培养孩子的财商需要一个过程，并不是一蹴而就的。这个过程也是家长帮助孩子体会生活真相的机会，诸如：挣钱并不容易；花别人的钱容易，花自己的钱肉疼；财富积累的喜悦；做金钱主人的快乐；有能力为家庭出一分力的责任感，等等。

有人会问为什么要让孩子知道生活的真相？

当然是为了有一天，孩子独自面对生活的时候能够成竹在胸而不是幼稚慌乱或者直接扑回爸爸妈妈的怀抱。

钱从哪里来

当下，有许多孩子都是比较拜金的，这跟父母的影响有着直接关系。自从有了孩子后，每天的生活就是柴米油盐，哪一样都需要钱，父母们经常讨论，孩子受到影响，也会觉得钱是万能的。当然，孩子错误的金钱观，很大一部分原因，是只知道钱能买来什么，却不知道金钱来之不易。他们看不见父母的辛苦工作，或者是没有直观的感受。

所以要想改变这种状态，有时间的话，家长们可以带着孩子去体会各种职业的辛苦，然后告诉孩子，这些人的劳动可以换来每个月的收入。在工地上看爬得很高的建筑工人，在商场里看服务员，还有澡堂里搓澡的师傅等，孩子会知道爸妈工作不容易，也会知道自己不能什么都要了。

孩子的金钱观，反映的是父母对金钱的看法。对待孩子，既要尽量给他们好的物质条件，又要教他们量入为出，这样才是对孩子负责的做法！那么首先让我们的孩子了解一下，钱是从哪里来的。

我们这一代做父母的，经历过物资匮乏的年代，小时候手上很少有零花钱，父母更没有和我们交流过钱是哪里来的。这个问题，我们很多家长应该都没有正面和孩子沟通过，因为我们认为孩子都知道钱是从哪里来的。

彬彬家有两个儿子，可是兄弟俩对钱是从哪里来的答案并不太一样。

彬彬家大宝小时候带着玩具出门，会非常自豪地跟别人说："我们家玩具不需要花钱，每次都有不同的叔叔送。"每次都弄得彬彬很尴尬，要和旁边的人解释一下。原来那时候开始流行电商网购了，比如淘宝和京东，这大大方便了人们购买。快递在送货上门的时候，儿子每一次都看到不一样的"叔叔"朝家里"送"东西，就认为他的玩具和其他东西都是不需要花钱的，都是不同的"叔叔"送给他们的。大宝对钱还有一个概念，就是"卡"。每次去超市，看着爸妈付款的时候只要拿着一张卡给服务员，就能把满车的物品拿回家。他看到家里有类似卡片的东西也都会收起来给爸妈，让他们把"钱"放好；更有甚者他会自己拿着卡去买东西（实际上是没有用的普通卡片），弄得超市柜员啼笑皆非。

小宝对钱的概念则是"二维码"和手机。小区有很多自助售货机，里面放了各种零食和饮料。彬彬一下班，小宝就拉着彬彬去售货机面前，他用他能说的几个有限的字和彬彬说："爸爸，刷……刷二维码。"小宝可不管手机有没有电，也不管彬彬手机微信里面是否有零花钱。对他来讲，带着手机对着一个"二维码"的图片扫一下，就可以买各种各样好吃的了，别提多开心了。

钱在生活中起着非常重要的作用，买书、买玩具、买零食、看电影……都会用到钱。可是我们却没有去关心孩子知不知道钱是从哪里来的。大部分家长都直接忽略了这个问题，或者认为这个根本不重要。钱将伴随孩子一生，要让孩子树立正确的金钱观念，具备基本的财商素养，就需要让他了解钱是从哪里来的。

对于大宝，彬彬是忽略这个问题了。大宝理解不了为什么不能满足他所有的物质需求，甚至幼儿园放学回来一直和彬彬聊："爸爸，我们家为什么不能买一辆法拉利呢？你看法拉利多好看！"

彬彬不知儿子的"攀比"心理怎么破，后来经过和孩子沟通，他才幡然醒悟，孩子缺少了很重要的财商课。

彬彬跟单位领导沟通后，得到了单位领导的支持，他精心做了一个方案让大宝了解钱是怎么来的。彬彬带着大宝来到他的办公室，安排他坐在边上，让孩子了解什么是"工作"。彬彬开始了正常忙碌的工作：开会、打电话沟通事项、做文件、回邮件……大宝对工作充满了好奇：爸爸的工作只要敲敲电脑和打打电话就可以了。

彬彬见状，停下工作，从隔壁办公桌拿回来一摞文件，告诉儿子："爸爸今天有点忙，你可以帮助我一起工作吗？

儿子当然非常开心，马上点头答应。

彬彬继续给孩子安排任务："桌子上这些文件，下午两点开会要用到，

要不然大家没法继续下面的工作，所以我们要赶在下午一点半之前准备好。"

彬彬看儿子听得比较认真，继续示范如何整理文件："你看，桌上的文件，按照这个文件范本，用同样的颜色笔做好标记，再用标签写好分类贴好。"

爸爸看儿子大概听懂了，就把文件交给他了。

大宝马上就开始行动起来：简单！

但是大宝在做的过程，不停地过来询问细节，爸爸真的超级耐心，每次都和孩子作详细的解释。很快，一个小时过去了，眼看要到饭点了，大宝肚子饿得咕咕叫，可是文件整理才完成两份。

彬彬微笑着说："儿子，这就是爸爸的工作，爸爸每天在这里工作，公司才会给我发薪水，也就是——钱。如果工作做不好，那我的工作可能就保不住了，公司也不会发钱给我啦。"

大宝有点着急了，马上取消吃饭的打算，继续整理文件。

大概又过了半小时，办公室其他同事陆续都去吃午饭了，可是大宝的文件还没有整理完，彬彬手头的其他"工作"也没有结束，大宝又央求彬彬先去吃饭。

彬彬说："嗯，那你先努力一下，我尽快把我的工作做完，然后再陪你一起弄吧，这样我们可以尽快完成。如果做不完，我们就会影响别的工作。"

大宝没有办法，只好继续整理文件。爸爸很快也一起加入，终于，他们在下午一点二十分把所有文件整理好了。大宝伸了一个大懒腰："累死宝宝了！"

彬彬摸摸大宝的头："哈哈，这样你就累啦！爸爸每天要完成很多这样的工作。有时候完不成，还要加班。我有时候回家比较晚，你还怪我呢！"

彬彬牵着大宝的手准备去吃午饭，来到餐厅，彬彬掏出两张卡，和儿子介绍："这张蓝色的写着'建设银行'的卡片是爸爸的工资卡，爸爸辛苦完成工作后，公司会把每个月的工资，也就是钱转到这张卡里面，这样我们就可以用这张卡片买东西啦。"彬彬又拿出招商银行的信用卡，和儿子解释："你看，这个卡片上面写'信用卡'，那是什么意思呢？简单说呢，就是银行给这个卡里面放了2万元钱，可以用来买东西，可是呢，这个钱不是爸爸的，相当于银行借给我的，我可以先用一个月，用完，我还得用工资还给银行。"

大宝听得有点费劲，不过大致还是懂了，问爸爸："那这个信用卡这么好，用了不还，银行也不知道的吧！"

彬彬赶紧和大宝解释："那可不行，银行根据爸爸的信用，规定了一个额度，可以先消费，但必须在规定的期限内归还，要不然爸爸就是失信人员，要上黑名单啦。"趁着这个机会，彬彬赶紧用信用卡点了两碗面条。坐下来等面条的时候，继续和儿子解释："儿子，你看，信用卡是我们生活中非常便利的工具，我们今天可以用信用卡里的钱购买面条，还可以打9折，但是一个月后一定要还回去。另外，我们用信用卡一定要在额度内使用，不能随便乱花钱。"

面条端上来了，大宝狼吞虎咽地吃起来，一边问爸爸："你们公司餐厅的面条怎么这么好吃？"

彬彬也喝了一碗汤，把碗里的牛肉夹给大宝："好吃吧？今天的面条是通过我们父子俩认真工作才得来的，所以才香啊！"

作为负责任的父母，我们一定要告诉孩子或者让他们明白，我们的钱是通过辛苦工作赚来的，不是大风刮来的，也不是变魔法变出来的，他们只有了解钱是如何来的，才会真正地珍惜和使用好每一分钱。

教育学与心理学视角

体验式教育是培养孩子财商和职业概念的有效方法之一。通过职业体验，孩子进一步感受生活，感受时间，感受规则，感受价值，当然也会感受到钱到底是从哪里来的。

"体验"的"体"，意为设身处地、亲身经历；"验"，意为察看感受、验证查考。体验具有过程性、亲历性和不可传授性，是充满个性和创造性的过程。从心理学角度讲，体验是"理智的直觉"，是建立在个体"内部知觉"基础上的一种特殊活动，它总是与个体的自我意识紧紧相连。所以，从词源学的角度看，一个人在成长过程中，也需要亲身经历、亲自验证，才能获得科学知识，养成道德品质，掌握技能。

"体验式"教育是教育者依据教育目标和未成年人的心理、生理特征以及个体经历创设相关的情景，让未成年人在实际生活中体验、感悟，通过反思体验和体验内化形成个人的意识和品质，在反复的体验中积淀成自己的行为风格。

如果孩子对钱的概念不清晰，而单纯的言语说教效果一般，那么不妨创造机会给予孩子体验式教育吧。

会生钱的存折

让孩子接受财商教育是非常重要的。我们在关注孩子健康成长过程中，应该让孩子在财务方面的智力和智慧也同步成长。绝大部分孩子的消费观念都来自家庭，所以家庭教育对孩子的财商教育至关重要。

财商的概念，最早由著名的投资教育家罗伯特在《富爸爸穷爸爸》一书中提出，是指一个人对所有财富（泛指所有资产，包括品牌、人脉、时间、技术、固定资产、流动资产……）的认知、获取、运用的能力。财商是一个人认识财富、使用财富、驾驭财富和传承财富的能力，是将知识和才华转化成财富的能力。

现在的孩子基本上都是小富翁。朋友老戴家的孩子果果，每年的压岁钱大概有 5000 元，大多数是由老戴夫妻代持了，果果也习惯了收到压岁钱红包之后递给老戴。老戴一转身，换一个红包又转给了亲戚家小孩。慢慢地，果果长大了一些，老戴主动和孩子讲："果果，这些压岁钱都是你的，今天开始我们帮你存起来，存到你自己的账户。等你想用这笔钱的时候，你可以自己支配，但是未成年之前要和我们商量一下。"

果果半知半解地和老戴他们来到了苏州银行，事先咨询过苏州银行可以针对小朋友开通存折业务，老戴坚持希望儿子看到存折上的数字才有感觉。穿着漂亮制服的银行大堂经理热情地接待了他们："您好！需要办理什么业务？"

"存钱！"果果大声地说道，引来大厅其他人员的"关注礼"。

"那么要存多少钱？"大厅经理弯着腰，笑眯眯地问果果。

"我要存 5000 元。" 果果很自豪地说。

大堂经理做出引路的姿势："那跟我来这里填下单子，我们先办张存折！"

刚坐下来，果果看到桌子上银行的宣传资料，上面写着："一年存期利息 2.5%，三年利息 3.5%，五年利息 4%。"他很疑惑地问："利息是什么？有什么用吗？"

大堂经理非常认真地解释："嗯，小朋友，这样说吧，你把钱放在银行，一年后你的钱就会变多，如果放 3 年，你的钱会变得更多。"

老戴在边上补充："银行到时间不光把你的钱给你，还会再给你一点钱。这个就是利息，存的时间越长，利息越多。"

果果听起来感觉很棒："有这么好的事情吗？那我们把我的钱都放进去！"然后拽着大堂经理的胳膊："这些都是我的钱，你给我放进去吧。"

大堂经理哈哈笑起来："小朋友，你真是急性子呢。首先呢，需要你爸爸妈妈帮你填写申请资料，然后到取号机器那里取个号，我们才可以到柜台办理。柜台的阿姨会给你一个绿色的本本，那个就是存折啦。你可以把钱给爸爸，让他帮你代办。"

很快，按照流程，老戴以果果的身份办理了账户，果果拿着绿色的存折本子，翻来翻去："爸爸，我的钱怎么还是这么多呢？没有变多啊！"果果焦急地问道。

爸爸拿过存折："果果你看，我们刚刚存进去，所以 5000 元显示的是现在的钱，也就是本金，通俗一点讲，本金就是你本身有的钱。爸爸给你存的是一年，要等一年后，你的钱才会生钱，那时候你的存折的数字就变多啦！"

"哦，这样啊！那我就等着存折给我生钱吧！"果果无奈地说道。

"如果你每年存一点钱下来，时间久了，就可能会变成百万富翁呢。"爸爸笑呵呵地说道。

"百万富翁，那有很多钱啦！"果果开心地拉着老戴的手一起离开了银行。

以后每年，老戴夫妻都会陪着果果来银行存下他攒的钱，看着他存折上的数字越来越大。

随着物质生活的提高，孩子每年的压岁钱等"意外财"收入还是不少的，如何让孩子学会管理金钱，需要我们家长的引导。

首先，我们可以让孩子管理自己的零花钱和压岁钱，大部分家长要么就是代持了孩子的"财富"，要么就是让孩子直接将零花钱花掉，而没有告诉孩子如何正确管理。我们可以帮孩子设立一个专门的账户来管理自己的钱，零花钱和孩子确定好使用规则，同时也要告诉孩子，如果乱用也会有不好的结果。平时坚持让孩子自己买单，包括自己喜欢的小文具、零食、送朋友和家人的礼物。在这个过程中，让孩子慢慢分清"需要""想要"和"愿望"的区别，为自己的消费做好计划。也能体会父母挣钱的不容易。

其次，帮孩子树立正确的金钱观。培养财商需要专业知识，又需要足够的勇气，可以鼓励孩子迈出"赚钱"的第一步。在孩子付出劳动或做"小零工"之后，给他一定的报酬。

很多家长会鼓励孩子做家务，刷一个碗多少钱，扫一次地多少钱。但是我个人并不太赞成这样的做法。我们没有其他国家的财商整体社会教育氛围，简单去执行，容易混淆孩子的价值观，以为做家务都是有零花钱的，而忽略了他作为家庭一分子应承担的责任。家长很难通过比较周全科学的方法去引导孩子，执行过程中就会造成孩子为了零花钱做家务。到了初高中，爸妈给的其他物质需求也能得到基本满足，那么做家务的"小恩小惠"已经不足以让孩子参与家务之中了。

我们可以鼓励孩子自己寻找赚钱的机会，例如多参加跳蚤市场，销售自己的二手物品或者批发一些容易销售的商品进行出售。我们要让孩子有工作的欲望和社会责任感，过程中也会增进我们和孩子的感情，锻炼孩子的社交能力和营销经验。父母一定要全程观察，及时做出引导。

教育学与心理学视角

从孩子上幼儿园起，老师就会告诉家长，幼儿园的学习任务包括五个领域：学社会、学语言、学科学、学健康、学艺术。

其中学社会也是很重要的一方面，通过集体活动、参观活动、体验活动，以及与企业和社区不同的人打交道，能让孩子从小萌生亲近社会、自尊自信、快乐向上、理解规则、尊重别人等诸多美好的心理特质。

但是这一点很容易被家长忽视，相比之下，家长们将精力更多地放在了陪孩子学其他四个方面的内容上。很多家长觉得孩子还小，社会教育还早着呢。殊不知，这一观念可能会错失不少让孩子学社会的好时机。"会生钱的存折"这个故事就是学社会的生动案例。文中的老戴为了培养孩子的财商，带孩子去银行体验存钱的好处。孩子在这个过程中，与银行大堂经理热情交谈，了解了银行这个行业的功能，明白了存钱能让钱变多并体验到存钱的快乐，这些体验使孩子既有明面上的收获，也有内隐的收获。

用"赚"来的钱做公益，干得漂亮！

对于很多人来说，人生第一次赚钱的经历是最难忘的。也许赚钱只是为了买一部新手机，也许只是为了给父母一份得体的生日礼物，也许是想给自己的旅行攒一笔费用……但这却是我们人生中的一次飞跃，也是证明自己能力的开始。我们因此懂得，我们想要的一切，都要靠自己的努力去争取。

朋友范兄家的孩子，其学校提倡暑假期间孩子们要做雏鹰假日活动。于是范兄家大少爷虎虎召集了大约 10 个同学成立了一个小组织"七彩阳光雏鹰小队"。经过大家的讨论，他们建立的任务是带着礼物去看福利院的孩子们。每个人都领到了任务，回家准备物品。

虎虎兴冲冲跑回家，和范兄讲："爸爸，你给我 100 元，我们要一起给福利院的小朋友买物品。"

"嗯，非常好啊！爸爸支持你！但是让我想想你们这个钱怎么来。"范兄一边这样回答虎虎，一边心里盘算着：做公益是好事，但是拿着别人的钱做公益，似乎缺了一点味道，如果能趁机让孩子们明白钱来之不易，那岂不是一举两得？当然，虎虎不知道父亲心里的"阴谋"，还以为父亲去准备这个钱了。

范兄突然犯愁了，怎么去落实呢？他灵机一动给我打了电话，我在电话里告诉他应该如此这般……

范兄拿到执行方案，马上开始了行动。

晚上，范兄用微信拉了一个家长群。家长们听范兄介绍了孩子们的活动之后非常支持，最后决定由家长准备本金，购买一些物品，并明确让孩子们来销售，销售环节家长不允许参与，销售所得的全部收入包括本金全部用来给福利院购买物资，至于义卖什么，则让孩子们自己决定。

第二天，大家便把孩子们集中在一起开会，说了爸爸妈妈们的想法。孩子们第一次听说卖东西，兴趣很高，也很兴奋，七嘴八舌讨论准备卖什么。

终于，孩子们决定好了，虎虎代表大家发言："我们准备卖矿泉水，因为我们觉得夏天大家都需要喝水，太渴了呀！"

家长们准备了 500 元本金，找到批发部购买了农夫山泉矿泉水。商家听说是小朋友搞义卖的活动，特别支持，给了 0.9 元一瓶的超低价格。家长们一共购买了 450 瓶矿泉水，又买了一些绶带，上面写着"七彩阳光义卖活动"。

接着，这边孩子们也忙开了。几个人一起协商了卖水的细节，每个人都准备了记账的小本本。但是价格迟迟定不下来，于是大家一起跑到超市做"市场调研"，最后决定卖 5 元一瓶。最后孩子们还统一了销售话术："阿姨、叔叔，你们好！我们现在在参加义卖活动,想买点物资捐给福利院的孩子们。"

夏天是非常闷热的，一点风都没有，太阳几乎要把人烤焦了。大家约在周六的下午四点开始活动，孩子们很快集中到小区门口的商业街，家长们也把水搬到现场，充当了义务管理员。真正开始卖的时候，没有想象中那么容易，孩子们都不敢迈出第一步，计划时候的豪情壮志都没有了，站在原地你看我、我看你，都不好意思开口。虎虎这时候也蔫了，害羞地笑着。

看样子家长要推动一下了。范兄走到孩子们中间，给每个孩子发了袋子，每个袋子装了 5 瓶水："现在你们每个人拿 5 瓶水，2 个人一组，大家 PK 一下，看哪一组先完成任务。"其中两个稍微活泼一点的女孩子，提着袋子，一副"大义凛然"的样子，迈开脚步走到人群中，开始兜售。开始的时候并不是很顺利，行人都避开了，但是慢慢地她们就"放开"了，能够很自然地兜售了。她们很大声地说："叔叔您好，我们现在在义卖，挣的钱都捐给福利院，每瓶水 5 元，叔叔要不要买一瓶？"

一个路过的行人看了看她们身上挂的绶带，很爽快地买了 4 瓶。两个女孩子开心得跳起来，一边朝着男子使劲鞠躬说着"谢谢，谢谢叔叔"，一边笑着跑回队伍。她们鼓励其他同学："去吧，没有多难的，你看，我们很快卖完了 4 瓶。"

范兄赶紧趁机鼓励孩子们："孩子们，快去哦，我们现在开始比赛，哪

一组卖得最好，我们请吃冰淇淋！"受到两个女孩子"成功"的鼓舞，孩子们便犹犹豫豫都出去了。很快每一组都有好消息传来。

虎虎还没回来，范兄决定去找找，看看他是怎么卖的。他发现虎虎跟在行人后面，不好意思开口，好几次尝试开口，行人匆忙离开，他只好作罢。然后呆呆地站在那里物色行人，看到合适的，又跟上去，可是又不好意思开口，再一次错过了机会。于是范兄走到他身边，拿起一瓶水，对旁边路过的一位妈妈说："您好！孩子们现在在做义卖活动，一瓶水5元，您愿意带一瓶，让孩子们把您的一份爱意带给福利院吗？"

"好啊！"她一边掏钱，一边说，"你们这个活动真好，给我拿两瓶吧！"虎虎惊喜地赶紧递上两瓶水，把钱接过来。

"你看，虎虎，很简单吧！"范兄鼓励虎虎自己试试看。虎虎提着袋子继续向前寻找新的销售对象。

很快，整个商业街热闹起来。大人们都知道孩子们在做义卖活动，有些人花10元买了一瓶水，还有人付了钱，又把水递给孩子们喝……孩子们的激情完全被点燃，跑来跑去，满头大汗，热情地介绍义卖活动，很多孩子声音哑了，也没有舍得喝一瓶水。

最终，孩子们把 450 瓶矿泉水全部卖完了，销售额达到了 2813 元。孩子们开心地吃着冰淇淋，一遍又一遍数着销售的钱，生怕数错了。最后，家长们又资助了一部分钱，给福利院额外购买了生活用品、学习用品和书籍。孩子们提着物资送给福利院的时候，每个人都非常开心，也非常珍惜自己劳动所得的物资。

在孩子成长过程中，可以适当鼓励孩子赚钱，体验通过自己的努力赚钱的乐趣。我们可以帮助孩子梳理一下，可以通过哪些方式赚钱？赚的钱怎么支配？如何用赚到的钱去做慈善、去帮助真正需要帮助的人？当然，在这里，申明一下，孩子分内的事情，是不能用金钱去奖励的，例如完成家庭作业、搞好个人卫生等，都是应该完成的事情。我们可以鼓励孩子去跳蚤市场变卖自己的二手玩具，也可以通过做一些力所能及的简单工作来获得报酬。孩子通过工作挣钱，一方面知道了钱不是生来就有，而是通过辛苦工作得到的，能体会父母挣钱的不容易；另一方面，通过"挣钱"，能够训练孩子的交往沟通、团队合作和管理金钱的能力，一举多得。

◆◆◆ **教育学与心理学视角** ◆◆◆

孩子们的心灵是单纯美好的，他们想做一件好事时，是充满热情的，但是当真正去执行或者达成心愿时，他们又是羞涩稚嫩的。这是人之常情。为了让他们在"做义工"的道路上顺利迈出第一步，家长们的引导、支持和鼓励非常重要。

引导他们将爱心转化为实际行动，自己赚钱买物资，这是智慧；

支持他们自行选择行动的具体内容，这是放权；

在孩子遇到困难时，亲身示范并耐心鼓励，这是榜样；

全程参与孩子们的活动策划但不大包大揽，这是自觉。

让孩子自己赚钱做公益，能够帮助孩子培养关心他人、克服困难、尊重劳动的良好品质，还能提高其人际交往技能，而这些品质和技能又会进一步使孩子自尊自信。

追求名牌

孩子慢慢长大，开始有了攀比的心理。许多家长没有足够重视，以为孩子难得穿穿名牌鞋子和服装，到后来再想管控的时候已经来不及了。最终家长们担心的问题还是发生了。

什么问题呢？

朋友商哥家有个公子小名叫杰杰，今年六年级，商哥突然发现自家孩子喜欢追求名牌的衣服和鞋子了。

杰杰小时候，穿的一直是商哥给买的耐克运动鞋，跑起步来很舒服，为了省事，也是在耐克购买运动装。那时候杰杰还小，对品牌没有什么概念，爸妈买了他就穿。到了六年级，他开始自己挑衣服了，一定要买阿迪达斯的衣服。商哥问孩子为什么，杰杰说："同学很多都穿阿迪达斯的衣服，我也想买这个牌子的。"商哥简单和儿子沟通了品牌的概念和他自己的审美需求，但最终还是按照儿子的意愿买了。后来杰杰又喜欢匡威的衣服和鞋，原因是他的偶像张艺兴代言了这个品牌。

刚放寒假的时候，杰杰一直想买一双 AJ 运动鞋，售价是 1399 元。知道爸妈可能不同意他购买这么贵的鞋，就一直和商哥聊鞋，诸如鞋的花样、限量版之类的，还下载了一个名叫"毒"的 App，经常向商哥"推荐"好看的鞋，告诉爸爸这里的鞋便宜还是正品，关键还好看。商哥只当"话语"听听，也不揭穿他的意图。后来商哥咨询了杰杰班上的同学和其他朋友后发现，班上同学现在差不多人手一双 AJ，不少孩子还有十几双。

春节的时候，儿子终于来谈判了："爸爸，今年过年我什么都不需要买，我就买一双自己想要的鞋就可以了。"然后他打开手机，打开 App，在购物车给爸妈看他想要的鞋。爸爸拿过手机看了一眼："儿子，眼光不错，鞋子非常漂亮。但是这双白色的 AJ，有可能比较容易脏，打理起来比较难！"

"没关系，我可以自己打理！"儿子生怕爸爸不愿意买。

商哥和爱人交换了一个眼神，便在手机上给儿子下单了。很快，一周后，鞋子到了。杰杰非常珍惜，穿在脚上好像走路都不会了，生怕把鞋弄脏了。玩耍回来后，认真地用布擦干净，放在自己房间。这样大概一个月后，他好像就不愿意穿这个鞋了，脏脏地放在阳台之后也不想去管它了。

看着阳台上躺着的 AJ 运动鞋，爸爸也拿出自己的鞋，问杰杰："儿子，你买的这个鞋穿下来感觉怎样？"

杰杰嘴硬："还不错！"然后就不愿意多说什么了。

爸爸继续问："我看你好像现在没有刚开始那么爱护了？"看到杰杰点头，商哥继续："是不是感觉鞋子其实没那么合脚？而且没那么耐脏，每天刷起来也很烦？"

杰杰躲不过了："嗯，是的！每天刷鞋确实挺烦的！而且穿起来也并没有那么舒适！"

商哥这时候拿出自己的鞋："杰杰，你看，爸爸的鞋虽然不是品牌的，但是很舒适，走路很轻巧，关键是很合脚。名牌和质量并不是画等号的，它也是一类产品，名牌不能够代表身份，也不是地位的象征，只是一种对产品的称号。各行各业，都有自己的名牌产品和服务。也并不是所有的名牌产品，都是行业中最贵的产品。"

"可是品牌不是质量的保证吗？爸爸你看，妈妈购买的化妆品，不都是名牌的吗？"杰杰进行了有力的反驳。

"对啊，妈妈是买了很多品牌的化妆品，她还买了不少品牌的日用品呢。名牌和质量不能画等号，但不代表名牌就不是产品质量和信誉的保证。生活日用品，例如牙膏、儿童润肤乳、铅笔等物品，名牌的性价比较高，从安全性能来讲是一种好的选择。名牌中还有一些奢侈消费类的物品，不同于大众消费类的名优产品，它们的价格也会比同类同质量的商品高出很多，例如你买的 AJ。"商哥一口气说这么多，等待杰杰的反应，看没有特别的异议，又说道："爸爸之所以给你买这双 AJ，只是希望你能明白，我们是可以承受这双鞋的价格的，你如果喜欢我们也很开心。但是我们希望你能弄清楚这

我也要穿名牌

个钱花得值不值，而不是为了买 AJ 而买。"

杰杰妥协："爸爸，我知道了！"

商哥脸色也轻松了许多："现在是你长身体的时候，鞋肯定要去现场试穿，穿在脚上舒服才是王道，至于品牌倒不是很重要。关键是，儿子，爸爸觉得你的气场不需要名牌来撑的。"

儿子趁机说："我这周想买一双鞋了，我脚又大了。"

爸爸皱着眉头："呵呵，儿子，你这个开销有点大啊。那这样吧，爸爸给你 300 元预算，你自己看着挑选你合适的鞋吧！"儿子也只能接受了。

在这个消费名牌的问题上，商哥同大部分家长一样或多或少存有困惑、无奈、着急、担忧等程度不一的复杂内心感受。家长们担心孩子喜欢追逐名牌，是受到了虚荣心的驱使，也担心不让追求品牌，会让孩子在群体中感到自卑，没有自信而遭到排斥和孤立。孩子把穿名牌作为和同学交流的展示，认为"帅""潮"，可以抬高自己的身份，这也是孩子的攀比心理在作怪，是家长比较担心的问题。

我也特别能理解杰杰现在处于好奇心强、喜欢新事物的年龄段，受班级同学穿名牌氛围的影响，渴望和同伴保持一致；再加上名牌服装的广告无处不在，孩子也想知道自己拥有了会是什么感觉。

如果杰杰过分地追求名牌，得到同学的认可，很有可能陷入虚荣的表面攀比，那是商哥担心的。他也通过观察发现，杰杰当下主要的精力还是在学习上，并没有因为名牌而分散精力，导致学习成绩下降。所以商哥尽量在生活中去引导他对内在的个人品质的追求。虽然他不主张也尽量禁止孩子纯粹的对名牌的追求，但是也和杰杰沟通和达成了协议，杰杰可以对自己每周的零花钱做一个规划，压缩自己的开支，然后攒足钱为自己买一件牌子不错的产品。

在孩子成长的特殊时期，其对品牌的追求是一个比较复杂的情况，需要家长根据孩子的环境、孩子当下的的状态做合适的引导和安排。追求名牌不是洪水猛兽，家长需要正确理解孩子为什么要买名牌，才能引导孩子正确对待名牌，让他们明白追求内在品质的意义会更加深远。

很多道理，不去经历，不去感受，没办法获得真实的感知。所谓实践出真知，不去经历，就不会知道其中真正的内涵和道理。一如追求名牌是否值得。

就像一道难解的数学题，只有亲自去解，才能知道其中的环节；就像摔倒过痛过了，才会懂得如何保护自己；同样，买过名牌、感受了名牌带来的各种体验，才会懂得适时的坚持或放弃。

教育的方式有许多种，言传身教只是其中一种，但并不是唯一的一种。面对孩子成长中提出的需求，在有条件满足且不违背大原则的前提下，不妨满足其要求，让其有机会亲自体验和感受，自己总结出"真理"——这样的"真理"才能让其心服口服，记忆深刻，且能够指导他们今后的行为与选择。

"纸上得来终觉浅，绝知此事要躬行。"有时候面对孩子的好奇心、探索欲、攀比心，单纯地讲道理是行不通的，那就适当地允许孩子花点钱、费点力、耗点时间去经历吧，这也是一种教育智慧。

第三课 情商课

开篇　挫折与解压

一个月朗星稀的夜晚，窗帘偶尔被晚风微微吹起。我躺在宿舍的床上——上铺，脑海中浮现出一日看展时见到的用草书写下的一行字："岂能尽如人意。"

本书的作者也就是我尊敬和伟大的父亲让我谈挫折，实在是让我惶恐不已。一是我之前经历的小风小浪实在是不值得各位花精力去读上一读；二是我也并没有什么科学的神奇对策，可以让各位读者免受挫折带来的心理上的不适。我写本文的目的只是想分享我的一些思考，若是有幸可以为各位读者拓宽一下思路，那便是极大的荣幸。

对于挫折本身，我认为这是每个人成长都必须要经历的事情。就像学步的孩子，哪有不跌跤的道理？我从小到大也吃过不少苦头和闭门羹，以前常常会有诸如"珠玉在侧，觉我形秽"的负面情绪，现在就好了许多。以前有亲戚家的妹妹问我怎么调整好自己的心态，其实这中间的过程是谁也替代不了的，这些弯弯绕绕还得自己去走，自己去体味。我当下和大家分享以下几点。

读书吧，书中自有黄金屋。我读书的时候常常会忘记周边发生的一切事情，好像进入了一个绝对静止的空间，心绪随书中人物的境遇而起起伏伏。而且读书过程中是万万不可有人来打扰的，我读书时脾气总是不太好。等读到结尾时，再长吁短叹，感慨万千。一个下午就这么过去了。因此我也沉浸式地欣赏了许许多多精妙绝伦的小说、散文、诗歌、人物传记等。也许有人会想，我在受挫折之后读书有躲避现实，在书中寻找共鸣、安慰之嫌。其实并不是，读书是我的习惯，我喜欢读书，心情好、心情不好的时候都读，其

实在书中是很难找到共鸣的（也许是我看的书不对），这一点我会详细展开来说。

书中有个恢宏的世界，因为那个世界，我狭窄的视野被打开了，让我不再纠结于那些芝麻大小的得失。

我看的书种类繁杂，涉猎颇广，前前后后加起来算是读了不少书。小的时候我读黄蓓佳，看跟我差不多的孩子的有些相似却又截然不同的生活；也读安徒生童话和伊索寓言。再大一点我读冰心的诗集、故事集，读一位慈祥的、智慧的女士与孩子们之间的故事。慢慢地我开始读中外近现代文学，最爱的外国长篇小说作者是查尔斯·狄更斯，短篇是欧·亨利，印象最深刻的教育类书籍是《杀死一只知更鸟》和《追风筝的人》。后来读了近百本文学类著作后，读到一套木心的《文学回忆录》，实在是写得好，谈文学、宗教、哲学，也谈人物。四大名著自是不必说，《古文观止》和《世说新语》是我翻阅最多的古籍类读物，常常惊叹古人的智慧。人物传记类的《苏东坡传》令我印象深刻，也许也有我本人偏爱苏轼诗词的原因。上了大学之后，我曾被迫读一本英文原版的《强权与富足》，晦涩难懂的语句夹杂着古英语实在是有些强人所难，但是确实给了我一个机会得以窥见世界上千百年来的纷争与趋势，像几百人的管弦乐队吹奏的交响曲，粗粗听来大气恢宏，细细品来层次鲜明、音符立体。读科普类读物《从一到无穷大》也给了我关于物质、宇宙、数学，甚至是生活的启迪……我就不再叽里呱啦地聒噪了，这些事我确实可以谈一晚上。但是这些书确实慢慢地从微观到宏观，从空间到时间，建立了我看待问题、处理问题的方式；启发了我看待这个世界的不同角度、我对她的理解和我对我自己在这个社会、世界上所处位置的思考。常常读完只感到自己渺小，之前的不快也随之一扫而空。

第二点建议是心浮气躁看不进书的时候可以看影视作品。我必须承认，我确实是花了大量的时间看电影和纪录片，不完全统计有235部。有些作品确实是大师级，看完之后心情还久久不能平复。我并不打算一一举例，只想谈一部并不为很多人所知的外语片——《何以为家》。这部片子讲述了一个12岁的黎巴嫩男孩卑微到尘埃的难民生活，他在经历种种波折和不公之后，持刀伤人后在法庭控告其父母给予他生命。看完这部片子之后，我问了自己一个问题：在享受优良的教育资源后，你可以为这个社会做什么？这个问题也许被各种各样的人或真或假地问过，但是那确实是我第一次认真地思考这个问题——读书的真正意义。之前的一个个目的性很强的我要考这个学校、我要拿那个第一名都让我感到十分难为情，我不禁自问：考到之后呢？拿到之后呢？你可以为这个社会做出怎么样的积极贡献？这太以自我为中心了。花时间看世界的正面固然重要，可是也要了解它的背面，再思考是否可以尽自己所能点亮一盏小小的灯。

最后，你应该找到属于自己的解压方法。挫折带来的负面情绪无可避免，但是可以想办法减轻。除了以上两种我不是非常成熟的想法外，当然还有许多其他的方法，这就因人而异了。放空、睡觉、购物、吃巧克力也都是不错的选择。

其实那草书写下的一行字还有后半句："但求无愧于心。"

允许愤怒，是情绪管理教育第一步

让孩子学会情绪管理对于许多家长来说，一直是一个非常头疼的教育难题。如果家长不能很好地疏导孩子的情绪，并尝试让孩子学会管理自己的情绪，有可能你就会跟自己的孩子走向对立面。我有一个朋友名叫小虞，她的儿子，情绪说来就来。用孩子班主任的话来说就是特别"容易上头"，遇到一点事情，情绪马上来，或愤怒，或抓狂，或烦躁，或无助。"处理孩子情绪的事情实在太多了，一时不知道从哪里开始说起。"小虞说。

小虞告诉我，有一次她下班回家，当时孩子拿她的手机确认老师留的作业，看完之后直接把小虞的手机狠狠扔在沙发上，跺着脚走进房间，门就这样被"砰"的一声关上了。小虞赶紧敲门进去，问孩子怎么了。孩子这时候情绪马上起来了："我们方老师烦死了，我作业都做完了，刚刚又布置了一项。"孩子此时感觉非常烦躁。

小虞心想没有多大事："哦，只要用心，这些作业你用不了多少时间不就做完了吗？"

"我不要呀！"孩子竟然哭了，"我就不想做！我都已经做完了，怎么突然又来了一拨呀，啊啊啊……"孩子突然的情绪，让小虞一下子变得束手无策，不知道如何是好了。无奈的小虞，急忙打了我的电话，希望我可以帮她解决这个难题。

我让小虞记录了跟孩子交流的过程。具体方法是……

小虞心平气和地跟孩子沟通："可以啊，我们家的政策一向是民主的，老师布置的作业如果不合理，你可以选择做或者不做。"小虞尝试去安抚孩子的情绪。

——做选择题，这是第一个缓冲带。

"不行啊！那我的作业就不是全部完成的了。"儿子跺着脚、抹着眼泪跟小虞说。

说实话，那时候小虞的情绪也有点上来了，小虞说自己真想冲着孩子吼一句："你到底要怎样？做也不是，不做也不是。" 但是小虞马上控制住自己的情绪，因为大声的责怪，并不能有效控制孩子的情绪，反而会火上浇油。尚存的一点理智，再加上我告诉她的一些处理方式，小虞选择暂时离开孩子的房间，要不然她自己的情绪也要"上头"了。小虞想给自己一点冷静的时间和空间，之后再来处理这个问题。

小虞来到厨房洗了一些水果，给自己倒了杯水。这些事情忙完，大概七八分钟也过去了。

——这其实是第二个缓冲带，时间是非常有效的"冷却剂"。

小虞觉得是时候再试着接纳他的情绪了。我知道大部分家长包括我自己也会对孩子有期待：不要动不动就发脾气，即使生气也要控制好情绪，要多听听家长和老师的建议。可是小虞知道，这些期待根本不存在，她的孩子在情绪上头的时候根本听不进别人对他的任何建议和意见（其实大部分人都是这样），反而变得更烦躁和愤怒。

"孩子，现在感觉怎么样？"小虞小心翼翼地问孩子。

孩子没有说话，皱着眉头坐在那里。（这个时候，他的情绪已经得到了极大的缓冲）

小虞只好继续："本来你的作业已经全部完成，方老师这个时间点又布置作业，你又得花时间完成，本来可以休息或者做自己计划好了的事情的，但是老师的'加量不加价'打乱了你的所有安排，所以你感觉很懊恼，对不对？"

"嗯！"孩子重重地用喉咙发出声音。

小虞充分共情，站在孩子的角度愤愤不平地说道："我也觉得方老师这个时间布置作业不太对。这样子，你看有两个方案可以解决，第一我们可以和方老师申请不做，这也不是第一次了，每一次申请方老师都是同意的；第二个方案就是妈妈替你做，我刚刚也看了，作业的内容比较简单，应该都是你掌握的知识。"

——第二次做选择题，其实这个时候寻找解决的方案已经进入现实的流程了。小虞给孩子建议，也在观察孩子的反应。

"那你帮我做吧！"孩子开始有些平静地说。

——此时，孩子做出了更"有利于"自己的选择，利益最大化，无可厚非，甚至可以说"干得漂亮"。

小虞跟孩子说："可以！不过妈妈今天上班一天，有点累了，我要先休息一会儿，晚点给你做。你把作业给我吧。"小虞答应儿子。

——又一个缓冲带。

小虞接过儿子的作业，仿佛回到了自己小时候，她一屁股坐到沙发上，让孩子给自己捏捏肩，敲敲后背。敲完以后，孩子把作业拿过去："算了，还是我自己做吧，你写的字迹和我不太一样，我顺便再巩固一下吧。"

——一场情绪的"硝烟"，悄然熄灭。

允许愤怒！情绪管理"高手"要从小培养

当孩子在产生坏情绪的时候，作为家长的我们首先要控制好自己的情绪。

我们要允许孩子愤怒。但你不可以和孩子一起愤怒。两股愤怒的情绪叠加，会如泥石流的爆发一样，产生摧毁性的破坏力。有些强势的家长，控制不了自己的情绪，甚至比孩子的情绪还要大，不仅不让孩子发泄，反而怒吼孩子"我都没生气呢，你生哪门子气""你再发脾气试试看"。如果我们这样做，孩子把愤怒等不良情绪淤积在心里，虽然一时制住了孩子，但是就孩子长期成长而言，非常不利于心理健康。

当孩子产生郁闷、烦躁、愤怒等情绪时，家长应该让孩子发泄，想要大吼就让孩子大吼，想要摔枕头就让孩子摔枕头，但要禁止孩子摔碗等易碎的物品，禁止一切可能对自己、对他人产生伤害的危险行为。

等风暴过后，我们再开始春风化雨。这时候我们可以和孩子心平气和地沟通、总结和自省，告诉孩子要懂得接受情绪和适当释放。当然，我们始终要做孩子温柔而强大的后盾，把安全感传递给孩子。

我有一个朋友于总是做活动执行的，他告诉我，最头疼的是他们家的二

宝，快四岁了，脾气比老大还要暴躁，一遇到事情，立马躺到地上，大声哭泣。有时候会发脾气把他能够摸到的东西全部扔在地上，冲着大人学着老虎生气的声音，"呼呼"地鼓着腮帮子，有时候还举起他的两只小手狂乱地拍打爸妈。这个时候于总往往束手无策，因为孩子的描述并不能清楚地表达自己的意思，大人越猜不中他越发脾气。

　　于总夫妻会把二宝留在原地或抱离现场，进行短时间"冷处理"，如果孩子的行为是不被允许的，会加以阻止。当然，孩子哭闹是本能的自我表达，情绪管理也需要我们长时间地去观察、学习和引导。

我告诉于总说，父母没有必要说"不哭啦""不要生气了""不能扔东西"等劝说性话语，因为他根本听不懂。在这个过程中，孩子还不能和父母正常交流，父母只能通过孩子的一些表现来解读他传达的信息。

我告诉于总，必须稍微冷处理后，抓住能接收到的信息，再解读孩子情绪发生的真正原因，尽可能尝试和他共情，让他情绪安稳下来。当于总尝试站在孩子的角度思考问题，体会他的感受（不管是对的还是错的），以一种新的方式问他"是不是爸爸没有把小车拿给你""哥哥是不是欺负你了""是不是想让妈妈陪你一起玩"等他能够听得懂的问题的时候，孩子很快就能够准确接受信息，情绪也很快就平静下来。

等孩子情绪彻底过去的时候，他又满屋子跑了，房间里充满了他咯咯的笑声。于总这时候会把孩子抓过来，抱在腿上，尽力尝试和他沟通刚刚发生的事情，告诉他应该如何表达。虽然于总知道，孩子仍然有可能听不懂，但是他还是要反复坚持去做，因为总有一天孩子会听懂的。

情绪没有对错之分。孩子的每一次情绪行为背后，都有需要我们去关注和了解的信息，我们不能否定和忽视孩子的情绪，而是要接纳和包容，等孩子情绪稳定后再做处理。

情绪的管理是一条很长的路，孩子在不同年龄段都会有不一样的情绪发泄方式，需要家长的帮助。家长要及时引导，让孩子做情绪的主人，而不会被情绪吞噬并做出让自己和父母都悔恨的行为。

教育学与心理学视角

喜、怒、哀、惧、爱、恶、欲是常见的几种情绪。情绪是人的心理活动的重要表现，它产生于人的内心需要是否得到满足。人的情绪在某种程度上，还反映了人对外界事物的态度。从这个意义上讲，情绪是人的内心世界的窗口。

简单来讲，情绪的背后是感受。感受是没有对错的，情绪也不分对错。无论是积极情绪还是消极情绪，都是一种信号，告诉人们自己遭遇了什么以及感受到了什么。这些是情绪产生的内在原因。

因此，情绪管理的实质并不是消灭或者压制情绪。只要有感受，情绪就消灭不了。即便暂时压制了，也只是将情绪从外在转移到了内在，时间长了，便容易形成"压抑"的心境，并没有真正地化解情绪。

只有允许情绪的发生，才能及时地觉察和探寻情绪背后的感受，才能有效地找到缓和情绪的方法。而共情则是其中有效的方法之一。

所谓共情，就是感受他们的感受，理解感受产生的原因，并把这种理解传达给对方。不管是成年人还是孩子，当他们出现愤怒情绪时，共情让他们觉得自己被理解、被悦纳，从而会感到放松和安慰，进而能较快地从负面情绪中走出来。

少话，微笑，任务必做好，话前必思考

旺旺读四年级，是那种并不讨人喜欢的小男孩。

那天我和旺爸在一起喝茶，旺旺被他一起带出来。旺爸说："来，旺旺，这是朱叔叔，问个好！"旺旺歪着头乜斜了我一眼，却没有问好，似乎对我很不屑。我只好说："没事没事，现在小朋友都是很有个性的，你坐你坐。"

这是我和旺旺的第一次见面。更尴尬的是旺爸和朋友小李的一次见面，旺旺简直弄得他俩都下不来台。怎么回事呢？

小李曾经问旺爸借了3000块钱，这一次正好带了现金准备还给旺爸。"上次借了你3000块钱，正好我带了，顺便还给你吧。"小李就从他的包里拿出一个信封，搁在桌子上，说，"非常感谢，你点一点吧。"

旺爸说："客气啥呀，这都是小事，不用点的。"

小李说："不是的，旺哥，钱多钱少都要点一点的。一码归一码，弟兄归弟兄，钱归钱。"

旺爸是个好面子的人，觉得在朋友面前点他递过来的钱显得不信任朋友，正准备再次推辞，这时候点钱的人来了。"你们不点我来点！"说话间旺旺就把钱抢了过去。

旺爸的脸上就有点挂不住，打了一下旺旺伸出来拿钱的手："滚一边玩去，小兔崽子，大人说话的时候没你什么事。"

小李拦住旺爸说："旺哥，别跟孩子过不去呀，他要点也可以啊，让他点一点呗。"

旺爸只好默许，于是旺旺便在边上把信封里的钱拿出来清点。

　　这时候更尴尬的事情发生了，旺旺大声喊："爸爸，钱少了1张，29张！"

　　这时轮到小李尴尬了。旺爸怒道："你给我滚，肯定是你点错了，钱怎么会错呢！"伸手把钱从旺旺手里抓过来，准备往口袋里装。这时候小李伸出手来挡住："旺哥，我来点，我来点一下。"

　　小李接过钱，点了一遍：真的是29张。这时候旺旺叫起来："我 ×，是不是？我没点错吧？真少了一张。"

　　小李觉得太奇怪了，明明刚刚从银行里取出之后直接放信封的，怎么可能少呢？他拿过信封，发现信封里还躺着一张钱。

　　旺爸无比尴尬，冲儿子吼道："你个小兔崽子，没事你瞎掺和什么？"

　　旺旺愤愤地说："我 ×，我还不是一片好心才帮你们点钱的吗？钱漏一张在信封里又不能怪我，我又没有点错！"

　　回去之后，意难平的旺爸把旺旺打了一顿："我和小李关系那么好，他还我钱，你当面点钱，这不是让他难堪吗？你点钱就点钱吧，还把钱给老子点错了，弄得老子尴尬无比，差点朋友都没得做。"

　　旺旺说："我怎么知道你们大人的事情那么麻烦？我只知道，给钱就是要当面点清嘛。"

　　旺爸一边揍，一边说："信任，信任懂不懂？面子，面子懂不懂？"不懂就继续揍。

　　但是从那以后，旺旺就被揍出"仇"来了，对爸爸展开了软对抗："你以后去任何地方都不要带我，我也不跟你混。"

　　旺爸才不想带他，每次出去都弄得他没面子，很尴尬。但是又不得不带，因为旺妈的工作很忙，很少在家，把旺旺一个人放在家又不放心。带出去，则又总是用那种乜着眼睛的眼神看人。

　　"旺旺，"我说，"咱们两个能聊聊天吗。你喜欢自己的性格吗？"

　　旺旺说："喜欢的呀，这不就是有个性吗？"

　　我说："哦，你喜欢有个性的呀。那老师、同学们喜欢你的个性吗？"

　　旺旺不说话了，这个问题似乎令他很尴尬，他的眼神飘向了窗外。

　　我说："那么就是说，其实你在学校，并不那么受欢迎呀。为什么呢？你是自己不想做一个受欢迎、被每一个人喜欢的孩子吗？"

　　旺旺说："反正他们都不喜欢我，不理我，那好呀，我也无所谓，我过我自己的好了吧。"

我说："说明你还是在意别人的感受的，还是很愿意被别人喜欢的呀。你想成为别人喜欢的人，就要给他们一个喜欢你的理由。"

旺旺说："又没有人帮我，就得过且过呗。"

我说："我帮你呀！朱叔叔有绝招，只需要三招就能让你被别人喜欢和接受。想不想学？"

旺旺的眼睛一亮："想啊，当然想呀。"

我说："改变首先要从自己开始。你要做的第一件事情，就是少说话，多微笑。话不多，人家就觉得你变了；向对方微笑，人家就能接收到你释放出来的善意和友好。"

旺旺说："真的？那我试试！"

回到家，看见妈妈在家，旺旺过去站在妈妈面前，咧开嘴谄媚地笑了笑。妈妈说："少来这套，你今天想要什么，想说什么，你直说。"

到了学校，旺旺首先对着小明咧开嘴笑了一笑。为什么要先对小明笑呢？其实是为了向小明表达歉意，因为就在前两天，他伸腿绊了

小明一跤。这是旺旺在学校很不讨老师同学喜欢的重要原因，他喜欢搞恶作剧，时而开一开小强的玩笑，时而捉弄一下小明。有时候他会悄悄拿走别人的书本文具，放到另一个地方，让对方找不着；有时候他又会故意去激怒别人，而自己则幸灾乐祸地哈哈大笑。伸腿绊小明是闯的不大不小的一个祸，因为小明把额头都摔破了。更令老师同学反感的是，即便是家长被"请"到了学校，旺旺也抵死不承认小明摔跤是他绊的，反而说是小明自己摔的。

所以当旺旺对小明"微笑"的时候，小明反而被吓了一跳，猜不透旺旺又有了什么坏心思："你是不是又要使坏，对我搞恶作剧了？告诉你，我防着你呢。"

旺旺气得想要反驳，猛然想起"三字口诀"——少说话，便马上把已经到嘴边的话咽了下去，微笑着离开了。

我教给旺旺的第二招是："别人对你的要求你必须无条件地做好，不管是老师的、同学的，还是父母的。"

这是付诸行动的实际改变，这是最难的，但是如果能够做到，旺旺也就彻底改变了自己。

老师说："旺旺，今天回家要把作业订正好。"第二天，旺旺就在班上得到了老师的表扬："旺旺同学最近做事很认真，他的作业订正了，而且做得很好，我感觉他最近发生了很大的变化，这是非常值得肯定的。希望旺旺同学保持下去，继续让自己变得更好。"

老师的表扬作用非常大，尤其是对一个常年得不到表扬与肯定的孩子。旺旺一下子增加了许多的自信和"面子"，于是更加努力地去改变自己。

我教给旺旺的第三招是："你说每一句话的时候，都要先想清楚，这是不是好听的话，说出来会不会让别人心里不舒服。不好的话就不要说，要考虑别人的感受。"

旺旺常常以脏话作为口头禅，而且说脏话的频率非常高，这也是他给人留下的坏印象之一。

第三招是提高旺旺文明修养的必要措施之一。有"之一"必然有"之二"，那么必要措施之二是什么呢？是改变旺旺周围的语言环境——旺旺的脏话口头禅来自谁？当然是旺爸了。

我对旺爸说："要想让你儿子彻底改掉说脏话的坏毛病，就必须给他一个干净的语言环境。作为他的父亲，你必须改变。你说话文雅，那么旺旺就会是一个绅士；你口吐莲花，那么你儿子就会诗意盎然。"

口头禅是一种根深蒂固的语言习惯，要想改掉是一个很漫长的过程。所幸，旺旺是一个蛮努力上进的孩子，他用了6个月的时间，改掉了坏毛病，变成了一个人人喜欢的文明小孩。后来，在他爸爸偶然说脏话时，他会很敏感地指出来，帮助他爸爸改正。

教育学与心理学视角

为什么孩子会表现出与内心所求截然不同的行为呢？其实这种现象不只发生在孩子身上，也发生在不少成年人身上。这是一种叫作"反向形成"或者"反向作用"的心理防御机制，指一个人表现出与自己的欲望、动机、观念等截然相反的矫枉过正式的态度和行为，以减少焦虑和压力，维护内心的安宁。大多数情况下，人们启用防御机制，都是在无意识的情况下进行。

文中的旺旺，内心是希望老师和同学喜欢他、接受他的，但是在没有找到好的方法之前，内心觉得自己这个期望无法实现，因此感到焦虑和压力。这个时候，"反向"的防御机制就在无意识中出现了：反正他们都不喜欢我，那我就干脆表现得差一点吧，于是他总是搞恶作剧、故意激怒别人或者不顾别人感受。似乎只有这样，他的内心才能得到平衡——不用去想得不到的东西，别人怎么看我，我就怎么表现给他们看。

反向防御机制是一种常见的心理现象，它起因于焦虑和压力，是一种不成熟的、自骗性质的现实应对方式。解决的方法是看到其背后的焦虑和压力，理解其内心真正的渴望和期待，在此基础上寻找积极的解决方法。

教孩子道歉

先承担行为后果，再想错在哪里

孩子犯错是大人道歉，还是孩子道歉？或者是大人和孩子一起向对方道歉？我们先来看以下案例。

有一天下午，夕阳照着操场，家长们三五成群坐在一起聊天，孩子们满头大汗地在操场上追逐游戏。我一个人坐在操场的角落，视线追随着晴晴跑来跑去，享受下午特别的安宁。

突然，"哇——哇——"操场上传来孩子的尖叫声和哭声，我赶紧循声走过去，发现有一位姓宋的小朋友踢了另外一位小男生的肚子，这个小男生已经疼得坐在了地上。周边围了一圈家长，两位当事家长也到了现场，姓宋的小朋的妈妈一直向对方妈妈道歉："对不起，实在对不起……"姓宋的小朋友站在她妈妈后面，因为害怕一动不动，也许孩子也不太清楚他自己错在哪里了。

姓宋的小朋友妈妈尝试把对方孩子拉到前面来："赶紧和小朋友说对不起。"姓宋的小朋友并不愿意道歉，解释道："不是我的错，是他先推我的。"对方妈妈把孩子从地上拉起来，发现没有受伤，缓和一下氛围："没关系，没关系，小孩子打打闹闹正常的，不用道歉了。"这件事也就这样过去了。

我的思绪被拉回到女儿小时候发生的一件事。一天下午，晴晴和她好朋友莹莹在滑滑梯。滑梯上还有另外两位女孩，莹莹比较顽皮，准备从女生后面直接跨过去，晴晴这时候出来阻止莹莹，但是还没有来得及说完，莹莹已经跳过来撞到了晴晴，晴晴从滑梯上摔了下来。

我赶紧把晴晴扶起来，她胳膊有点疼，但是孩子还是比较勇敢，没有哭。

懂得
敬畏

学会
道歉

承担
后果

莹莹妈妈带着孩子过来，让她向晴晴道歉，莹莹可能意识到自己错了，但是很倔强，不肯道歉。

孩子犯错时，一般都不愿承认自己错了，很固执地认为"我没错"。他们大多时候只关注自己的委屈，并会竭尽全力为自己的行为辩解："我没有错，是他先——"或"谁让他——"，也可能是孩子的自尊心比较强，道歉会让他们觉得丢面子，孩子也会陷入自己的思维中：我没有故意要这么做，刚好碰到你了，那就不是我的错了。

晴晴的胳膊开始疼起来，莹莹妈妈很严肃地对莹莹说："莹莹，因为你的调皮，撞到了晴晴，导致晴晴胳膊疼。如果你想不清楚错在哪里，过一会儿我们再讨论。现在作为晴晴的好朋友，你要承担起你犯错误的责任，晴晴胳膊疼，你要负责给她背书包，我们一起把晴晴送到医院做检查。"

我们迅速来到了医院，拍了 CT，胳膊脱位了，需要绑上石膏。在这个过程中，莹莹跑前跑后，帮晴晴尽心地背着书包，又准备了水和面包。虽然嘴巴上没有道歉，但是我看出孩子的歉意了。

我们折腾到晚上九点多钟才回到家。晴晴情绪比较平稳，心理上接受了她胳膊脱位的事实。尽管莹莹始终也没有开口道歉，但是毕竟两个人手牵手一起回了家，双方已经达成和解的默契了。

第二天晚上七点，家里门铃响起，莹莹妈妈带着莹莹站在我家门口，还带了牛奶和水果。进入客厅坐下后，莹莹来到晴晴面前，郑重地对晴晴说："晴晴，对不起，我以后滑滑梯一定按照规矩玩，不跳来跳去了。上学的时候，你所有的事情都由我来做。" 晴晴也很大方地接受了："没关系的，你也不是故意的。"

我不知道莹莹妈妈回家和孩子是如何沟通的，但是她们针对这个问题一定进行了讨论，也让莹莹真正明白了自己的行为是错误的，并导致了不良的后果。孩子错了不一定会立即承认，这或许是属于儿童特有的"倔强"，也或许是孩子对承认之后带来惩罚的惧怕。我们不妨退一步，先"搁置争议"，让孩子先承担其行为（不讨论行为的对与错）导致的后果。做到了，就是孩子成长的财富。当他做到了另一点——认识到自己的错误，并为此道歉，那么，就意味着他学会了反省，接受了犯错带来的后果而没有逃避。这是双重成长，非常宝贵。

学会道歉对孩子来说具有很重要的意义，有利于让孩子成长为有责任感、勇于承担的人，同时也有利于孩子拥有更强的自控能力和人际关系。如果孩子的行为或做的某件事情确实给别人造成了伤害，让别人觉得很尴尬或者不舒服，那么首先应该去真诚地道歉，并想想自己还有什么可以做的，来弥补自己的错误。在这个过程中，孩子往往没有办法辨别错误在哪里，因而家长的引导非常重要。

道歉这件事儿，并不是"对不起"三个字这么简单的。一方面是对受到伤害的人具有同情心，也就是感受到别人所受的伤害；另一方面则是通过自己的行动，来弥补自己的过错，同时取得别人的理解和原谅。如果我们看到孩子做错事情后，草草地对人家说"对不起"然后就跑开了，好像说完就没他什么事儿了，这样的道歉没有任何意义。因为他根本没有认识到自己的错误，也没有感受到犯错对他产生的影响和后果，反而让他觉得，犯错没有什么大不了的，只需要说声"对不起"就行。

当"道歉"成为规避责任和后果的一件利器之后，犯错的代价或成本也就接近于零了——这样的"道歉"教育，是彻底失败的，孩子一定会一而再再而三地去触犯、去试探，但就是不思悔改。在孩子未来的人生道路中，他都不会有所敬畏。这是很可怕的。

◆◆◆ 教育学与心理学视角 ◆◆◆

很多孩子包括部分家长，对于如何道歉这件事都不甚明了。要么认为说句"对不起"就行了，要么急于争辩谁对谁错。本文的主旨"先承担行为后果，再想错在哪里"给出了一个正确的指引。

教孩子道歉时可以运用"温柔而坚定"的原则。

当小孩子犯错时，一般都不承认自己错了，他们只关注自己的委屈，并会竭尽全力为自己的行为辩解："我没有错，是他先……"或"谁让他……"，或者他们虽然意识到了错误，但是出于害怕和慌乱的心理，不肯去道歉。有的孩子脾气很倔，假如逼他道歉，反而适得其反。遇到这种情况，我们可以给孩子时间，"孩子，做错了事是要道歉的，你可以现在就道歉，也可以等你平静下来再去。爸爸（或妈妈）等你，如果需要，我也可以陪你去"。

很多爸爸妈妈都听说过"温柔而坚定"的原则，但是发现做起来很难，下面的四个要点可以作为参考：

1. 说话和肢体语言是温和的；

2. 教育方向和态度是坚定的；

3. 给孩子时间去理解和做到；

4. 给自己时间去实践和总结。

人生有做不到，也有不可能

人生会经历许多场考试和比赛，很多家长在孩子教育过程中，自己输不起的心态严重影响了孩子，误将"赢"作为激励的手段。事实上我们只有在失败中寻找方法，下次才有可能赢回来。"得之我幸，失之我命"的豁达心胸是"输得起"的关键。在失败中学会不放弃，才会真正地赢。要告诉孩子自己的失败经历、解决办法，让孩子知道，爸爸妈妈也有许多做不到、做不好的事情，失败并不"丢脸"，我们可以从失败中学会很多东西。家长要用言传身教让孩子明白输不可怕，"站不起来，输不起"才真正可怕。

2018 年暑假期间，李总家的孩子有幸参加了全国 FIRST 太空探险 EV3 比赛。比赛规则是选手选用自己搭建的机器人，运行自己编写的程序，完成场地任务。比赛分组进行，两个人一组，做明确分工，最后得分高的小组获胜。比赛前，机构内部先进行了比赛，由前 5 名孩子自由选择伙伴。李总孩子奇奇在预赛中获得了第一名，远远超过了第二名，所以在决赛中，他和小伙伴小谷子踌躇满志，信心满满，志在必得。

早上，李总夫妇俩一起送孩子来到赛区，从其他城市过来参加比赛的选手已经陆续办理手续，准备入场。奇奇略显紧张，但是整体状态还是非常好的。

比赛抽签进行，奇奇他们那一组排在稍微后面一点，还有时间，便在比赛的场地外进行赛前训练。奇奇熟练操作手中的遥控器，出色地完成了整组的任务，获得了周边老师的夸奖。奇奇和小谷子说："我们这一次一定能拿一等奖。"

奇奇和队友准备进内场的时候，李总夫妇也找了一个靠近他比赛区域的观众台坐下来，等待比赛开始。

　　很快轮到他们了，同时有八组一起参加比赛，每组有两位裁判。现场气氛有点紧张，奇奇沉着稳定地操作遥控器，按照比赛规则完成任务。紧接着就是小谷子操作后半场的任务，奇奇在旁边协助。但是意外发生了，在进行最后一个任务时，小谷子的操作出现了失误，导致任务没有完成。

　　裁判很快完成了评分，奇奇和小谷子没有获得任何名次。他们收拾东西，搬着 EV3 箱子离开比赛现场，奇奇在前面快速走着，小谷子在后面紧跟着，很快他们来到了场外，朝父母径直走过来。此时奇奇眼圈已经红了，他把箱子塞给李总，擦着眼泪不说话。李总知道他的比赛肯定搞砸了，但是此刻没有马上安慰他。

教练走过来，询问情况。奇奇很不高兴地回答："不要问了，肯定是输了。小谷子最后一个任务没有完成，都不知道他怎么搞的，早知道我就不选他了。"教练只好安慰他："没关系的，比赛第二，友谊第一，下次还有机会。"李总拉着儿子离开场地一点距离，生怕他再说什么伤害到小伙伴。

李总陪着奇奇坐在比赛场馆外面的草坪上，让夫人去买些饮料来。李总安慰儿子："儿子，今天你的表现还是非常好的，爸爸妈妈看到你已经出色完成任务了，但是也很遗憾小谷子没有完成全部的任务。"儿子坐在旁边默不作声，眼泪又唰地流下来了。李总知道这场比赛他已经准备半年了，尤其是比赛前一周，每天都到训练场地训练——他太想赢了。

"但是话说回来，你想一下，这场比赛下来最难受的人是谁？是小谷子。他平常训练时还是非常稳定的，所以他跟你一样是志在必得的，但是没办法，天有不测风云，这样的正规比赛又不能重来，他肯定最懊恼了。他也不想失误的，对不对？"李总拍拍奇奇的肩膀，继续说道，"输赢都是常事，谁能保证一定会赢？国家运动员都不能保证每次比赛都拿冠军吧，爸爸妈妈说的事情也不一定都能做成呢。"

"我知道，但是我还是难受！"奇奇说道。

"输了比赛，难受是正常的。爸爸陪你 10 分钟，好好难受一下。男子汉，输一场比赛没有什么大不了的。不过，这次比赛过程中，爸爸发现你能为了一个目标去努力，不怕辛苦，这一点是非常值得表扬的。"刚说完，妈妈拿着饮料走过来了，拉儿子站起来说："儿子，想赢说明你有进步的要求，但是输得起才是男子汉。大不了，明年再战。"

看着儿子情绪收拾得差不多了，他建议奇奇去找小谷子。不一会儿，就见两个人又有说有笑了。

无论大人还是小孩，都有好胜心，这是正常的。但是，如果太在意结果，以赢为目标，无法接受失败，则可能会产生"输不起"的心态，尤其对孩子而言，可能会带来较大的负面影响。越是在乎输赢的孩子，越容易成为输不起的孩子。失败是人生的常态，让孩子学习接受人生的不如意，做一个"输得起"的人。

要让孩子从小就懂得输赢规则，输与赢不过是结果，重要的是努力的过程。努力争胜，却看淡输赢，不一定能赢得比赛，却一定能赢得人生的精彩；不一定是赢家，却一定不会是输家。

教育学与心理学视角

父母是孩子的第一任老师，也是永不卸任的老师。这句话的分量沉甸甸的。尤其在孩子小的时候，他们面对困难和挫折时的心态很大程度上取决于父母平时的言传身教。

本文中奇奇的父母，在儿子因为队友的失误而输掉了筹备已久的比赛时，首先，自身没有心态不稳，没有陷入失望和遗憾情绪中；其次，允许孩子难过，肯定孩子的努力，鼓励他下次再战；最后，引导孩子去想想队友此刻更加难受的心情，促使孩子把对队友的怨愤和指责转化为理解和宽宥。最终两个孩子之间的不愉快烟消云散，不因一次比赛失败而影响友情。相信经过这一次事件，孩子们虽然输掉了比赛，但是赢得了应对挫折的积极心态：输赢是常事，不因一次失败而否定自己，不因一次意外而放弃队友，相信自己，再接再厉。

世上本没有绝对的输与赢。与总是赢的孩子相比，能够积极应对挫折和失败的孩子，不被输赢所困扰的孩子，才是真正可以让家长放心的孩子。

表扬一席谈

表扬是激励和赞赏，不是吹捧和浮夸；是继续前进的动力，不是沾沾自喜的骄傲。

记得我见到蔚蔚之后的第一个问题就是："你为什么读书啊？"

蔚蔚没想到我一见面就这么问她，她不假思索地回答我："我读书很简单，就是想上好的大学，未来能出国我就要出国，再以后呢，我要挣很多的钱，帮我妈妈买宝马车，帮我爸爸买瑞士的手表。"

蔚蔚这个回答我没想到，这样宣扬物质追求的人生观我没见过。虽然"读书"是一个"现实"的话题，但"为什么读书"却又常常是一个"务虚"的话题。回答这个问题的孩子，要么就是"没想过"，要么就是天马行空地描绘自己的人生理想、远大抱负，还有更宏大的，就是为了国家、民族，像周总理那样"为中华之崛起而读书"。但蔚蔚的回答很现实且"接地气"，把许多人不敢说不屑于说的话开诚布公地说了出来。

我说："叔叔还是在你小的时候见过你，想不到现在变成一个大美女了。真的是女大十八变啊，越变越漂亮。"

蔚蔚说："漂亮，可不是天生的吗？我就天生丽质呀，这个不是你一个人知道，很多人都发现了。"

我说："我问这个问题的时候，你知道我想表达的是什么吗？不是你长得漂亮，而是你继承了你妈的基因，因为你妈漂亮你才漂亮。如果没有你妈的基因，你还会漂亮吗？不一定。所以我夸你漂亮，其实是夸你妈漂亮。明白吗？"

蔚蔚说："哦，那你这样说我也认可。"

蔚蔚是一个聪明要强的女孩，小学到初中成绩一直是名列前茅的，家里人总是以她为荣，在蔚蔚成长过程中最不缺的就是表扬和赞美了。但是从上初二开始，蔚妈发现蔚蔚的性格开始变得很敏感，稍微遇到一点什么事情就不开心，对别人的批评有极大的反应，哪怕是善意的、委婉的方式，也完全批评不得，只要开口说她一点点不好，她就会马上和对方翻脸。

"你是不是夸她夸得有点过头了？"

"什么？夸孩子还能有错？书上不是说，要多表扬赞美孩子吗？"蔚妈听了我的说法感觉非常惊讶，这是她第一次听说夸孩子也会"过头"。

我说："我们将心比心，站在孩子的立场上来看这个论述对不对。'孩子都是夸出来的'这句话本身没有错，但实际操作中，这么夸有一个非常具象的问题，应用不当的话，孩子就会被你夸坏。你现在已经到了需要转化的地步了。比如说漂亮，很多人夸她漂亮，她就会觉得那是自己长得好，天生丽质，从而变得骄傲自得，恃之为自己的资本。"

蔚妈说："朱老师啊，那我要请教你一下，我怎么夸才能把小孩的自信夸起来，让她既谦卑又有动力？"

我说："表扬孩子无非是方式方法和度的把握。举个例子说，蔚蔚考了100分，你怎么夸？你说：'哇，宝贝你考了100分唉，你真是太棒了，爸爸妈妈为你骄傲。'或者是她考了第一名，你去夸她的第一名，并且很兴奋，视之为一件很了不起的事情。这叫作'以成绩论英雄'，是不适当的，因为这让孩子有了得失之心，纠结于一时的成绩或分数，心态也自然随之起伏、不稳，万一下一次考得不够好，她可能就会心态失衡，敏感于别人对她的评价，爸爸妈妈还会不会为我骄傲了？"

我说："你应该这样表扬：'你的成绩取得了很大的进步，这是你平时努力的结果。说明你不但很用功，而且效率很高！'把成绩作为一种表象，引导到她的行为和成长，肯定她的努力，那么这次表扬一定会成为她持久的动力。"

蔚妈说："哦，原来我以前的表扬全是错误的！"

我说："你要注意，在表扬的时候要把她学习过程中努力的细节描述出来。比如说看书时，你要表扬她看得很用心；再比如她在做作业的时候，你可以关注她一丝不苟的态度、百答百对的效率、时间安排的合理、课程衔接的自然等。这样就会让孩子明白：原来我的努力和用心，爸爸妈妈全都是看在眼里的啊！我这个 100 分也不是随便得来的，而是我努力的结果啊！"

蔚妈说："朱老师，听您这样说，感觉表扬都有点艺术的味道了。蔚蔚有一个优点，就是每次她看完书，都会把书归类得很好。按照她自己的分类，每本书都在它自己的位置。但我表扬的时候，就总是'很棒、很牛'之类的，连我自己都觉得干巴巴的，蔚蔚更是对我的表扬充耳不闻。"

我说："这可是个好习惯。其实这背后的内涵很多啊，如果表扬得当，你会帮助她养成一生受用的良好习惯和个人品质。举个例子，比如你这样说：'蔚蔚，你把书放得这么整齐、井然有序，这个表现真的是超赞的！这表明你做事情是非常有计划性、条理性的，这是非常难得的优秀习惯，一定要坚持哦！'"

蔚妈开心地说："朱老师，竟然还能这样表扬？！"

我说："是的，你看，这不仅仅是一个表扬，表扬中还有引导，提示她在这件事情背后，还有更值得坚持的东西。以后，她会更加注意参照你给出的关键词来规范自己的行为。此外，我还有一些细节和技巧想要跟你说，首先就是，有些时候，你的表扬要含蓄，不要一味地猛夸。其次，表扬要给孩子留出空间，尤其是学习方面，不要让她感觉这一次没有达到预定的目标，或者考得没有上一次好，天就塌了，没有退路，无地自容了，而是：这一次的挫折不要紧，我可以继续努力。行为，要有容错空间；性格，要有扛逆基因。再次，间接地表扬，就是在别人面前表扬她，而让她'不经意'地'偷听'到——这对她算是一个意外的惊喜，她会很开心。"

"最后还有一点无关表扬，但是很重要，我一定要和你分享一下。就是当孩子情绪低落时，你要在行动上给予关

爱和支持，不如给一个拥抱，送上一份小礼物，或者做一顿很有仪式感的温馨晚餐等。"

蔚妈说："朱老师，太感谢了，你让我懂得了表扬的重要性和方法性，夸就要夸到点子上。"

我说："是啊，父母改变一点点，就能让孩子改变很多。"

◆ ⬩⬩⬩⬩⬩⬩ ◆ **教育学与心理学视角** ◆ ⬩⬩⬩⬩⬩⬩ ◆

肯定、欣赏和赞美是孩子成长过程中不可缺少的"心理营养"。但是如何对孩子表达肯定、欣赏和赞美才能既给孩子"心理营养"，又不会让孩子因"营养过剩"或者"营养不均衡"而自得自满进而助长得失之心呢？

任何一个教育理念的背后，都可能有误区，表扬和夸赞亦如是。

当孩子取得成绩的时候，家长要夸他们的努力，将注意力重点放在过程而不仅仅是结果上。

有些家长不善言谈，或者因为工作繁忙不太明确孩子取得好成绩的主要原因，或者担心"拍马屁拍到马腿上"，这时候可以问孩子：取得这么好的成绩，你是怎么做到的呢？

"你是怎么做到的呢？"这是一个经典的夸赞话术，不但肯定了"好"的结果，而且强调了过程的重要性。孩子听到这句问话，往往第一感觉是被触动，感觉他的付出和努力被父母"发现"了。这有助于家长进一步获得孩子的信任，这是第一个收获。接下来，孩子可能会津津有味地给家长讲整个过程中的故事，比如遇到了什么困难，又想到了什么办法，遇到了什么人或者什么事儿，他们的感受是什么……这样一来，一个简单的表扬，变成了一场孩子与家长之间"分享"的盛宴，家长从中可以更多地了解孩子成长过程中的细节，这是第二个收获。当然，孩子的个性不同，有的孩子分享得多一些，有的少一些，这都不影响夸赞的有效性。

第四课　「父母」商课

开篇　父母要学会做好父母

　　沟通，是人类最基本的需求之一。在我们日常工作的时候，如果善于沟通，能把思路表达得比较顺畅，效率就会更高。面对他人误解的时候，用几句话就能把意思说明白，获得对方理解，人际关系会更和谐。和另一半相处时就更不用说了，良好的两性相处，需要彼此理解、情意相通。和孩子相处时如果我们不会沟通，经常词不达意、口无遮拦，甚至祸从口出，就容易和孩子产生冲突，久而久之，孩子就不愿意跟我们对话了。

　　如何培养好自己的孩子，如何与孩子畅通无阻地沟通交流，是每个家庭、每位家长所关注的。

一、与孩子沟通的艺术

　　亲子沟通在家庭教育中绝对不是一件无足轻重的小事，它关系到父母与孩子之间的和谐关系，关系到对孩子求知欲的培养以及对其人格的尊重。但遗憾的是，在当今家庭教育中，父母与孩子的有效沟通总是被忽视。

　　只有父母重视与孩子的沟通，才能走进他们的内心世界，知道孩子在做什么、想什么，才能更切合实际地为孩子的成长提供一个良好的环境。

　　成功的家庭沟通，必须具备如下因素：理解、关怀、接纳、信赖和尊重。"理解"要求父母和孩子双方能够设身处地地为他人着想；"关怀"不但存在于内心，更要切实付诸行动；"接纳"要求考虑每个孩子的个性，懂得欣赏孩子身上的优点；"信赖"是指要做到既信任孩子，也信任自己；而"尊重"是指尊重孩子的权利，尊重他们的意见和选择。

　　要建立一种积极健康的家庭沟通交流关系，应该改变父母是决策人、孩子是接受者这样的家庭角色。每一个家庭成员都可以对自己要表述的愿望予以积极的辩解。通过沟通，让孩子学会站在他人的立场思考，养成理解他人的好习惯。

二、千万不能漠视和孩子的沟通

我们大人会面时，彼此间常常会关切地问："最近心情好吗？"可是，却很少有人这样问我们的孩子。

而现实中我们的孩子多么渴望与父母多聊一会儿天啊！为什么相当多的家庭缺少沟通，却丝毫没有察觉呢？在中国传统的家庭教育中，不少家庭对孩子的教育是：批评多于表扬，禁止多于提倡，指责多于鼓励，贬低多于欣赏，威胁多于启发，命令多于商量。孩子处于不被尊重的地位，怎么可能产生真正的心灵沟通呢？

有些父母长期不关注孩子的情感需求，只习惯于教条式的训导，弄得孩子无所适从、心情压抑，不知道自己的存在价值及乐趣。我们对孩子要和颜悦色一些；在孩子感到寂寞、孤独的时候，多陪伴，多开导；不要一有错就认为都是孩子的原因；多陪孩子做做游戏，健健身。

诚然，随着社会的高速发展，人们竞争压力越来越大。但是父母每天无论多忙，都应该留点时间和孩子在一起，注意观察孩子的情绪有什么变化，了解他们在学校里发生的事，也让孩子参与到力所能及的家庭事务中来。有时一个微笑、一个充满鼓励的眼神，就能激发孩子的无限生机和活力。

三、把选择权归还给孩子

"孩子还小。"家长普遍会有这样的想法。在他们眼中，小孩子是没有明确的选择意识的。随着孩子慢慢长大，渐渐有了自己的意愿，想自己做主时，父母们却总是说："不行，哪能你自己想干啥就干啥！"

大多数父母就是犯了这样的错误，他们不了解孩子。他们所做的一切，说白了就是为了他们自己的虚荣心，他们根本就没有考虑过尊重自己的孩子。他们认为，即使有时教育子女过火一点儿，打骂甚至是挖苦、讽刺、唠叨一些，不都是为自己孩子好吗？换句话说，父母千辛万苦，一切都是为了孩子好，难道还需要尊重孩子吗？

为了培养孩子独立负责的品质，父母要避免使孩子养成那种凡事皆依赖父母的习惯。指导孩子在选择中认识自己并发现自己的力量，才是父母应该做的。父母与孩子谈话时，可以自觉地运用鼓励信任的语言，表示相信孩子有能力做出正确的选择。只有父母做到真正放手了，孩子才能完全独立自主。

面对孩子，我们有做到换位思考吗？

无论什么人，受激励而改过，是很容易的；受责骂而改过，是不大容易的。而孩子尤其喜欢听好话，不喜欢听恶言。大多数父母看见孩子玩肮脏的东西，马上把它夺过来，而且要骂他，甚至还要打他。结果，孩子改过的少，而怨恨父母的多！

美国精神病学家威廉·哥德法勃曾经说过："教育孩子最重要的，是要把孩子当作与自己平等的人，给他们以无限的关爱。"无数事实也表明，父母以居高临下的命令姿态来跟孩子说话，会使孩子产生逆反心理。只有父母转变姿态，才有可能让孩子感受到平等。

如果父母明白孩子的心理，在面对迟迟不肯做作业的孩子时，就可以这样对孩子说："呀，这东西真好玩呀！可惜时间不早了，乖孩子你应该去做作业了。要不你再玩 10 分钟，就去做作业，好吗？"这样既夸孩子乖，又用征询的口气同他说话，孩子觉得受到了尊重，也许不到 10 分钟就乖乖地做作业去了。而且这样也为父母留下了余地，即使孩子暂时不听话，也不至于惹得父母为了自己的威严而大动肝火。

学会欣赏

我们今天从陶行知校长的故事开始吧。

陶行知先生当校长的时候，有一天看到一位男生用砖头砸同学，便将其制止并叫他到校长办公室去。当陶校长回到办公室时，男孩已经等在那里了。

陶行知掏出一颗糖给这位同学："这是奖励你的，因为你比我先到办公室。"接着他又掏出一颗糖，说："这也是给你的，我不让你打同学，你立即住手了，说明你尊重我。"男孩将信将疑地接过第二颗糖，陶先生又说道："据我了解，你打同学是因为他欺负女生，说明你很有正义感，我再奖励你一颗糖。"

这时，男孩感动得哭了，说："校长，我错了，同学再不对，我也不能采取这种方式。"陶先生于是又掏出一颗糖："你已认错了，我再奖励你一颗。我的糖发完了，我们的谈话也结束了。"

这个故事大家都很熟悉，也给我们家长一点启示：当我们给予孩子尊重、理解孩子们在成长路上遇到的问题，并学会欣赏孩子时，我们的孩子会重拾信心和力量。

但是，当家长们真碰到事时，早就把这些东西抛到九霄云外了。

国庆节假期后的一天上午，我正在和遥遥妈妈聊孩子的教育问题。遥遥的班主任也是语文任课老师，给遥遥妈妈发了一条信息："遥遥妈妈您好！孩子今天的语文默写错了9个字，回家需要督促一下孩子的学习。"遥遥妈妈看到这条短信，还没有太紧张，她觉得有可能是因为儿子昨天晚上没有复习。

我们快聊到中午的时候，英语老师也给遥遥妈妈发短信了："遥遥妈妈，这次孩子的英语默写，我发给您看看！"接着遥遥妈妈看到了自己孩子的默写：前半段是对的，后半段空白处老师打了一个大大的红色"×"。我感觉遥遥妈妈开始有点紧张了。

下午两点的时候，数学老师夏老师给遥遥妈妈打电话了："遥遥妈妈，最近孩子学习有困难吗？"

说实话，我发现遥遥妈妈的火已经冲到头顶了。她赶紧请教老师："夏老师，孩子最近在家里都还正常啊，没看出他有什么问题。在学校怎么啦？"

夏老师解释说："是这样子的，今天我们全班做数学补充习题，大家都及时交了，就遥遥没有及时交。"遥遥妈妈着急地问："是他不肯交还是什么原因？"

夏老师回答："那倒不是，他一直在那里写，没有写完，我让他课后写了补交过来了。他可能学得不是很扎实，或者最近的课程对他有点难，回家之后麻烦你帮孩子及时巩固一下。"

遥遥妈妈赶紧回答："谢谢夏老师，我今天回去看看什么情况，不懂的部分我再给他讲讲。"挂了电话，遥遥妈妈已经很不淡定了。遥遥妈妈肯定地说："假如孩子在我面前，我可能忍不住要揍他几下。"

稍微平静了一会儿，遥遥妈妈的怒气慢慢消下去了。我坐在办公室里面，仔细看老师发的默写作业。我发现遥遥写的还是非常认真的。我告诉遥遥妈妈，回家先不要着急发火，了解一下情况再说。同时，我给遥遥妈妈支了一招……

遥遥妈妈特别提早下班回家了。在遥遥快要到家的时间，遥遥妈妈给孩子准备了水果。遥遥推门进来，看到妈妈已经在家里，很高兴："妈妈，今天你怎么这么早就回家了呀？"

遥遥妈妈一边端着切好的哈密瓜出来，一边轻松地说："妈妈今天工作结束得早，就早点回家了，刚好可以休息一下。"遥遥把书包放到书房，然后回到餐厅坐下来，妈妈把水果盘放到他面前说："来，吃点水果吧！"

按照我的方式方法，遥遥妈妈开始了与孩子的友好交流。

"遥遥，最近在学校学习还顺利吧？"遥遥妈妈干巴巴地问着。

"还好啊，挺简单的。"遥遥边吃着瓜边回答妈妈的问题。

"那……嗯，有没有需要妈妈帮忙的？"遥遥没有按照我们预期的那样回答，遥遥妈妈只能又拉回来问他。

"没有！妈妈，我自己能搞定的。"好吧，孩子又把遥遥妈妈给掉回去了。

遥遥妈妈起来给自己倒了一杯水，掩饰自己的心情，思考如何再继续问。"咕嘟"，遥遥妈妈喝了一大口水，继续问："儿子，妈妈发现你最近的作业写得挺认真的，字好像练过一样，比爸爸的字好看多啦。"

孩子来了兴致："妈妈，你不知道吗？我们老师说啦，字一定要写好看一点，老师也表扬我了，说我的字很好看。"

"是吗？"遥遥妈妈故意流露出惊喜和崇拜的神情，"那真是太棒了哦！"

"但是，我现在还没有掌握好。"孩子又吃了一口瓜，"我想把字写好一点，但是太慢了，老师听写的时候，我跟不上，等我前面写完了，后面的已经不记得了。"

来了，遥遥妈妈心里暗喜，孩子应该是想把字写好一点，所以跟不上老师的节奏。遥遥妈妈也拿了一块甜瓜吃起来，等着儿子继续说。

"妈妈，你不知道，我们老师听写报得太快了，我都来不及。今天语文听写我就靠自己记忆随便写了几个，错了不少。"孩子继续说道。

"哦，那妈妈知道了，你是想把字写好一点，对吗？"看到孩子点头，遥遥妈妈继续说，"可是咱们写得稍微有点慢了，这样就听不到老师的内容了。你可以考虑把写字的速度稍微加快一点，这样就慢慢能跟上了。不过，你的字的确是很漂亮的。"

我告诉遥遥的妈妈，给孩子一点时间让他自己去摸索。

大概过了两周，在同一天，语文老师和英语老师都发信息给遥遥妈妈了，大概意思是："非常感谢这段时间对孩子的陪伴和监督，孩子进步很快。"

遥遥妈妈看着短信，心里的石头落地了。她明白自己什么也没有做，只是控制自己没有发火，找了孩子一个闪光点——字工整。她给老师回了信息："谢谢老师关心，我会继续配合。孩子在学校学习如果有什么问题请及时与我交流，我会及时关注的。"

大部分家长更爱欣赏别人家孩子，很少欣赏自己的孩子。即使孩子表现再差，也有他的闪光点和长处。孩子其实很愿意向老师或家长展示自己的长处，期待着来自老师或家长的表扬与肯定。家长要有一双善于"发现"的眼睛，去寻找孩子身上的优点和长处。通过赞美与鼓励，让孩子相信他自己的能力和潜力是无限的。

教育学与心理学视角

"积极关注"是人本主义心理学的一个重要词汇。原指在心理咨询过程中对求助者的言语和行为的积极、光明、正性的方面予以关注，从而使求助者拥有正向价值观，拥有改变自己的内在动力。积极关注涉及对人的基本认识和基本情感。凡是心理咨询工作，首先必须抱有一种信念：受助者是可以改变的。

家庭教育中也可以借鉴这一理念。孩子每一个问题行为的背后，可能都有良好的动机，加以积极关注和引导，是可以让他们更加积极向上，改善当下问题的。比如文中遥遥默写错得多、作业写得慢，是因为老师说过要把字写得好看一些，于是他就花很多时间在把字写好上，这其实是一个非常值得关注和肯定的动机。在此基础上，我们对孩子的问题有了客观、辩证的认识，对孩子的情感也从"单纯地想揍"转变为欣赏、包容和鼓励。这有助于孩子走出沮丧和消极情绪，避免"破罐破摔"，从而可以深入发掘进步空间。

积极关注的要点是辩证、客观地看问题，立足实事求是，避免盲目乐观，也避免过分消极，促进个体的自我发现与潜能开发，达到心理健康全面发展，这是心理辅导的最高目标，也是家庭教育的成功指标，是值得爸爸妈妈花一些时间来研究和实践的项目。

你做到，孩子就做到

小伟是个结实孩子。

扛揍。

见小伟第一次，我就发出这样"由衷"的赞叹。

不幸的是，他的爸爸也是这样想的。

更不幸的是，他自己也是这样想的。

更更不幸的是，他的爸爸这样想，也这样做了：一个字，不行就揍！

更更更不幸的是，他这样想，也这样做了：还是一个字，随便你揍，我就扛！

上初一的小伟有着超出同龄人的壮实，他的父亲韦总是一个做建筑工程的老板，生意做得很成功，但是却没什么文化。他信奉棍棒底下出孝子的"传统家训"，对待儿子犯错、不听话或学习方面的问题，唯一的"教育方式"就是抱以一顿老拳以惩戒。

然而并没有什么作用。因为打的次数实在太多了，小伟在精神上产生了"抗体"，肉体上产生了"免疫"。小伟和爸爸拳头的对抗很简单，一开始是"倔强"，就是无论你怎么打，我都默默忍受，我的身体素质完全扛得住；后来慢慢地有了一些"顺遂"，看着爸爸火气上来，摩拳擦掌准备动手了，自己索性直接"送货上门"，把脸凑过去：来呀你打我呀，反正你又不能打死我！

把他爸爸简直气死！一边打一边上火，越上火小伟越不认错。按他爸爸的话说："已经皮了，死猪不怕开水烫。"

究竟是什么样的顽劣脾性让父母深恶痛绝，而自己却坚决不改呢？其实就是，他对自己不喜欢的事情，没有任何做的意志和行动力；而对自己喜欢的事情，则异常沉迷。他的喜欢和不喜欢则是泾渭分明的。所有关于学习的，都不喜欢，上课，注意力不集中，"身在曹营心在汉"，一心只向窗外看；看书、作业，毫无心思。而他所喜欢的事情，只有一个字——玩，比如打手机游戏、体育运动，可以毫无顾虑地玩上一整天。体育运动当中，他尤其喜欢游泳和乒乓球。

我是经朋友介绍认识韦总的，我很不喜欢他的价值观——或者说，他压根就没有什么价值观。他如此在意孩子的成绩，是因为孩子的成绩差、不听话让他"很没有面子"。

然而，有一次他打完小伟之后却感觉害怕了，他害怕不是因为他下手太重，而是因为从小伟口中打出来一句话："现在你能这样天天打我，但总有一天你会打不过我，到时候你怎么办？还打我吗？"

韦总不是怕总有一天会到来的"报复"，而是突然惊醒，觉得打骂孩子并没有给他带来想要的效果，反而适得其反，让孩子形成了强烈的逆反心理，让他深刻领悟了"棍棒底下出不了孝子"的残酷现实。

既然打骂不是办法，那就得重新想办法。但是这个孩子已经炼成了"百毒不侵""油盐不进"的体质，要想改变他实在是太难了。

听完韦总的讲述，我给他提出一个条件，就是从此以后不再打骂孩子，无论出于什么理由。满足这个条件，我就同意和小伟见面聊一聊。韦总露出一副难以置信的表情："打骂都搞不定，不打不骂反而能够搞定？"我说："可以。"于是韦总抱着试试看的心情说："那就试试吧。"

见到小伟的第一眼就觉得他很聪明，但是又透着和年龄不符合的成熟、世故与顽劣。那是在一家咖啡馆，他先问我："你喝咖啡吗？"

我说："喝的。"

小伟问："咖啡有很多种，你喜欢哪一种？"

我说："那就来一杯卡布奇诺吧。"

"好的。"我正要从口袋掏钱，小伟已经去吧台点单了。哦，这咖啡是他请我的。不大一会儿他端着两杯咖啡就回来了。

"朱老师，你是想要和我聊什么吧？我已经听我爸说了。"小伟成熟背后还是有一丝不易察觉的拘谨，在我这个陌生人面前。

"我就是和你随便聊聊。你平时喜欢什么呀？"

小伟说："我喜欢的东西很多的，但是最喜欢的还是游泳和乒乓球。我觉得我是未被发掘出来的乒乓球天才，我打乒乓球很厉害的，到现在没有人赢过我，在我们学校都没有对手！"

谈到自己的爱好和特长，小伟马上就兴奋起来，向我描述他的球技有多强。我问："然后你还喜欢什么？"

"游戏啊，手机游戏是每个男生都喜欢的，我也玩得好！"

"都玩什么游戏呢？"

"主要玩《王者荣耀》。"

"《王者荣耀》好玩吗？现在很多孩子沉迷在里面。"

"也不是好玩，就是无聊呀！"

"你玩游戏你爸妈知道吗？他们同意你玩？"

"那哪能让他们知道？都是偷偷地玩的。让他们知道还不得打死我？朱老师，你可千万别跟我爸爸说啊。"

"你和你爸爸经常见面吗？"

"和我爸爸见面不多，他在外面很忙的，很少回家，但是他只要回家就打我，要么问我考多少分，只要我考得不好就打我，要么找别的理由打我。总归是见一次打一次，谁愿意见他？"

"他这家暴式的教育方式确实不对。你是不是总是做错事或者不听他们的话，才激怒你爸爸打你的啊？"

"叔叔，话不能这么说。他认为的对都是他认为的，是他强加到我头上的，他总是强迫我做不喜欢的事，我当然不愿意做啊。我有我自己特别喜欢的东西，从骨子里喜欢的东西，我爸爸他不能读懂我。"

"你爸爸还是为了你好啊。他一直希望你读书认真一点，成绩提高一点。"

"对，就是在读书这一点上，我爸爸逼我最狠。我一开始也很努力啊，但是犯一点点错他就会打我。他越是在家里惩罚我，我上课的时候注意力越是不集中。上课越来越不开心，已经成了我最大的负担了。"

"那么你想不想好好读书？我的意思是，我们一起努力，让学习成为你的爱好，自然而然地改掉你注意力不集中的毛病。"

"叔叔，实话跟你说吧，我不光做不到，想的可能性都不大，我不会那么做的。我就是讨厌上学，讨厌学习。"

　　和小伟谈完，我了解了他不爱学习的深层原因，也有点沮丧，这个孩子的厌学情绪根深蒂固，很难被轻易改变。

　　我约了小伟的父母一起见面。小伟的妈妈是一位全职太太，负责接送孩子上下学和照料他的生活，虽然每天和小伟相处的人是她，但是她对孩子的成长影响甚微。用小伟自己的话说，他妈妈就像是他的生活保姆，除了负责他生活的方方面面，对他学习上的事情从来不管，甚至在他爸爸家暴他的时候，她也是处于一个旁观者的位置，既不向着小伟，也不帮着他的爸爸。

　　韦总拿出一包香烟，抽出一支递给我，我说我不抽烟，韦总便收回去，准备给自己点上。我说："韦总你喜欢抽烟的啊？"

　　韦总说："是啊，外面应酬多，抽烟成习惯了。"

　　我问："那么你一天抽几支烟？"

　　韦总说："至少2包吧。"

　　我说："韦总，你把烟给我。"

　　韦总说："嗯，好，人在江湖，哪有不抽烟的。"说着抽出一支烟准备递给我。

　　我说："都给我。"

　　韦总愣了一下，把那一支烟和剩下的一包都给了我。我做了一件让他很不解的事情：把茶杯里的水浇在了香烟上面，韦总望着被淋得湿透的一包香烟，有点惊，又有点怒："朱老师，你这是干吗？你怎么把它淋了水呢？"

　　我说："如果你想戒烟，但是烟在，你是不是就总会想抽它？如果没有香烟，是不是就不会想它了？"

　　韦总说："是啊，如果手上没有香烟，想抽也抽不着啊。可是这跟我儿子的学习有什么关系呢？"

　　我说："我想帮你戒掉抽烟的习惯，也想帮你儿子戒掉玩游戏的习惯，建立爱学习、主动学习的习惯。那么所有这一切都需要从收掉你的香烟开始。试想一下，如果你有决心戒掉一天两包的抽烟习惯，你儿子就没有借口不戒掉玩游戏的习惯。"

　　韦总说："哦，我明白了，这小子还背着我偷偷地玩游戏。"

　　我说："对，他在玩游戏，因为他实在无事可做，所以玩游戏是他对待无聊的有效方式。如果你想让他回归学习，就必须拿掉他的手机，这叫断了

改变

他的念想。如果你想拿掉他的手机，就必须要赶走他的无聊。"

韦总问："他横竖是不爱学习，怎么赶走他的无聊呢？"

我说："你能不能从陪他打乒乓球，以及陪他做其他他感兴趣的事情开始呢？当他想打乒乓球的时候，你就陪他去打；当他想游泳的时候，你就陪他去游。让他把时间用在合适的地方，他就没有时间玩游戏了。"

韦总茅塞顿开："朱老师，谢谢你今天给我上了生动的一课，我愿意陪他去多运动。"

我说："第一，放下你的拳头；第二，拿起乒乓球拍。在你们一起活动时，就有了交流的时间，也有了交流的话题。你们可以谈的话题很多啊，乒乓球的技术、乒坛明星、世界冠军、为国争光等，话题一多，父子感情是不是就近了？父子感情近了，你就开始对你儿子产生正向、积极的影响力了。"

韦总似乎非常喜欢听我说他对儿子产生的"正向积极影响力"，又让我说了一遍，眼中闪烁着兴奋的光芒。

我继续说："打累了，你们就去洗个澡，休息的时候，你陪着小伟做一会儿作业，这样就自然而然地把他拉到学习上了。但是一开始你不能急，你得让他慢慢地调整到正确的轨道上来。"

然而事情总是说起来容易，做起来难。韦总对自己的改变是长期、缓慢而反复的，他对小伟施加的影响更加缓慢而反复。小伟甚至在开始时觉得他爸爸虽然一改往日骄横、暴力的作风，但又添加了一个"装"的新特性。不过好在，陪他玩的都是他喜欢的项目，他乐得送个"顺水人情"给他爸爸。

真正的改变是从父子关系的逆转开始的。因为随着陪伴和交流的增加，小伟慢慢觉得父亲的面目也并不那么可憎了。再慢慢地感受到父亲对自己的关心、陪伴和责任，也就慢慢地接纳了父亲。

小伟的案例是一个典型的矫正厌学情绪的案例。孩子的厌学一定不是一个孤立的"病症"，而是他和父母或老师关系的反射，或者来自自身的压力和学习习惯。矫正厌学就像上古时代的大禹治水，只能疏导不能堵。

小伟父亲针对小伟学习中的一些微小的进步都会给予正确的评价，慢慢地引导他学习的方向，激发他学习的兴趣。有些改变是看得见的，上课时的注意力不集中、不听老师讲课，慢慢地都改变了，成绩在慢慢地提升，落下的知识点在慢慢地补齐；脾性也在慢慢地改正，甚至懂得感恩了，知道了爸爸妈妈为他的辛苦付出——当然，这跟小伟的爸妈开启了"夸赞模式"不无关系，因为在相互的夸奖、赞美之中，一家人温暖、有爱的氛围就形成了，这是孩子成长最好的能量场，好比植物们所需要的空气和阳光，虽无形，却必需。

◆ **教育学与心理学视角** ◆

在孩子成长过程中，榜样和示范也是非常重要的心理营养之一。如果孩子某些方面做得不好，或者有一些坏习惯，做父母的也可以反省一下自己身上是不是也存在类似需要改正的地方，然后跟孩子一起"做同学"，共同进步。

"陪伴是最长情的告白"，陪伴的含义不仅仅是愿意陪，还包括如何陪。督促、施压和责罚固然不是完全不可以，但如果仅仅是这么陪孩子，孩子出现厌学情绪是早晚的事，就像文中的小伟对朱老师说的："我不会那么做。我就是讨厌上学，讨厌学习。"学习本来就不容易，还经常为此挨揍，跟学习有关的全是不愉快的联想，不厌学才怪。

那么如何陪孩子呢？文中给了两个思路：一是爸爸在希望孩子改变的同时，也身体力行地改变自己的坏习惯；二是陪孩子去做他感兴趣的事情，比如打乒乓球和游泳，从而改善父子关系，从内在增加孩子进步的动力。

父母在陪着孩子共同改变的过程中，会切身体会到改变的不易，从而能站在孩子的角度看问题，理解孩子的难处，跟孩子一起想办法。这样的陪伴，既能发挥榜样和示范的力量，也能发展良好的亲子关系——这将形成孩子战胜困难和挫折的底气。

两个"负负循环"，两个"正正循环"

你越贴心辅导，我越惰性思考

裴莉原来是我的同事兼朋友，后来因为家庭忙碌很久没有联系。突然有一天，她打电话向我求助："女儿子涵的数学上了初中后就不好了，一直六十几分，一直在学而思补课，每天晚上我还给她讲解。我现在都怀疑这孩子不是学习的料，为什么就没有遗传我呢？我上学的时候数学一直是班上优秀的呀！"

子涵应约来到了我办公室。她的皮肤稍微有点黑，眼睛忽闪忽闪的，笑起来有两个小酒窝，看起来就是非常有灵气的孩子。数学作业打开后，孩子的作业做得非常漂亮，基本都是全对的，字迹也非常工整。我问她："子涵，你觉得初中的数学和小学有什么不一样吗？"

子涵回答："当然不一样，小学的数学我可以拿满分，初中数学太难了，我都是六七十分。怎么学也不会。"

我非常困惑："我看你的作业都是对的呢，怎么考试就不会了呢？"

子涵笑了一下："哎呀，朱老师，平时作业不懂的，我就问我妈妈了，她教我一下或稍微提醒一下，我就会了，那不就是全对了吗？"

"这样啊。"我点了点头，"我知道你数学为什么不好了。你这周数学作业做完了吗？"

"没有，数学太难了，我都是放在最后去做的。"子涵回答。

"那太好了，你就在朱老师这边做吧，我来看看你是怎么做作业的。"我挪开位置，让子涵写作业。

刚做了一会儿，子涵就问我："朱老师，这个题怎么做？"我看了一眼，明显没有动脑筋，便没有搭理，要求她自己想。过了一会儿，她又问我："这道题我也不会做。"我离开，把门关上，要求她自己把所有的作业做完，把实在不会的题目空在那里。

我从外面的子涵妈妈了解到，孩子平时在家也是有很多不会的题目，她都认真给她讲了，还举一反三了。可是子涵成绩就是不进步。很明显，妈妈"太勤劳"了，剥夺了孩子独立思考的能力，长时间下来，孩子一遇到"难题"或题目长一点的，第一感觉就是不会，条件反射："妈妈，我不会，怎么做？"妈妈也是非常勤劳，每天陪伴，耐心解答，还举一反三一直到孩子"弄懂"为止。实际的真相就是孩子貌似懂了，但是没有形成自己思考的习惯。

做父母的，都希望自己的孩子聪明、智慧、成绩好，为此，牺牲了自己不少脑细胞和时间。俗话说"刀不磨要生锈"，孩子的脑袋不用也要"生锈"的。家长需要启发孩子自己思考问题的习惯。

你越努力惩罚，我越努力摆烂

这个故事发生在 3 年前，爸爸姓安，妈妈姓陈，他们的儿子小安当时五年级。小安的成绩相比前面案例中的子涵还要低得多，在 20—30 分的区间徘徊。

但其实，小安是很聪明的一个孩子，成绩垫底唯一的原因就是他本人完全不想学习。

为此，安爸用尽了各种办法："硬拿"过，打断了数把塑料尺，没用；"智取"过，给孩子报各种补习班，前后花了十几万，无任何效果。

"聪明"的小安进化出各种办法对抗学习，躲避父母的管教。安爸在跟我倾诉的时候用了这句话："我儿子只怕是得了不读书的'绝症'，是无论如何都治不好了。"

我问："他考试得二三十分的时候，你都是怎么对待他的？"

安爸说："那还能有好脸色给他？每次都躲不开一顿胖揍呗，就这样都不管用。"

我问："那么是不是除了打还有骂？每次跟他说话都会特别火？"

安爸点点头。

我问："那么孩子是什么样的态度呢？有什么效果呢？"

安爸说："他已经皮了，百毒不侵，油盐不进，只会摆烂，每次都说：'我已经尽力了，我很努力了呀，我就是笨，学不进去，怎么办呢？'"

你越学会懒惰，我越学会思考

接下来的时间，子涵数学作业完成的过程中，我只负责说三句话，第一句是："全部做完了吗？"得到肯定答复后，我再问："这道题有哪些条件？这些条件你能想到什么？"她继续思考，如果还得不到答案，我再问："题目问什么？解决这个问题你需要什么条件？那就去找吧。"开始的时候，子涵面对我的提问无所适从，因为她对课本知识不清楚，没有想过课本的概念和条件的运用方式，所以我引导她画出思维导图。子涵第一次做一道几何题，硬是花了将近1个小时时间去想。每周妈妈都把子涵送过来写作业，我就这样来回问这三句话。她如果实在不会，我就提醒她："你看这个条件……你有什么想法？想怎么用？"

小姑娘虽然开始有点不情愿，但碍于我"铁面无私"，不轻易把答案给她，反复都是微笑地提醒她，还是坚持了下来。这样坚持到了第三周，子涵越来越开心，她开始有了自主的驱动力、解决问题的能力了，向我发问的次数越来越少，抬头开口的时候，自己都不好意思，于是按照我的思路自己问自己了。

终于，她的妈妈给我打电话报喜："子涵在学校单元测试第一次考到了92分。"家长如何引导孩子主动学习？当孩子面临困难与挑战时，家长要抓住机会对孩子进行有意识训练，培养孩子自己独立思考的能力，用柏拉图式的提问方式引导孩子思考的切入点和方法。经过时间的积累，孩子体验到超越自己、驾驭作业的快乐，就能获得写作业的美妙体验。

刚开始的时候，家长可以从建立有趣的小任务开始，把孩子面临的困难点加以分割，在孩子稍微努力就能完成的程度，鼓励孩子尝试自己完成，并进行正面强化。也可以引导孩子形成记录作业的习惯，为后面完成学习任务打下基础。要不然，孩子天天找老师或者家长问作业这个过程也是非常折磨人的。

在孩子经过一段时间训练后，遇到作业拦路虎，他就可以用"柏拉图式的提问"问自己，孩子的困难家长可以加以引导和提问，千万不要给出答案。孩子问我们的时候，我们就得装笨和装傻。可以让孩子尝试把问题的意思描述给我们听，再问孩子这道题考的什么知识点，因为老爸老妈毕业太久，"忘记"这里用的是什么知识点了。在我们启示孩子去思考知识点的时候，大部分题目不需要我们解答，孩子就自动会了——在我们面前还会小嘚瑟一回，你不会的我都会。

最后，需要持续鼓励形成正强化。当孩子能够专注投入到一个任务中，按照计划完成功课，或自己独立思考完成自己认为不会的题目时，可以加以鼓励"今天你竟然独立思考完成了这道难题"或者说"这道题我还没有想明白，你自己倒是做好了，真是脑子越来越不够用了"等。当我们的孩子一次次得到鼓励，就会产生满足感、成就感，自然会产生独立思考的正强化。慢慢我们会惊喜地发现，孩子能独立完成作业了。在这个过程中形成的专注力和独立思考的能力会慢慢增长，受益终身。

你越用心表扬，我越信心回归

一周后，是月考结束试卷下发的日子，小安拿着只有二三十分的考卷，开始发愁了，惴惴不安。因为按照学校规定，考卷是必须要让家长签字。小安思来想去，最后还是硬着头皮把考卷递到爸爸面前："爸爸，老师让你签字。"

安爸不知接下来该如何应对，看他一眼，把试卷放到茶几上，也不理会小安，走到房间关上门给我打电话。留下小安独自一人在客厅瑟瑟发抖。

我说："你检查一下他的试卷，找一找他进步的地方，哪怕一点点都可以，哪怕仅仅增加了一分两分都可以，表扬他的进步，鼓励他的努力。并且，再给老师打个电话，请老师打电话过来也表扬鼓励一下。"

安爸说他懂了。放下我的电话，他就拨通了老师的电话。老师很意外，这是安爸第一次给他打电话。安爸说："老师，是这样子的，我家小安这次考试考得不错，我想恳求您打电话表扬一下，鼓励鼓励他，说不定他下次会考得更好呢！"

老师说："我没听错吧，小安爸爸，他这就叫考得不错？你们家就是这样教育小孩的啊？就你们这个低到尘埃里的目标要求，怪不得每次都可以容忍孩子倒数第一啊，我真的是服了你们了！哦不对，这一次是倒数第二，上升了一名，恭喜啊！这样的成绩我真的夸不出口！"

安爸此刻恨不得钻到地缝里去。然而老师毕竟说得对啊，他无力反驳，而且，他央求老师表扬孩子，更不能反驳。他只好耐心解释："是这样的，老师，小安虽然暂时考得不好，但是现在我们做通他的思想工作了，他想要努力，他也想要改变现状，请您给他一次机会吧！如果他仍然没有进步，那么我就永远不向您提这样的要求了。"

老师说："那行，我给他这个机会，表扬他一次。我真的想看到他的进步，希望奇迹出现呀！所以，如果你们家长有了这样的决心，我们学校是非常高兴的。机会掌握在他自己手里，如果家长可以和学校很好地配合，真的会有奇迹发生的。"

安爸走出房间后，装作很高兴的样子拿过考卷说："哟，可以啊，比上次进步了一点，语文多考了 5 分呀，数学更加了不起，多考了 8 分呀！我还听你们老师说，你的名次也上升了一名，儿子你要继续加油哦！我相信，你一定会越来越好的！"

小安简直不能相信自己的耳朵，平时凶悍、签字时残暴的老爸，居然完全换了一个人，如此笑眯眯地说话，没有半句批评，反而还表扬了自己。

一时"难以接受"的小安抱着忐忑的心情来到学校，他原以为狂风暴雨会改道从老师那里开始，谁知道老师到班级的第一件事就是把小安表扬了一通，赞扬他的进步，"小安同学尽管只前进了一小步，但如果能够始终保持这一点点的进步，到最后也会形成巨大的进步"。

对老师的话，小安还是信的，也因此相信了老师和爸爸这一次的表扬是真诚的，里面并没有暗藏什么"套路"。同时，"双重"表扬的喜悦也第一次袭击了小安的心房，令他体会到一种从未有过的成就感。自然，成长从来不是一蹴而就的事情，一次鼓励和肯定也不能带来立竿见影的改变，可贵的是家长的坚持。对孩子的赞许和鼓励，应该贯穿家庭教育的整个过程和方方面面，应该成为融入家长习惯的行为。

告别负负循环，启迪和激励才是正正循环的公式

所有的决心都需要落地，所有的梦想都需要脚踏实地。如果单靠自己，小安的决心是不会持久的，他将很快陷入之前的态度之中，回到以前的老路上。所以，必须依靠外部力量的强力"助攻"。这一外部力量，就是他的父母。

我给小安父母制定的计划也很简单，就是启迪＋激励。每天晚上都贴身陪伴他学习，帮助他复习知识点，在他做作业遇到困难的时候，予以点拨，提醒思考的角度和知识点。这样很有效果：新教的知识点，及时掌握；没有掌握的知识点，慢慢地巩固；做题时的苦思不得，予以适当的提醒便能令他茅塞顿开，慢慢就提升了他的思考能力。

同时，由于父母陪伴在身边，孩子很难有思维开小差的机会，消除拖延症，提高思考力，实是一味良药。

小安回家以后，安爸拿出那把曾在他屁股上噼里啪啦过几百次的尺子，当着他的面扔了，表示以后再也不打他了。同时，对于小安的每一点滴进步，小安的父母都不吝惜夸奖和鼓励。必要的时候，还痛快给予物质奖励，满足他的一些小小愿望和要求。这样子，小安的学习变得有劲头、有追求了，得到夸奖或奖励后的成就感，也鞭策着他继续进步。

再接下来，小安自己主动向爸爸提出一个要求，希望找一个家教老师，把以前没有认真学的知识点慢慢地补起来。是的，获得了自信和成就的孩子，其进取心和动力是可怕的。

这个故事如此简单，到这里已经讲完了。你很难想象，小安这样排名垫底的学生，厌学顽固分子，在一些简单方法之下，能够一路逆袭，取得突飞猛进的进步。从安爸按照我的建议做出改变之后，小安的自信心猛涨，仅仅4个星期之后的一次考试，就已经达到了及格线。

我想说的是，许许多多家长最为头疼的孩子厌学问题，解决的秘方就在这里。千万不要去打骂，打骂只能证明你的无能和无助。

追根究底，孩子的问题，来源于家长；孩子的改变，来源于家长的改变。当然，简单的事情还需要反复去做。一次次的鼓励，不断的鼓励，在他们成长之中必须频繁出现，哪怕是一点一滴的进步，都要给予鼓励。

教育学与心理学视角

本文的亮点是揭示了家庭教育的两个真相：

一是父母的过度辅导会剥夺孩子独立思考、主动思考的积极性，助长惰性，长期下来必然使原本聪明的孩子成绩下降或者不能适应新的学业挑战；

二是过度惩罚会给孩子带来负面的心理暗示，内化为"我不行／我很笨／我不成器"的自我评价，时间长了就形成一种"我不行"的固性思维，而没有积极动力去寻求改善。

正如前文所述，孩子才是成长和学习的"主攻手"，父母如何做好"助攻"是一个非常值得反复思考、反复实践的课题。同样，当父母发现惩罚频繁使用却并不奏效时，那也是启迪和激励的方法需要开启之时。

把孩子当"大客户"

你赢得孩子，他赢得人生

"不知从什么时候开始，她就变了。以前还会时不时帮我做些家务，也是一个活泼乖巧的女孩，对画画有着特别的喜爱和执着的追求，每一次参加市里、区里的比赛都会拿奖。现在，她索性扔了画笔。是的，你不喜欢画画，不喜欢上学了，可是你也不能常常撒谎、和同学吵架以及逃课呀！"

"不知从什么时候开始，她就变了，在学校里和同学吵架、向老师撒谎，以及逃课。而且，和爸爸妈妈的感情还生分了，和我更是没什么话讲，有时候在家里，一天下来她都不跟我讲一句话。"

"不知从什么时候开始，他们就变了。妈妈变得唠叨，对我要求苛刻，我就没有一次做得对的时候，我的身上就没有一丁点好的地方，全都是缺点，做的事，全是不对的，张口就骂。爸爸呢，却变得冷漠，听说他在外面谈客户好厉害，可是到了家呢，除了吃饭睡觉，就是抱着手机看，抱着电视看，声音开得很大，睡觉都被他吵到，说说他，还反过来撑我。行吧，你在外面很辛苦，回到家自然要放松放松，家是你的港湾，不是我的，惹不起我还躲不起吗？"

看起来句式相近的三段话，来自三个人对我的讲述。第一个讲述人是妈妈，第二个讲述人是爸爸，第三个讲述人是女儿，肖肖，初二。他们都知道，家庭的氛围变了，只是不知是从什么时候开始的；他们都觉得，是对方——父母觉得是女儿，女儿觉得是父母——变了，因此家庭氛围出了问题。

肖肖从小就喜欢画画，肖妈非常欣慰，鼓励她学习画画，为她创造各种条件。肖肖也不负所望，她的绘画作品经常在市里、区里的一些比赛中获奖，这让肖妈感觉非常自豪。

但从上初一开始，肖肖就不想画画了，甚至连画笔都不想碰了。肖肖说：不开心，不想就是不想，没有什么理由。肖妈心想：孩子上了初中，功课肯定是第一位的，画画在客观上占用了孩子的精力和时间，既然肖肖不想画，不如索性妥协，让她把主要精力全部放在学习上吧。

然而慢慢地，肖肖开始变了，"青春期综合征"来了，正如肖肖爸妈在讲述时所言，她性格开始变得孤僻，喜欢一个人独处，排斥和他人的交流，且极易和同学产生矛盾，常常和同学吵架。

对学习失去了兴趣的她经常逃课，逃课时对老师谎称身体不适。她是溜到哪里去了呢？是肖妈的一个朋友家，这个朋友是个自由职业者，肖肖经常跟随妈妈去她家里做客，很喜欢她家舒适而自由的氛围。肖肖解释说："阿姨，今天我们学校放假，不上课，所以我到您家里来玩玩，顺便做会儿作业。"

肖妈的朋友一开始并不怀疑，可是次数多了，她开始感觉不对劲了：哪个学校都不可能经常放假的啊，这孩子应该是有什么情况吧？于是给肖妈打电话。肖妈这才知道肖肖逃课的事情。

为此，肖爸肖妈找了班主任老师沟通，班主任也突然恍然大悟：怪不得她总是请病假呢，孩子请病假老师是不可能不准假的。

以上，就是肖爸肖妈对我讲述的肖肖的情况。在我和肖肖单独谈话的时候，我问她："你小学时经常画画，还经常得奖，可是为什么一上了初中就不画了呢？是不喜欢吗？"

肖肖说："因为我妈妈老是骂我呀。人不可能老是得奖的嘛，何况到了初中之后，美术比赛的竞争也激烈了，'高手'很多啊，不得奖我也没办法，我也努力了。可是我妈妈不答应啊，我一得奖，她就有了炫耀的资本了。我不得奖，她就认为我不努力了，什么不好好画当然得不到奖啊之类的，就整天絮絮叨叨地骂我，我就越来越不喜欢画画了。"

我问："那么，你和你爸爸是什么状态？可以和他聊聊吗？"

肖肖说："和他？我一和他说话，他就不耐烦地打断我，所以慢慢地，我就不和他说话了呗！他是他，我是我。他还是特自私的一个人，家里什么都要围着他转。他喜欢追剧，看电视停不下来，声音还开得老大，影响到我做作业了，他反而还说："'你做你的事情，学你的习，我的事情不要你管。我为这个家辛苦赚钱，在家里就是要放松一下，享受家的氛围，这是理所应当的。'"

聊到这里，我基本上已经明白了，肖肖当前状况的深层次原因，正是在于这个家庭。母亲的唠叨和只骂不夸的教育方式，以及父亲的不闻不问和家长做派，使肖肖在家中产生了较强烈的疏离感，又"撞上"了敏感脆弱的青春期，导致肖肖产生了厌学和性格上的叛逆。

既然根源是在父母身上，我便从肖爸肖妈入手。

"你看，我们父母辛苦工作挣钱，供她读书，她反而各种逆反、各种毛病都来了，还打不得骂不得，更可怕的是还不爱学习了，她有想过我们的感受吗？"

见了我的面，肖爸肖妈向我吐槽女儿的各种不好，辜负了他们的期待，"对不起"他们。

我说："那么，你们有没有站在孩子的角度去考虑，她到底想什么、要什么？"

我说："其实你们可以反推一下，她为什么和别的孩子吵架？为什么撒谎、逃学？是不是因为她得不到任何温暖，被孤立了，即便在家里，也得不到慰藉？母亲苛刻要求，只骂不夸；父亲呢爱搭不理，自顾自。如果你们是肖肖，或者说，在你们小的时候，父母是这样对待你们的，你们会是什么样的心情？"

肖妈说："我批评她，对她要求高，不也是为了她好吗？"

我说："现在你是对孩子身上的毛病逮着不放，用你的方式强加给孩子，事实上，这是对孩子很残忍的打击，让孩子觉得自己身上没有任何一点好。"

我对肖爸说："你在生意上，是怎么对待你的客户的？"

肖爸说："在生意上，客户都是'爸爸'呀，你当然要对他们好，顺着他们，研究他们的诉求，一切以他们的满意为标准——这一点，我真的做得非常好。"

我说："是的呀，你做得极其优秀。可是，为什么你们夫妻不能把在生意上对待客户的方式方法用到孩子身上呢？"

肖爸说："怎么把对待客户的方式方法用到孩子身上呢？"

我说："就是把孩子当成你的客户呀！你对客户是什么样的态度？不能

把所有问题都归结到客户的身上，要首先从自己身上找原因吧？'甲方爸爸为什么今天不开心了？我是不是做错了什么？'get 到他的诉求，在意他的感受，并且满足他——当你创造了和客户互相信赖、无话不说、相互满足的氛围，你想想孩子会怎么样？你怕她骄傲是吗？事实上，她有她的目标和追求，她会为她的人生负责的。"

　　肖爸说："那我就'签约'这个'客户'试试？"

我说："当然要'签约'，今天的小'客户'，未来的大'客户'哦！"

我又对肖妈说："你要做的事情其实就是和你之前做的反过来，她小时候你是怎么对她的，你现在就怎么对她，母亲永远是孩子最温暖的港湾，善于发现她好的一面。你赞同她的好，孩子一定会表现得更好！"

肖妈说："行，那我就这样做，肯定不骂她了，画画，她想画就画，不想画就不画，她画了我也不会要求她参加比赛，参加比赛不得奖我也不会再骂她了。"

我说："这就对了。"

最后一个聊天的对象是肖肖的班主任老师。我和老师沟通之后，担当中间人的角色，促成了肖肖和老师之间一次面对面的沟通。

老师说："肖肖，不管以前对错如何，从现在开始，我们让过去的事情翻篇好吗？这是一个新的开始，我可以向你保证，以后在任何情况下，老师和同学们都会接纳你，老师同学都是你的朋友，不会打压你，也不会孤立你，一定给你面子——当然，也希望你能给我们面子。"

肖肖说："谭老师，对不起，我正式向您道歉，之前我一直很任性，在您面前撒谎、旷课，因为我觉得上学对我的人生已经没有意义了，所以就自暴自弃；其实有时候，我也觉得自己很自私。"

师生二人都释然了，谭老师给了肖肖一个热烈的拥抱，肖肖伏在谭老师的肩膀上流下两行热泪。

从那天开始，肖肖像是变了一个人，肖爸肖妈明显感觉孩子懂事了许多。肖肖又重新拿起了画笔，只不过这一次她是自愿的，因为她真心热爱画画。现在，没有人再逼着她参赛，没有人再苛求她拿奖，一切都由着她的兴趣，随心而画。

父女关系也重新变得融洽了。肖爸经常和女儿聊天，谈天说地，家里充满了欢声笑语。良好的家庭氛围让肖肖重新把精力投向了学习，成绩节节高升。

"爸爸，我这个'客户'还不错吧？有我这样的'客户'，你是不是很有成就感？"当肖肖拿着三好学生的奖状，在爸爸面前展示的时候，得意洋洋地说出了这番话。

"嗯，爸爸为有你这样的'客户'而骄傲！"

有一句话说得很好，"当局者迷，旁观者清"，当父母教育孩子的时候，自觉已经做得很好了，但事实上，很多行为无形中伤害了孩子，父母却不自知。叛逆的孩子有很多问题都可以在父母身上找到根源，孩子的问题其实就是家庭的问题。一旦孩子开始"叛逆"，家长首先应该反省一下自己，有没有对孩子做一些过分的事情，或者是什么也没有做。

在孩子成长过程中，父母不妨转换一下自己的角色和孩子的地位，把孩子当成自己的客户，就像对待大客户一样对待自己的孩子。只有这样，你才能真正走进孩子的心里，倾听孩子，了解孩子，引导孩子。

教育学与心理学视角

孩子成长中出现的问题既是考验父母智慧的试金石，也是成就"智慧父母"的炼金炉。

当孩子突然放弃了坚持多年的兴趣，可能是父母的功利性期望和苛刻的言语让孩子不堪重负，兴趣逐渐被压力所耗竭。

当孩子变得孤僻，不愿意跟父母讲话，可能是他们从父母那里感受不到温暖和回应，他们的内在需求与父母的做法各行其道，无法沟通。

当孩子开始频频撒谎、旷课、逃学，可能是他们跟养育人的关系已经没有"营养"，甚至成为心理负担，进而让他们觉得学习没希望，生活没意义。

因此，家长需要以孩子的问题为镜，觉察自身家庭教育实践的短板，从而以更智慧的姿态帮助孩子走出问题期。

理想的结果是：家长帮助了孩子，而孩子也帮助家长变得更加智慧了。

同频共情不要比较，"顺"其自然因势利导

人生不是用来比较的，每个人过好自己就行。因为无论你多么优秀，总还有比你更优秀的人；无论你"混"得多好，总有比你"混"得更好的人。

我的朋友黄粲是个外企白领，从外地孤身一人到苏州打拼，在苏州买了房结了婚生了儿子，并且儿子还很争气，上了苏州工业园区最好的一所外国语学校，按理说是过得很不错了。

但是黄粲却是一个"经不起"比较的人，因为他的同学孙冬也在那个外企工作，并且已经晋升到了副总的位置，实实在在是"压着"黄粲一头，真的是人比人气死人。更"气人"的是，孙冬的儿子孙少云也跟黄粲的儿子黄小明在同一个学校、同一个班级，而且成绩在班里是出类拔萃的那种。相比之下，黄粲的儿子成绩平平又显得低对方一头。

有一天，黄粲下班回家后看到儿子小明不仅没有在学习，而且还跷着二郎腿，吃着零食，看着电视。电视里播放的是马云的演讲。黄粲不禁火不打一处来，劈头盖脸就是一通骂，并让他和班上的孙少云比一比。"你去看看你班上的孙少云，人家凭什么就成绩那么好？你不觉得很丢人吗？"

想不到的是，这句话立刻启动了小明的"开撑模式"："那你有没有全力以赴用每一分钟去赚钱？马云也就比你大不了几岁啊，为什么人家就创立了阿里巴巴和支付宝，而你还在辛苦上班啊？你再看孙少云的爸爸，人家还是副总呢，而你呢，却在给他打工！成天比比比，比来比去，有什么好比的嘛！"

黄粲被儿子呛声，气堵在心里出不来，简直快要爆炸了。这个气直到第

二天见着我的时候，还在心里憋着。所以他向我描述的时候带着很大的怒气。

我说："你儿子对于创业经商的兴趣蛮高的，说不定将来就能成为马云那样的人呢！他现在喜欢看这一类信息，崇拜和研究商业领袖，有什么错吗？"

黄粲说："错是没有错，但是现在他上初中，学习才是第一位的呀！如果学习上不去，将来上不了好的学校，那么所有兴趣和追求都是空的！"

我说："你说得对，你儿子说得也对。是不是应该找一个两全之策？"

"是啊，如果有两全之策当然最好，但是哪有那么容易呢？"

"你有没有弄清楚把学习搞上去是为了什么？是为了你的自尊心吧？大多数的家长，盯着孩子的成绩，报各种各样的班，也许就是为了自己的面子。所以这个事，归根结底还是你的问题。是你拿自己和别人比较，拿自己的孩子和别人的孩子比较。一比较，心理就不平衡了，对孩子的教育就发生了变形。他想成为马云，万一成功了呢？"

"朱老师，你说得很对。那么该怎么办呢？"

我要求他安排我跟他儿子聊一聊。

于是在某天晚上，我和小明在他们的家里见面了。小家伙个子很高，一表人才，眼神中透着自信，看得出是一个理性、富有逻辑的孩子。

我对他不吝赞美，一进门就是各种表扬，本以为他会在我糖衣炮弹的攻势之下飘飘欲仙的，谁知道小家伙很不屑地看着我："你说的这些我都知道啊。"

我继续表扬："听你爸说你心地善良，很有礼貌，尊敬老人，还经常会把伞送给陌生人。"

这个表扬说的都是事实，是他爸爸告诉我的，说到他心里去了，他很受用，却很"谦虚"地说："这些都是我应该做的。"

"你玩不玩游戏呀？"

"咦，你怎么知道我玩《王者荣耀》啊？"

说实话我并不知道他玩《王者荣耀》，我根本就不知道《王者荣耀》是什么。我说："听说玩《王者荣耀》的人都很有能力，很聪明。"

打开了对方的心门，那么接下来的交流就很容易了。他说："其实我要学习也是可以的，如果我上课时提高注意力，我成绩能很快上来，我不比他

们笨呀。但是我就是不能集中注意力，一上课我就会乱想、空想，就是不想认真听老师讲。"

"为什么不想听老师讲呢？"

我拉过小明的手，问他："你为什么上课不认真听讲，总要玩东西呢？"孩子低着头，就像犯了错一样，用特别小的声音告诉我："我也不知道，就是控制不住自己想要玩。"

"我觉得没意思，没劲啊。有时候到爸爸公司去的时候，他们很偏心的，就知道夸孙少云，很看不起我。一个书呆子而已，有什么的？连发糖都给他不给我，我又不稀罕……"

"嗯，你说得对，他们多少都有一些目的性在里面。但是你想一想，可不就是跟你说得一样，有什么好比的？每个人都不是为别人活的，是为自己活的。我们学习，也都是为自己而不是为别人。所以，既然你心里不希望别人拿你和其他孩子比较，那么你也不要拿自己和别人比较。"

小明说："朱老师，你说得太有道理了！既然我不希望别人来比较我，我干吗还要和别人比较呢？我只要做自己该做的事情就可以啦！"

我说："很对。小明，你的领悟能力很好啊！我刚刚听你说，你也想把学习搞上去，也想上课时注意力集中一点，对不对？"

"嗯嗯。"

"我有个办法，能够让你集中注意力，你愿不愿意听？"

小明听说我有"妙招"连连点头。看得出来，他是想改变自己的。一个人只要有意愿改变自己，那就总是有办法的。如果连自己也安于现状、怠于改变，那就实在没有办法了。

我说："首先第一步，一堂课只要你集中注意力 20 分钟，你能不能做到呢？"

小明说："20 分钟我肯定是能做到的啊！"

既然得到肯定的回答，那么接下来我让小明和他的父母按照我为他们制定的方案去做，不打无准备的仗。

对于小明来说，还没养成正确的学习习惯，外界干扰是影响他学习的最大因素。因此如果小明不能将精神集中于功课上，父母不妨先把他桌面上与学习无关的物品整理整理：书桌上除了文具、课本和练习册之外，玩具、课外书、电子产品等都应该收起来。书桌前除了粘贴与学习有关的地图、公式、拼音表格外，不应粘贴其他类似卡通画、装饰物等吸引注意力的东西。另外，文具应该尽量购买最普通的款式，避免因外观花哨、造型新奇的文具盒、橡皮泥等分心。

"小明在学习的时候，你们家长一定要尽量保持安静，像看电视、听广播、搓麻将、听音乐和邻居聊天等行为，都应该尽量避免，或者是降低分贝。当然最好的做法是拿一本书坐在小明的身边和他一起学习。"

尤其是对年龄小的孩子，父母这样做能为他们树立一个好榜样，并且能够形成一个氛围浓厚的学习"场"，人在这个"场"中会不自觉地被感染到，从而养成专心致志的学习习惯。当然特别需要提醒的是，家长所看的书尽量不要是报纸或杂志，因为在孩子看来，那些都是"杂书"，不是学习，而是一种消遣，反而会适得其反。

小明不喜欢学习，主要就是因为学习强制又无趣。所以不如把强制学习换个做法，让课业变成游戏，更能引起他的兴趣。我让小明爸妈给他制定一张任务表，让小明根据作业任务的轻重缓急，填上每天的学习计划、完成时间等。完成一项，就打一个钩，集满多少个钩就能获得奖励。这样既可以让小明享受完成任务的成就感，又自然而然提升了他的注意力。

让小明一下子60分钟专注地完成作业几乎是不可能的，因此父母在给小明设定学习时间时，最好能循序渐进，不要一开始就为他设置过高的学习量和目标。当小明无论如何努力也无法达到要求时，就会心生挫折而放弃。后来经过回访，小明父母也说，孩子连20分钟的目标也完不成。我马上调整战略，让小明父母视孩子情况而定，将学习时间慢慢从5分钟延长到10分钟，再延长到15分钟、20分钟，并对孩子的良好表现及时给予称赞。当孩子一次比一次有更好的表现时，其成就感会随之逐步增加。就这样，小明慢慢地坚持下来了，并且他自己也感觉学得非常开心。

这是在家做作业的情况。通过近半年的学习调整，小明的注意力慢慢集中起来了。另外，小明会把在课上没有听懂的知识点都自行弄懂，这一点他做得非常好。

接下来，就是最重要的"听半堂好课"了。

"听半堂好课"，看起来好像毫无道理。小明爸不太明白，那另外的半堂课岂不是浪费了？其实不然。我们执行某项目标的时候，如果该目标比较复杂或困难，我们可以把目标细分成若干小的目标，完成了一个一个小的目标，那么也就最终完成了原定的目标，这叫目标分解。注意力分解也是同理，当孩子做不到45分钟内集中注意力的时候，不妨退一步，集中一段时间的注意力，听了"半堂"好课，总好过毫无收获。

"听半堂好课"，也意味着过了这一个时间段之后，允许他思维和注意力放松一下，这是一个很重要的调整期，或长或短。接下来，他有很大概率再把剩下的课程听下去，变成"好课"。

过了一段时间之后，小明完全固定了"半堂好课"的效率，加上外围的训练，小明的注意力重新回到课堂上了。我告诉小明，有两个选项，第一，他可以量力延长"好课"的长度；第二，他可以放松一下，让脑子做一个短暂的休息，然后继续听下半堂"好课"。以上两个选项可以交替使用。

两个"半堂好课"之和就是一堂完整的"好课"。

同时，我又和小明爸达成协议："你儿子看那些节目，马云的访谈也好，演说家也好，都是积极、有益的东西，话说回来，总比他成天看动画片强吧？问题的症结，并不在此。对你而言最重要的事情，是不要再把自己当成警察一样去监督他，而是要跟随他的兴趣爱好和关注点，和他同频交流。"

黄粲点头称是。

我说："你儿子其实有着相当不错的自觉性，不需要你时时刻刻监督。另外，就是不要再去比较了，那样不仅害孩子，还害自己，比来比去，活得太累了。人比人气死人，每个人都做好自己就行了。"

黄粲说："我改，我改，从今以后，我就让儿子做他自己，我不拿他和任何人比较了。"

我说："还有今后一定不要说气话、打击孩子的话，孩子自暴自弃，都是从家长的打击开始的。很多家长在孩子面前都难以控制自己的情绪，因为家长们有恃无恐的两大理由，第一就是为了孩子好；第二认为孩子是自己的私有财产，想怎样就怎样。

去年暑假刚过，我接到黄粲电话，一开口，他就兴冲冲地向我报喜："朱老师，告诉你一个好消息，我儿子考上了国际学校重点班，老孙的儿子发挥失常，上了别的学校。"

我说："唉，不是叫你不要比较吗？你儿子自己考上就是了，干吗去管别人考上没考上呢？"

他说："是的是的，也没有去比较啊，有点得意忘形了嘿嘿！"

我问："后来你是怎么做的呢？"

他说："首先，我把自己调到和儿子同频，站在他的角度去看待和思考问题；其次，我时时刻刻鼓励他，再也不拿他和别的孩子比较了。这非常好，儿子很开心和我交流，会把他的真实想法都告诉我，我告诉他怎么做他也听我的。"

"后来，我也慢慢爱上了那些节目。按照你指导的方法，我先是陪着儿子看，看的时候适当提一些自己的观点或者问题，对他做一些引导。他上课的时候，注意力也越来越集中，成绩也突飞猛进。"

我调侃说："所以，还是你儿子自己的原因！"

"哈哈，我很骄傲！"

我是个教育从业者，平时我和家长聊天的时候总是向他们灌输一个观点：降低对孩子的期望，减少自己的焦虑，不要拿自己孩子去和别人家孩子比较。

但随着自己孩子慢慢长大，我才真真体会到家长的焦虑，不知不觉也提出了"别人家孩子"，成为绝大部分家长中的一员。其实我自己是有感觉的，我明明知道不能和别人的孩子比较，也在有意识地控制自己，但是孩子的表现不如预期，下意识就会脱口而出：

"你看看人家王同学，为什么他就可以做到呢？"

孩子肯定反击："那是你们的看法，你们怎么就知道他就什么都是好的呢？你们大人除了拿自己的孩子跟其他的孩子比较之外，你们还有什么本事？"

虽然我明白"比较式教育"是多么地伤害孩子，也有机构公布了"你看看别人家的孩子"这句话是孩子最讨厌的一句话，但是我还是会去说，和很多家长一样。

如果再这样下去，我可能看不到我想要的结果，还可能让我和孩子的关系越来越坏。我决定试试看如果我不去比较的话，孩子的情绪或者表现会怎样。我大概花了半年的时间去专注我自己的事情，不去关注孩子班级同学的情况，我一直警惕：不要说别人家的孩子，哪怕不是用来比较的（因为提到别人家孩子，女儿神经就敏感）。

在这个过程中，当你把自家孩子当作"别人家孩子"，每次你想说点什么，想到"这是别人家孩子"你一定会忍了。把想要说的话经过慎重考虑后，重新再说出来。

比如：当孩子拿着英语试卷来让你签字，当你看到孩子只考了89分，作为家长的你心里肯定不是滋味，你自然也想知道孩子班上其他同学的考试情况。

但你应该面带微笑地说："孩子，今天你们老师肯定发大火了吧？"

你家孩子一定会莫名其妙地反问你："为什么啊？"

你可要镇定解释："据我了解，你的英语成绩是班上比较好的，你都没有考好的话，其他同学更不用说了，估计非常惨！"

　　你家孩子自然就放松下来："嗯。"孩子一定会说自己考的分数虽然不好看，但是也踩着优秀线了。孩子会告诉你们："你们知道吗？这次考试特别难，只有几个人优秀，大部分人都考得非常惨！"

　　心里应该有数了吧，假如你直接问孩子某某同学考得怎样，最后结果是可想而知的。

　　家长们可以尝试一下，把自己家的孩子当作"别人家孩子"，你会惊喜地发现你家的孩子肯定不会跟你们有任何的敌对，也不会激烈地争吵。成绩也不会因为你们没有比较而变得不好，反而孩子学习的自信心会不断增长。

　　尊重孩子，不是把孩子完完全全地当作朋友，而是做一些微调，把孩子当作是"别人家孩子"，让孩子成为自己眼中那个"闪闪发光的别人家孩子"，尊重孩子成长发育的规律和自有的节奏，让孩子成为他自己的模样。如果家长们能够真正这么去做了，会惊喜地发现孩子真的就是那个"别人家孩子"，自己也是那个默默努力的"别人家父母"了。

◆ 教育学与心理学视角 ◆

　　心理学家指出，"别人家的孩子"这一概念的产生源于一种心理偏盲现象：人们喜欢对身边的人和事选择性地记忆和评判，并不是孩子各方面都不如别人家的孩子，而是自己的心理出现了偏差。出现偏差的原因是家长自身的恐惧和焦虑，生怕自家的孩子不够优秀，不够出类拔萃，总拿别人家孩子的长处比较自家孩子的短处，以为这样就能让自家孩子复制别人家孩子的长处。殊不知，自家孩子的长处也因此被忽视或者埋没了。

　　好的苗子千万种，每一个孩子都是一棵独特的苗子，有的是挺拔的松树，顽强坚韧，却略显孤执；有的是秀顺的青竹，柔软合群，却稍逊意志；有的是矜贵的牡丹，明媚雍容，却择地而生；有的是路边的小草，不夺眼球，却生生不息，长满天涯……

如果父母能把注意力放在孩子的优势上，这是孩子的幸运，也是父母的幸运。当我们在养育孩子过程中遇到困境时，记得我们是有选择的，我们要选择去发现孩子百分之一的优点，然后把注意力放在如何协助孩子把这百分之一的优点发展成为百分之百的优势功能，如果能这样，做父母的就真正成功了。

爱与道歉，不可拖欠

这两个故事，不是用来教育孩子的，就像我这本书的绝大多数故事一样，都不是用来教育孩子的。孩子所犯的错误、所存在的问题，根子一定是在父母身上。

跌倒了的父母，背上的孩子会摔出很远。跌倒的人疼，摔出去的人更疼。

所以尽量不要跌倒。万一跌倒了呢？从哪儿跌倒的，就从哪儿爬起来。这不是精神鼓励，而是一种"对症下药"的方法论。

尽量，不要跌倒。

小敏两年前上三年级的时候还是一个聪明、活泼、可爱、有灵气的小女孩，可以说是人见人爱，是父母的掌上明珠。

那天在学校小敏受了一肚子的委屈，因为出黑板报的时候，明明自己是主力，设计、板书都是自己挑大梁，可老师在表扬的时候却只表扬了她的小伙伴，对自己只字未提。小敏觉得太不公平，气呼呼地回到家里，用力地把书包摔到沙发上。书包从沙发上弹起，碰巧砸到了爸爸在茶几边缘的杯子，杯子摔到地上，"咣当"一声便碎了。

那个杯子是爸爸老范一直在用的、颇为心爱的一件物品，并且也是比较贵重的。老范当时就火冒三丈，劈头盖脸地骂向女儿。小敏从未见过爸爸发这么大的火，被吓傻了，大哭。

老范突然意识到不该因为一个杯子那样对待女儿，就作罢了，但是也没有向女儿道歉。

小敏也自知理亏，遂蹲下身去，试图把地上的碎玻璃碴子捡起来扔到垃圾桶。不慎手被玻璃碴子划了很深的一道口子，她尖叫一声。

老范对女儿的心疼转化成了怒吼，第二次骂起来。

虽然后来带女儿去医院做了包扎，老范的心情慢慢地平复下来，女儿也看似平静了。然而时间长了，老范发现情况有点不对，女儿平静得过头了，不再跟父母撒娇、交流、说话，始终安安静静地，该吃饭吃饭，该学习学习，其他时间就静静待着，不肯说话。

班主任也向老范反映，小敏在班上同样如此，不光不爱在课上举手发言，不爱跟同学老师说话，成绩也开始往下掉。

矛盾还在加剧。

老范在一天晚饭后向女儿道歉。小敏仍然默默地，没有说话。老范的火又上来了："这也不行那也不行，道歉也不行，你到底想要怎样啊？"怒到极点，抬手打了女儿一个耳光，这个耳光打得可不轻，把小敏的眼镜打掉了，鼻子也打出血了。

这一次，小敏却没有哭，只是狠狠地瞪了父亲一眼，眼神里满是寒意。

小敏从此以后无论在家还是在学校，几乎一句话都不说了。成绩也一落千丈。

老范这下意识到问题严重了，急坏了，通过电视台的朋友联系到了我。老范的性格其实还不错，人很老实，但是有一个很严重的问题，就是情绪会突然失控、突然爆发，这也是女儿发生剧烈改变的根本原因。

我说："你的那个'珍贵'的杯子，无论多少钱，你都必须买一个一模一样的。"

大约一个月之后，小敏的生日到了。按照我的方案，老范夫妻定制了一个漂亮的生日蛋糕，为小敏办了个隆重的生日派对。派对上，妈妈把一个包装精美的礼盒送给小敏："这是爸爸送给你的生日礼物。"

小敏没有说话，过了一会儿捧着礼盒回了自己的房间。那个礼盒里面，就是老范重新买的和之前一模一样的杯子，以及一封道歉信。这个礼物其实是在传递两个信号：第一，爸爸错了，爸爸道歉；第二，杯子又回来了，一切都过去了。

两天后的晚上，小敏拿着那个杯子来到爸爸面前，递给爸爸，说："爸爸，对不起，这个杯子我送给你。"

老范霎时激动得热泪盈眶，把女儿紧紧地抱在怀里，不停地向她道歉，并表示再也不打她不骂她了，希望她好起来，变回曾经那个活泼可爱的快乐女孩。

也许，当时小敏打破杯子之后，最想做的事情就是把杯子还给爸爸，但问题是她完全不知道到哪里去买。她在内疚和受伤害两种情绪的夹击之下，变得失望乃至心寒，也就自己把自己封闭了起来。创伤的产生可以是一瞬间的事，但是伤口的愈合却是一个缓慢的过程。

接下来，我告诉老范，要经常带她出去，尽可能多地陪伴她，比如看电影、参加少年宫活动等，让她感觉到你的爱和改变；也要增加彼此之间对话的场景，慢慢地增加对话量和频率。让一切自然而然地发生和进行，让时间和爱来治愈一切。

老范用了近一年的时间，完全修复了和女儿的关系，疗愈了女儿的创伤。我知道，那个人见人爱、活泼灵气的小女孩，现在又回来了。

五年级女生珂珂之前成绩一直在班上名列前茅，然而最近却在拖班级的后腿。更严重的是，她的性格和学习态度发生了很大的变化，不喜欢和同学一起玩，变得比较沉默爱独处，上课时注意力不集中，甚至打瞌睡，作业也甚少有家长的签字。

"知道她出了问题，但是不知道问题出在哪里，对她做了好几次家访，但也没有访出个所以然，眼看着她这样消沉下去，我其实很替她惋惜。"班主任老师对我说。

在班主任的帮助下，我以学校顾问的身份约见了家长。珂珂的爸爸姓柯，他说："我想起一件事，不知道是否有关系。有一次老师打电话说孩子成绩下降，让家长多盯着一点。当时我脾气有点烦躁，马上就爆发了，我对她责骂了一通，当时珂珂在喝水，我不解气，一把夺下她的杯子摔在了地上，把她吓到了。但是她并没有表现出太大的情绪，就是不说话，在那沉默着。但是现在想一想，也许她是受到了惊吓。"

我说："可能事情的起因就在这里，那么接下来，你们有没有试着去安慰她？"

柯爸看起来有些后悔，他说："并没有，我看她沉默不说话，更火了。

她有一辆自行车，她喜欢骑车的，每天放学回家都会在小区里骑着玩，当时我脑子真是坏掉了，我把气撒到她的自行车上，我说：'你就知道天天骑自行车，不知道做功课。学习的时间全浪费在自行车上面去了，我把它摔了看你还骑不骑。'就这样一冲动，自行车被我摔了。"

柯爸越说越后悔："现在想想，想必当时孩子的心是凉透了。她只是看着我，眼光冰冷冰冷的，还是一句话都没有说。如果可以重来，无论如何我都不会再骂她、摔她的车了……"

说到动情之处，柯爸不禁流下泪来。

我说："冰冻三尺非一日之寒，这个事件也许只是一个导火索，你们平时在家庭教育、奖罚孩子方面也一定长期积累着慢性伤害，直到那天的事件让伤害达到临界点，让孩子彻底失望。"

在我的提示之下，柯爸柯妈慢慢回忆起和孩子相处的点点滴滴，我帮他们理清了"慢性伤害"是如何长期累积起来的。日常生活中，珂珂的闪光点对她父母来说是隐性的，或常常被忽略，他们认为"夸得太多孩子会骄傲"。家长们总是"恨铁不成钢"地抱怨自家的孩子这方面不行、那方面有问题，其中，抱怨最多的必定是"笨""蠢""不聪明"。更可怕的是，他们还会把这种定性大加宣传，在孩子面前反复提，在亲戚朋友邻居以及别的孩子面前反复提。

这种心态，根源是父母自身"还不是为你好"的目的性和"知耻方能勇"的方法论之间的畸形结合。过于严苛的批评与管教，无形中向孩子传导了极其消极负面的心理信号，实乃日常家庭教育中慢性毒药般的存在。尽管他们也是有爱和陪伴的，但蜜糖和慢性毒药掺和在一起使用，更具有隐蔽性和迷惑性，毒素积累于无形，直到一场极端事件的爆发，彻底把孩子的上进心毁于一旦。

久而久之，孩子"中毒"了，有了"既然我是这样，努力还有什么用"的心态，恶劣的后果就产生了。

我告诉珂珂的爸妈，解决珂珂的问题其实并不难。

柯爸欠珂珂一个"道歉"。

这是治愈珂珂心灵创伤的导线。在这个事件中明显是柯爸犯错了，而他自己却忽视了。殊不知，当珂珂被误解的时候，她对"对不起"三个字有强

烈的渴望，想以此证明自己是值得被尊重和爱的。

经过激烈的思想斗争，在一个星期五的晚上，柯爸郑重向孩子道歉了。

当柯爸对孩子说出"对不起"三个字的时候，传递出来的信息是：孩子，你没有那么糟糕，是爸爸妈妈误解了你，伤害了你。珂珂那晚收到爸爸的道歉后，瞬间落泪了。对孩子而言，她感觉到父母发自内心对自己最真诚的爱，也慢慢地开始与原本疏远的父母进行了沟通。

按照我的方案，柯爸还要用行动证明自己改正的决心。珂珂周末在家的时候，他郑重其事地把摔坏的自行车拿出来，开始认真地鼓捣、维修。经过一番折腾之后，各处都修好了，只有一个关键之处，链条断了，接头坏了，实在是接不起来，他尝试着用铁丝连接起来，然而这个方法被证明无用，骑的时候只要稍微用力就会断掉。

看着爸爸在自己面前抓耳挠腮、一筹莫展的样子，珂珂当时也只是对他看看，没有说话。然而三天后，家里收到了一个快递，打开一看，正是链条的连接件。原来，是珂珂自己悄悄在淘宝买了一个，以爸爸作为收件人，寄到了家里。

柯爸拆开包装，把连接件装到链条上，再把链条往齿轮上一搭，手摇着脚踏板，后轮便飞也似的转动起来。柯爸兴奋地喊女儿："珂珂，快来快来，自行车修好啦！你快来试试。"

珂珂从自己房间内"懒洋洋"地走出来，有点"漫不经心"，脸上也刻意"绷着"，但是柯爸看得分明，小丫头虽然脸上冷冰冰的，但心里却乐开了花。

柯爸打电话给我，告诉我他和女儿重归于好了。我很高兴。

"其实她是在提醒你，不要觉得别人家孩子就多牛多优秀，更不要以为自己的孩子就很傻很笨，其实，她也不差。这是你们之间恢复关系的开始，以后你一定要多鼓励表扬少批评责骂，千万不要打她，要通过正向的激励和引导，把她塑造成一个聪慧文静、知书达理的好孩子。"

柯爸连连称是，并完全照着我的方法去做，更多地去阅读女儿、理解女儿，对女儿的闪光点不遗余力地表扬、鼓励，很快就恢复了和女儿的"良好关系"。

得到父母鼓励和赞美的珂珂，学习上劲头十足，成绩不但赶了上来，而且比以往更加出色；生活在其乐融融、温暖有爱的家庭氛围中，人也变得快乐起来。

　　互相尊重、情绪管理、及时道歉是人际交往中基本的技能，大部分人在外面都能做到。然而在家里，面对亲人尤其是孩子时，就未必了。

　　有一个心理现象叫作"越熟悉的越容易被忽视"。亲人和孩子其实也渴望得到这些，然而我们往往容易忽略他们的需求，反而任由自己将最坏的情绪发泄在他们身上，还忽略他们的感受。

　　既往的良好关系带来了安全感，使人们产生一种错觉，以为家庭里的关系走向是完全可控的，不会有不好的后果。相反，我们对于外人的感受和反应却很在意，甚至会积极主动地琢磨人家一个表情背后的含义，因为我们知道不良的人际关系会造成不好的后果。

　　这个现象可以解释为什么很多人在外面拥有良好的人际关系，是别人眼中的好性格先生或者好性格女士，但是在家里却有完全不同的一面。也同样可以解释为什么在外面的气氛其乐融融，在家里的气氛却是冷漠冷战。

　　其实，对于大部分人而言，这种忽视，并不一定是故意而为之，只是他们没有意识到这种忽视对亲人和孩子带来的伤害。一旦意识到了，要及时纠正和弥补，重塑温暖有爱的家庭氛围。

报喜又报忧，孩子会很优

报喜不报忧，趋利而避害。

我朋友的孩子小名叫棒棒，他在小学三年级的时候，每周一下午 5 点有一节钢琴课，他妈妈会按时去接他放学。有一次，妈妈在学校门口等着棒棒出来。

过了没多久，棒棒背着书包，耷拉着脑袋，手里还拿着一张纸出来了。他看到妈妈后就很焦急地说："妈妈，你这次一定要帮帮我了，我语文只考了 83 分，太低了。"说着，把试卷递给了妈妈。

棒棒妈妈当时的心情大家可以想象。但是我与她电话简单沟通后，便出现了以下场景。

妈妈接过试卷，故作轻松："孩子，这不能说明大问题。你看，大部分都是字词和课文默写扣的分。回去以后妈妈每天帮你多背背课文，再好好默写不就好了吗！你看，你的小作文，老师给你优秀呢，这个是非常难的。"

孩子倒是有点气急败坏："你这个妈妈太没有追求了吧。"

妈妈拉着他继续往前走："哪是妈妈没有追求啊，可是也不能因为一次考试就否定你自己的能力啊。我还是觉得你是非常棒的，有多少孩子像你这样考差了还来找原因呢，需要妈妈做什么，你请吩咐。"

"嘿嘿，我哪敢吩咐你啊！"孩子忍不住笑道。

"那你就自己搞定吧！"妈妈轻轻地抚着孩子的肩膀。

他们走到校门口通道的拐角处时，听到有孩子的哭声，于是循着声音过去，看到一个妈妈用手敲打孩子的头，孩子缩在那里一动不动，任凭妈妈发火。走近才发现是棒棒的同班同学。

"你考这么点分数，看我回家怎么收拾你。"

"你怎么好意思，啊？你一天到晚在学校干什么了？"

这位妈妈一边不停地训斥，一边时不时扬起手揍到孩子身上。

棒棒赶紧拉着自己妈妈从他们身旁走过："妈妈，我们快走，这是我们同学，不能让他看到我们，这样太尴尬了。"

妈妈很顺从地跟着棒棒迅速回到车上。棒棒告诉妈妈："妈妈，我是你的孩子真是太幸福了。你看我们班这个同学一考不好，他妈妈就要揍他的。有一次他妈妈还打他手心，都打青了，我们看得都心疼啊。"

"啊，为什么呀？你同学成绩不是平时都挺好的吗？"棒棒妈妈非常疑惑。

"是啊，是挺好的，他这次好像考了87，可是他妈妈不满意。达不到目标，就会骂他，甚至还打他。"棒棒坐在后座回答妈妈，"而且，最厉害的是，我这位同学的妈妈好像侦探一样，他不告诉他妈妈分数，他妈妈也能知道的。妈妈，你说神奇不神奇？"

棒棒妈妈问："那你同学为什么不告诉他妈妈呢？如果不告诉她，岂不是打得更厉害？"棒棒妈妈反问道。

棒棒叹了口气："唉，怕被他妈妈打呗，我们班所有同学都很同情他。"显然棒棒已经忘记了他自己考的分数，开始替别人担心了。

其实我们的孩子报喜又报忧的还真是不多。作为孩子的家长，一定要达成共识，就是在孩子述说"忧"的时候，我们一定要控制好自己的情绪，并尽可能提供帮助，让孩子敢和我们交流，让我们及时分担他的问题。

但是随着年龄的增长，大部分孩子是选择报喜不报忧的。那么孩子为什么报喜不报忧呢？像上面的案例中说的那位同学应该是很少和父母沟通的，因为孩子担心告诉父母"忧"或"不好"的事情，父母会生气、抓狂，严重一点甚至控制不了自己的情绪，动手打孩子。也就是说，如果报"忧"，势必会带来对自己不利的后果。

作为父母，如果我们只听得了"喜"，一听到"忧"就想着要教育、批评甚至指责打骂，那么我们就是在把孩子一步一步往外推，我们就很难从孩子那里听到困扰他们的问题、遇到的困难，时间久了，我们甚至关闭了和孩子交流的通道。

当然我们听到"忧"，有情绪也是很正常的事情。但是我们一定要对情绪有个正确的认识，这股情绪是当下的、真实的、流动的。例如当孩子哭的时候，我们想着去制止，原因只有一个，我们的认知或者自己小时候哭也是不被接纳的，对哭有负面的定义和负面的评价，认为哭是耍脾气，不讲道理，所以孩子哭我们会很烦躁，往往会比较粗暴地说："不要哭了！""再哭，我就……"这当然是错误的教育行为。好一点的父母会蹲下来和孩子讲道理，告诉他哭是解决不了问题的。

当我们能控制好自己的情绪，用平和的心态去看待孩子的哭闹，就会认为这是很正常的一种反应，可能是他释放压力的一种表现，也可能是通过哭诉来达到某种诉求。我们能做的就是学会聆听，了解孩子的感受。当孩子的情绪释放了，他才有能力找出解决问题的办法。

孩子报喜不报忧的行为表现往往是家长的态度造成的。如果家长对孩子期望值很高，或对孩子没有耐心，总拿孩子的表现作为自己的夸耀资本，那么孩子就会压抑自己心中真实的想法，只报"喜"去迎合家长。这样，孩子的真心话就不知道去何处说，只好憋在心里。时间长了，可能会造成不同程度的心理问题。

有很多家长知道"不要总批评孩子，而要赞美孩子"的道理，但是家长不恰当的赞美也会导致孩子报喜不报忧。如果一位家长总是在孩子考了好成绩来报喜时不吝赞美之词的话，就会传达给孩子一个信息："你只有这样做才是好孩子。"于是孩子就会觉得家长非常重视成绩，自己应该总保持优秀。一旦遇到问题或觉得自己"不优秀"时，就不知道如何跟家长汇报了。

如果一个孩子在报喜和报忧的时候都能被关注、被爱，遇到困难时能得到家长的支持和帮助，那么孩子就能轻松应对成长道路上所有的困难和挫折。

◆ 教育学与心理学视角 ◆

理想的教育是无论孩子得意或者失意，家长关注的是孩子这个人而不是那件事。

当孩子得意的时候，我们看见他的努力和优势，问问他：你是怎么做到的呀？——给予孩子肯定和欣赏。

当孩子失意的时候，我们看见他的失落和辛苦，问问他：接下来你想怎么做呢？——给予孩子希望和时间。

无论是哪种情况，都要让孩子感受到，他们是父母生命中的至重，胜过其他任何外在的种种。即使不如意，父母也会与他们一起前行。这是成长路上至关重要的心理营养。

别让娱乐式陪伴害了孩子

　　我有个朋友小包，是一名全职太太。说实话，我并不喜欢这个朋友，所以日常交往很少。不喜欢的原因，是这个朋友沉迷于一个"项目"，已经达到了无法自拔、废寝忘食的地步。她所沉迷的这个"项目"，就是中国的"国粹"——麻将。

　　因为她的先生经营建材生意，出差多，几乎长期在外，所以，照顾孩子的事情就归包女士一个人负责。为了"照顾"孩子，小包索性把麻将桌搬到了自己家里，这样孩子就有人"陪伴"了，而自己在"陪伴"孩子的同时，还能"顺带"娱乐一下，不至于太"孤单"。

　　这样的"陪伴"可苦了儿子小丁了。上了初二作业增多，小丁几乎是放学一到家就开始做作业，然

而噼噼啪啪的麻将声每天都吵得他无比烦躁。

终于有一天矛盾爆发了，被一道题目逼迫得心烦气躁的小丁冲出房间，一下子掀翻了麻将桌。

顿时，所有人都愣在当场。妈妈没想到儿子竟敢掀翻她的桌子，实在是……在牌友面前太没面子了。她吼道："你这是干什么？"

小丁针锋相对地说："你们在这儿打麻将，声音这么吵，我在里面做作业，有没有想过我的感受？"

妈妈说："妈妈就是为了陪你学习，才在家里打麻将的。你这个不孝的东西！"

小丁吼道："你这样的陪伴我不需要！"

妈妈气急败坏地说："你给我滚！"

小丁听到"滚"字，立刻回房间拎起书包，冲出大门，头也不回地走了。

麻友们一看小丁被骂走了，都感觉事情闹大了，说到底他们是理亏的一方，所以就纷纷来劝小包："这事不能怪孩子，咱们确实是影响到他的学习了。你赶紧去把他找回来吧，别一个人在外面出什么事啊。"

小包也后悔了，被麻友们一劝，面子上算是过得去了，也担心儿子出事，于是赶紧追出去，可是小丁已经不见了身影。

小包焦急地找遍了所有的亲戚、朋友、同学家，从晚上 6 点找到 9 点，都没有小丁的消息。小包越来越慌，虽然害怕先生老丁知道此事，但是此刻已经属于"纸包不住火"了，只好鼓足勇气拨通了老丁的电话。

果不其然，又惊又怒的老丁在电话那头一顿大骂，让她赶紧打 110 报警。小包这才想起应该求助 110。却被 110 告知，不足 24 小时只能登记，暂时不能立案，再让家长自己好好找找。

手足无措的小包开始拨打手机通信录里面的每个电话号码，请求大家帮忙寻找。就在这种情况下，小包的电话打到了我的手机上。

我让她冷静下来，因为激动和慌乱解决不了任何问题。"第一，肯定是你不对；第二，无论如何要尽快找到孩子，否则一旦发生意外，那是后悔都来不及的。"

小包说："能找的地方都找过了。找不到孩子我也不要活了。"

我说："第一，你可千万不能乱；第二，你家小孩有没有带手机？如果带了手机，即使他关机了，公安机关也能定位到。"

小包突然跳了起来："哎呀，我忘记了，他有一个手机，不知道他有没有带着。"

回家一找，手机果然不在家，那么很明显，手机被小丁带在了身上。

我陪同小包来到公安机关，在民警同志的帮助下，搜索定位到了小丁的位置，原来他并没有走远，而是待在家附近的一家咖啡馆里。小包激动地想要去找，我拉住她："你等一下，现在你不能去，你应该让别人去，这样好有个缓冲。"

小包觉得我说得有道理，于是先是给老丁打了电话报平安，接着给她弟弟打了电话，让他出面去接小丁。

小包的弟弟到了咖啡馆，找了一圈才发现小丁躲在咖啡馆的一个角落，已经睡着了，过去拍醒他，假装很惊讶地问他："丁丁，丁丁，你怎么在这儿啊？赶紧回家去吧！"

丁丁看见是舅舅意外出现在这里，不禁有千般委屈，但仍然坚定地说："舅舅，我不回家，这个家我已经待不下去了。"

舅舅说："发生了什么事？先不说吧，你跟舅舅回去好吧？到舅舅家去。"

险情终于得到解除了。下一步，就是如何处理和修复这对母子的关系了。

我问小包："你希望最后结果是什么？"

小包说："朱老师，只要你说，我做什么都可以。"

我说："那么你要做的就很简单，第一，把麻将彻底戒了；第二，多陪伴孩子，融入他的世界去。相信你儿子，他是很优秀的，可不能毁在不靠谱的家长手里。"

到现在为止，小包再没有碰过麻将，实现了对儿子的真正陪伴。没有了麻将的消遣，大量的时间空了出来，做什么呢？我建议她，可以多看书，或者培养自己另外的兴趣。

于是小包每天几乎一半的时间在看书。另外，小包对园艺产生了浓厚的兴趣，在自己的小院子里种了许多花花草草。

小丁的中考考得相当不错，上了一所重点高中。

最让我惊讶的是，小包的那一圈麻友们，在她的带动下，全部都"戒麻"了，这很神奇。

教育学与心理学视角

孩子是家长的作品，从另一个角度说，家长也是孩子的作品。双方是互相成就的关系。

孩子是天使，他们的到来，改变了父母很多很多。在解决孩子成长问题的过程中，很多父母脱胎换骨，从内到外变得更好了：

更加耐心，更加勇敢；

更加独立，更加执着；

更加好学，更加智慧；

更加有爱，更加慈悲……

然后有一天，孩子的使命完成了，他们展翅高飞了，父母就是他们的美好作品。

这才是天使的含义，这才是最好的缘分。

警察恐惧症

"再闹，让警察抓你哦！"

孩子闻声止哭。

这个情景，你小时候是不是经历过？这个"方法"，有没有曾经对你的孩子使用过？即便没有，你也一定知道不少父母常常会"请"警察出来管教自己的孩子，效果往往很不错，很多孩子会忌惮于"警察"的威名，而停止自己任性的行为。

然而，这可不是好的方法哦！想一想，警察是代表正义的一方，那么被警察"抓"的孩子呢？自然是"不正义"的一方——长此以往，孩子的脑子真的会很混乱：为什么我是个坏人？正义观逆转、缺乏安全感、极度不自信、害怕警察……就像这个故事里的楠楠。

上小学的楠楠生长在单亲家庭，他是跟妈妈一起生活。有一回在商场，楠楠喜欢上一个玩具，让妈妈买，而楠妈觉得太贵了，不肯买。楠楠实在太想买那个玩具了，便坐在地上耍赖，不肯走。楠妈火了，对楠楠说："你再闹，我让警察来抓你哦！"

这话不是"乱"说的。楠妈还真有一个朋友就是做警察的，楠楠很小的时候见过，他穿着警察的制服，戴着大盖帽，很是威严。因此楠妈一提到让警察来"抓"他，他就联想到了那个警察叔叔，一种恐惧感涌上心头，立刻乖乖地跟在妈妈身后走了。

经过这件事，楠妈心里莫名有些窃喜，她似乎收获了一个技能——用"警力"来压制小楠楠的胡闹行为。从那以后，每当楠楠不听话的时候，楠妈就吼出那句经典："别闹，再闹我让警察来抓你哦！"

甚至说："你别不信啊，妈妈就有警察朋友，你以前不是见过吗，你不听话，我这就打电话给他！"

这句话堪比定海神针，从此以后楠楠就很"乖"、很"听话"了，即便楠妈不跟他提警察，而只是一瞪眼，楠楠就一脸惊惧的表情。

有次夜间，楠妈进入楠楠房间察看他睡觉的情况，发现楠楠没有关灯。便问他为何不关灯，楠楠说关了灯害怕。楠妈问怕什么，楠楠支支吾吾不肯说。

起初楠妈并未放在心上，然而她发现，楠楠每天睡觉都是不关灯的，觉得孩子心理有点不对劲，便问楠楠到底怕什么，楠楠终于战战兢兢地说："怕警察。夜里做梦也会梦到。"

楠妈说："傻孩子，警察是抓坏人的，楠楠又不是坏人，楠楠是乖孩子，警察为什么要来抓你啊？放心睡吧。"

楠妈还发现，上学放学的时候，楠楠连校门口穿制服的保安都要躲得很远，甚至绕过去；在马路上碰到交警或者警车吓得惊叫；甚至，有一次当一位警察向着他的方向走过来时，他竟吓得逃走了。

不仅如此，他的性格也在发生变化，做事小心、胆怯，不喜欢和别人待在一起，春游、秋游的时候，远远地躲在别人后面，显得极不合群，而大家都喜欢的一些项目他也不敢玩。

为这事，班主任老师特地找楠妈谈了话，表示孩子心理可能存在问题，是不是发生了什么事。楠妈嘴上说着没什么事，心里却紧张起来。

"朱老师，我家孩子可能出现了心理问题，你看该怎么办呀？"

我详细了解了前因后果之后，不禁心疼这个孩子起来，同时也埋怨起楠妈来："你啊你，差点铸成大错，毁了孩子啊！"

楠妈顿时紧张起来。

我说："警察，从来都是正义的化身、所有人的保护神、邪恶的克星。这是警察的'人设'，是每个孩子从读卡片开始就知道的事情。你用警察来'镇压'孩子，那么你把孩子置于何地？邪恶？坏人？你不觉得！你以为只是惩罚他的错误，压制他的坏脾气，可是你逆转了孩子心中的正义观，混淆了孩子的对错感，让孩子觉得，他自己就是一个坏人，他做的事情、他的行为会让警察来抓他。"

楠妈说："啊，我真的没有想这么多。"

我说："不仅如此，警察代表着强大的力量，而且这个力量是保护我们的，所以拥有这个力量的保护，人就会有安全感，失去这个力量的保护，甚至这个力量现在用来压制自己了，人会怎么样？失去安全感啊！楠楠现在就是完全失去安全感的状态啊，哪里是什么心理问题？"

楠妈急切地问："那朱老师，你教教我怎么办吧，我以后再也不用警察来吓他了。"

我说："这个，解铃还须系铃人啊！你曾用警察的'力量'来压制他，现在你要反过来，让警察站在他这边，保护他，并且向他展示警察亲切的一面，而不是很威严、令人恐惧的。你不是有警察朋友吗？你可以请他来家里做客、吃饭，让他们面对面，这样孩子就能够感知到，警察并不是可怕的，而是很亲切的。"

楠妈依我的建议，把她的警察朋友请到家里来吃饭，然而楠楠却害怕到反锁着门，怎么说也不肯出来。

警察朋友说："啊，孩子怎么会是这样？我有那么可怕吗？"

楠妈尴尬地说："实在不好意思，这个孩子怕生，而且特别怕警察。"

警察朋友说："哦，这样啊，那我就不便打扰了，免得孩子更加害怕。"

临走的时候，他敲了敲楠楠房间的门，隔着门对楠楠说："小朋友，叔叔走啦！你不要害怕，叔叔是个警察，也是你妈妈的朋友，是保护你们的，你是个好孩子，警察叔叔都喜欢你这样的孩子！"

楠妈打电话给我求助，我说："这样，改天可以带他去110指挥中心参观一下，让他见一见真正的警察。"

楠妈说："可是他不敢去呀。"

我说："我来和班主任说一说，让她组织全班同学一起去参观，那么楠楠就是不想去也得去了。"

隔天，楠楠带了一封学校的《告家长书》，表示周末将要组织全班同学参观110指挥中心。楠楠提心吊胆，但由于是全班活动，他也没有办法。当大巴车开到110指挥中心门口时，楠楠远远看见门口就有站岗的警察，不禁开始胆怯起来，同学们都下车了，楠楠不肯下车："老师，我头疼，感觉不舒服，能不能不去呀？"

老师说："放心吧，楠楠，警察是保护我们的安全的，所有的孩子，都是被警察保护的，所以，我们来看一看他们是如何保护我们的，是如何帮助那些需要帮助的人的。这样好不好，你就跟在老师后面，老师替你挡一挡。"

楠楠不得不紧跟在老师的身后，进了指挥中心。楠楠看到指挥中心巨大的屏幕，上面既有分布于许多社区、街道的探头，又有城市的地图，有负责接电话的警察，也有负责联系外面值勤警察、向他们下达指令的警察。

老师告诉楠楠："你看，我们生活的方方面面，都被警察保护着。你听警察叔叔、阿姨们接的市民求助电话，有老人摔倒的、有丢失东西的警察都能帮到我们。所以说，警察既是保护我们的人，又是帮助我们的人，对不对？"

楠楠默默地点点头，接着问："那么，小孩子犯了错误，不听妈妈的话，警察抓不抓？"

老师笑了，说："我们来找个警察叔叔回答你好不好？"

一个警察叔叔过来说："小朋友，不听妈妈的话可不归我们管哟！小朋友犯了小小错误，那是他们不乖，可是他们不是坏人呀，警察为什么要抓呢？"

楠楠又点了点头。

参观完毕以后，老师布置了一篇作文，谈一谈参观110指挥中心的感想。楠楠写的是："我一直觉得，警察是抓人的，干了坏事的孩子都会被抓。参观了110指挥中心我才知道，警察才不会抓我们小孩子，警察只会抓坏人！……"

当楠妈再一次邀请她的警察朋友到家里做客时，楠楠终于打开了门。尽管还是有些怕，但是很明显已经"释怀"了，听警察叔叔讲警察的故事，怎么保护市民，怎么帮助求助的人们，当然，也包括抓人……抓的可都是真的"坏人"哟！

"叔叔，我妈妈是坏人，请你把她抓走！"楠楠说。

警察叔叔笑了："妈妈怎么会是坏人呢？妈妈也是为了你好呀，希望你乖一点，听话一点。当然啦，她的做法是不对的，叔叔也多次批评她了。如果叔叔把她抓走了，谁来照顾你呢？"

楠妈说："宝贝，妈妈知道错了，现在郑重地向你道歉。妈妈保证，再也不用警察吓唬你了。"

楠楠自信地说："你吓唬也吓唬不到我了！"

说得警察叔叔和楠妈都笑了。

从那以后，楠楠的心态一天天好转，警察"邪恶"的影子在心里慢慢地消除了，当警察的叔叔经常来家里做客，也给他带来了莫大的安全感。并且，楠楠还知道，他是个男子汉，是要保护妈妈，以及帮助其他需要帮助的人的。

睡觉的时候，起初楠妈会陪着他直到睡着，再把灯关掉。后来，楠楠睡觉之前就会自己把灯关掉了。

楠楠，曾经是一个非常快乐、阳光的孩子。现在，又是了。

◆◆◆ 教育学与心理学视角 ◆◆◆

无论是成年人还是孩子，都有自己害怕的人、事、物，这些害怕往往来源于曾经的恐怖经历或者负面引导，使得一旦靠近、接触甚至仅仅想象便引发恐惧、惊慌反应。害怕的程度则分两种：一种是可控范围内的恐惧感，可引起回避行为，但对生活、学习和工作无重大影响；还有一种是不可控的，且会泛化到其他方面，逐渐引起人际交往上的不便甚至个性改变，可能给生活、学习和工作带来重大影响。

文中的楠楠，因为童年时期妈妈无意之中反复多次的不当引导，对警察产生了严重恐惧感，属于第二种情况，应引起重视并给予及时疏导。

恐惧在心理学中可理解为一种"过敏"现象，疏导的方法是"脱敏"。脱敏的方法有很多，比如放松疗法、系统脱敏、暴露疗法等。本文中朱老师运用的就是暴露疗法的原理，通过参观110指挥中心、警察叔叔来家做客等方式，让孩子近距离曝光在警察身边，亲身体会警察的工作职能，检验"警察叔叔会抓小孩"这个说法的不合理性，将看见警察的紧张感转换为安全感，从而消除了害怕警察的行为。

二宝来了

我有一个朋友，之前从来没有听说她打算要二孩，但是自从发生了下面这件事，她改变了自己的想法。

2015年夏天，我朋友的妹妹在老家打电话给她，电话那头已经哭得说话不连贯了："大姐……爸爸出事了。"当时她一阵眩晕。她老公的电话也随即打过来了，说他已经在接她的路上。那一刹那，她感觉呼吸不过来，眼泪也控制不住地流了下来。

她老公接上她，一路开车回老家医院，其间她舅舅很着急地打电话过来："县城医院拒收了，说直接去盐城医院。你们到哪里了？直接去盐城医院。"当他们到达盐城医院的时候，她妹妹站在医院门口，看到她立刻扑过来，哽咽着说："姐姐，没大事了，爸爸进去手术了。"她看到妹妹的一瞬间，突然觉得有一股力量在支持她。

妹妹后来告诉她，父亲是在家修马桶切到自己拇指了，妈妈看到父亲满身是血于是打电话给舅舅和妹妹。所幸没有大事，父亲平安出院了，但她心里萌生了生二宝的念头，她希望儿子将来在这个世界上有一个亲人可以分担风险。

当然一开始他们的儿子是不同意的，为什么不同意呢？没有理由。

2016年8月底我朋友怀孕了，她很惊喜，但她却不知道怎么跟儿子棒棒说。有一天他们从医院检查回来，她老公把棒棒一起带到必胜客，决定和孩子摊牌。

犹豫再三，她老公选择了最简单直接的告知方式："孩子，你妈妈最近一直去医院是因为怀孕了，你将有个弟弟或妹妹了。"

We are family

他们有点忐忑棒棒会不会情绪波动比较大。

结果棒棒 1 秒钟就接受了，开心地问她："妈妈，能查到男孩女孩吗？我喜欢男孩，女孩也没有关系！"

夫妻俩松了一口气，在回家的路上，棒棒主动帮妈妈提包，说："妈妈，你现在是我们家的重点保护对象，以后包都是我给你拿！"

虽然第一关过了，但是我朋友知道后面的路还很长。根据杜恩和肯德里克对儿童如何接纳新生婴儿进行的研究表明：随着二孩的出生，妈妈对第一个孩子的关注和注意都会减少，而第一个孩子如果已经超过 2 岁或者更大，往往能够很容易地感知到与父母间的亲密关系已经被弟弟妹妹的到来破坏。因此，他们往往会变得更加对立和具有破坏性。同时，对父母的依恋程度也会降低。

在整个怀孕期间，我朋友一直在创造机会让棒棒和肚子里面的孩子互动，也让棒棒明白，不管有没有二宝，都不影响父母对他的爱。对于二宝起名字的事情，她老公也是交给棒棒："儿子，二宝的名字由你来起，未来你们是最亲的亲人，你是哥哥，起名字的任务就交给你了。"棒棒也为了这个名字提供了十几个方案，最终他们一起确定了一个非常好听的名字。

我朋友在医院待了 9 天，顺利剖腹产生了二宝。这几天家里的人也一直都围着我朋友转，棒棒在她生孩子的那天一直守在她身边。等妈妈从产房出来，他看到妈妈剖腹产后有点难受就回家了。

我朋友从医院回家第一天，棒棒看着满屋子的人都围着妈妈和二宝，他站在房门口酸酸地说："爸爸妈妈，你们现在有弟弟了，就没有时间陪我了。"

她老公听到后，立刻起身，给了棒棒一个大拥抱："谁说的？虽然有了二宝，但你是最重要的，必须陪你。"

我朋友还没有恢复，她软软地笑着和儿子说："孩子，今天晚上我就陪你，让二宝一个人睡觉吧！"

棒棒想了想："算了吧，你还是陪他吧，爸爸陪我！"

就这样爸爸陪棒棒睡觉睡了整整一个月，直到有一天，棒棒嫌弃了："爸爸，你还是回自己房间吧！"

二宝还有3个月就3周岁了，在二宝长大的过程中，他们一直引导棒棒接受二宝，给他们兄弟创造相处的时光。每天睡觉前棒棒都会跑过来亲亲二宝才肯去睡觉。他们一个要亲，一个不让亲，就这样在床上打闹成一团。二宝两岁开始，都是棒棒给他洗澡；二宝会说话的时候就会跟着棒棒叫"哥哥"；棒棒喜欢听音乐，二宝就跟着一起跺着脚扭着屁股，跳着他们俩比较享受的舞蹈；两兄弟一起出门，我朋友比较"粗线条"，棒棒比较紧张二宝是不是摔了，会跟得比较紧；棒棒想吃巧克力，二宝负责来撒娇；棒棒做小实验，二宝可以给哥哥拿零件；棒棒新买的滑板车，也会教二宝用趴在上面的方法玩耍。

当然兄弟俩也是"矛盾"重重：例如棒棒写作业，那么二宝也要跟着一起写作业，更多时候直接趴在哥哥写作业的书桌上；有时候棒棒辛苦做完的数学试卷，被二宝抢过来揉碎扔掉了；哥哥喜欢吃的零食，二宝也要抢过来吃；棒棒要出门和同学玩，二宝也要哭着跟着；有时候妈妈下班回家，二宝会跑过来，很神秘地说："妈妈，哥哥不听话，我们一起去打屁股吧！"

兄弟俩协作的机会也越来越多了。说实话，我朋友不知道未来，兄弟俩会不会有矛盾，但是她有信心，他们一定是相亲相爱的兄弟俩。

在二孩家庭中，我们是很难做到"公平"的。其实，父母越是努力做到公平，孩子就越会在公平问题上小题大做。因为公平是一种很个人化、选择性很强的想法——对一个人公平的事情，在另一个人看来可能就很不公平。我朋友家是姐妹三人，她是家中老大，她特别能感同身受。

她从小身体一直不怎么好，爸爸妈妈一直是比较偏袒她的，好吃的只给她一个人吃；每个月她都有新衣服，弟弟妹妹只能穿她不穿的衣服；家务事也从来不让她做；连唯一的"城镇户口"也是给了她一个女孩子。可是就这样，她也会觉得"不公平"，例如她爸爸从上海出差回来，带了几袋薯片，大部分都给了她，只拿出当中一袋分给弟弟妹妹，她还会觉得很不公，躺在长凳上和爸爸妈妈赌气。

虽然我朋友觉得"不公平"，但是她父母歪打正着的方式倒是让他们姐弟三人感情很好，他们各自成立自己的小家，每年都要像小时候一样聚在一起。在她自己两个孩子的成长过程中，她尽力让棒棒感受更多的爱，也让棒棒慢慢在和二宝互动成长的过程中承担一份"哥哥"的责任。她和老公也在过程中给予两个孩子"独属"的一份爱，并在不同年龄段做出调整。他们不会做裁判，更多的是让孩子们自己去磨合。

◆ 教育学与心理学视角 ◆

多子女家庭中孩子们之间的关系，既有血缘上的喜爱和顾念，也有同胞之间的竞争与矛盾。通常在弟弟妹妹出生之后，年龄稍大的孩子身上会发生某种程度的情感紊乱，且多数儿童都会产生这种现象，比如争宠吃醋、发脾气、闹别扭、做出更小年龄时才有的幼稚行为等。这种情感紊乱的程度如果异乎寻常，就有可能被认为是病理性的，需要引起关注。

如何避免二宝的到来给老大带来严重的情感紊乱呢？

1.事先沟通：让孩子有心理准备。家长把孩子当成家庭中的一员，事先和他沟通，让他有心理准备，同时一如既往地关心爱护他，孩子的安全感得到保障，不会排斥新来的弟弟妹妹。

2.鼓励参与：给弟弟妹妹起名、买物品等事宜，可以让孩子充分参与并接受他们的意见，让孩子体会到做哥哥姐姐的价值和责任感。

3.同等对待：反对以大欺小，但也不提倡大的必须让小的；原则是对事不对人。

4.学会放手：让孩子们自己处理矛盾。其实孩子之间的大部分问题都是一些小问题，他们自己完全可以处理好。作为父母，在保证安全的情况下，适当放手，让孩子们在冲突中学会扮演自己理想的角色，学会怎样为人处世。这样他们才能更好地融入以后的学校生活和社会。

换种方式，引起他的兴趣

　　每个家长都想让孩子养成好的生活习惯。自然，每一种良好习惯的养成都是长期培养的结果。尤其是在培育孩子好习惯的早期阶段，常常会因为某些方面引起孩子不适，或者受孩子本身旧习惯的影响，孩子会产生较大的反应，甚至出现逆反的行为。

　　这时候，不同的家长会采取不同的方式，有的家长会"简单粗暴"地使用强制手段，让孩子"必须"那么做；有的家长则很变通地"换一种方式"。无疑，我们提倡的是后一种，但"换一种方式"却又是一种非常笼统、模糊的概念，没有标准答案，因人、因事而异。如何聪明而高效地"换一种方式"？以下是我接受咨询并指导的一个案例，相信会给家长们带来一定的启发。

　　这个二宝男孩叫满满，4岁，他深恶痛绝的事情是刷牙。哪怕妈妈不停地为他更换漂亮的牙刷、杯子和可口的牙膏，都不能引起他的兴趣。他每天早晚变着法子躲避刷牙，甚至把牙膏、牙刷等藏起来、扔掉。

　　满满为什么会如此厌恶刷牙呢？其实不仅仅是厌恶，而且有一定程度上的恐惧。因为满满在很小的时候曾经被洗澡水呛过，所以他害怕水进入嘴里，平时喝水的时候都小心翼翼；而比水更加令他恐惧的是泡沫，因此刷牙时产生的泡沫对他来说是极其难受的，并且他在刷牙时缺乏安全感。在我的指导下，满妈"换一种方式"开始了和儿子的斗智斗勇。

　　吃饭的时候，满妈故意给了满满一把洗洁精没有冲洗干净的勺子，当然，洗洁精用的是专洗果蔬的食用级洗洁精，那勺子非常光滑，满满拿不住，吃饭很困难，满满喊："妈妈，这勺子太滑了，拿不住。"

　　满妈过来"看"了一下，说："哦，那妈妈给你再换一把。"

然而换了一把也还是一样的，因为那把勺子的洗洁精仍然没有冲干净。满满喊："妈妈，还是滑，有没有办法让它不滑？"

满妈过来看了一下，说："哦，有可能是妈妈没有把它洗干净。这样，你自己去水龙头底下冲一冲，把它冲洗干净就不会滑了，不信你试试看。"

满满依着妈妈的话，自己去用水冲了一下，果然就不滑了。到第二天吃饭的时候，勺子依然是滑的，这次不用妈妈说，满满已经"掌握"了方法，很自觉地去水池把勺子冲洗干净了。经过大约一周的时间，满满自然形成了一个习惯，吃饭之前总要冲一冲勺子。

也许你要问了：冲洗勺子跟满满刷牙有什么关系呢？其实这是在满满心里悄悄植入了一个观念：东西用水洗一洗就会变干净。同时，也养成了一个饭前清洁餐具的良好习惯。

有一天吃早饭的时候，满满的姐姐进餐厅之后，突然蹙起鼻子，似乎有一股味道引起了她的不快。"好臭啊！怎么有一股臭味呢？它是从哪里来的呀？"她东闻闻，西嗅嗅，跟踪着"臭味"，慢慢地找到了满满面前。

姐姐大喊了一声："妈妈，臭味是从弟弟这里发出来的，他的嘴巴好臭啊！"

妈妈过来说："不会呀，弟弟怎么会臭呢？"

满满特地闻了闻自己："对呀，我不臭呀。"

妈妈也过去闻了闻满满："哎呀，果然嘴巴臭臭的。"

姐姐说："哦，我们每天早上都给牙齿做按摩，做完按摩洗干净之后就不臭了，而你没有给牙齿做按摩，所以很臭很臭啊！"姐姐故意把"臭"字说得很重，满满也似乎闻到了自己口腔里的"臭味"。

满满说："姐姐，怎么给牙齿做按摩呀？我也想嘴巴不臭。"

姐姐拿出一把儿童用电动牙刷和一管满满没见过的儿童牙膏："这就是

牙齿的电动按摩器，这是牙齿香味剂，把它涂一点在按摩器上，再放在嘴里，它就会自动给牙齿按摩啦！"姐姐把电动牙刷放到嘴边，龇着牙，按照科学的刷牙方式演示了一下"按摩"牙齿的方法。

满满产生了极大的兴趣："姐姐，快点给我试一试！"

妈妈说："你想做牙齿按摩的话，妈妈来教你吧，让姐姐先吃饭。"妈妈把满满带到卫生间水池旁，在电动牙刷上涂了一点牙膏，然后按动了开关，把它放到满满的嘴里，从上到下给满满做牙齿"按摩"，然后让满满漱口，把泡沫漱干净。

回到餐桌，姐姐煞有介事地凑到满满跟前，使劲地嗅了嗅，开心地说："哎呀，弟弟不臭了，还香香的呢！"满满自己也觉得口腔清清爽爽，特别舒服，不由得开心极了。

开始几天，妈妈帮着满满刷牙，慢慢地他自己就学会了给牙齿"按摩"，每天早晚成了他主动完成的一个良好习惯，一切都自然而然、水到渠成！

教育学与心理学视角

中国古代教育家孔子说："知之者不如好之者，好之者不如乐之者。"意思是：（对于任何学问、知识、技艺等）知道它的人，不如爱好它的人；爱好它的人，又不如以它为乐的人。这句话强调的就是兴趣的重要性。

培养孩子的兴趣，引导孩子从中体验到快乐，相当于给孩子请了一个超级导师，根本不用担心孩子学习的动力和积极性。

而灌输式的教育，作用局限于让人知道的层面，但不一定能让人喜欢，更难以让人乐在其中，因而时不时地会引发学习动力不足的问题。

如果孩子对某件事不感兴趣，而那件事又非常重要，必须去做，那么家长可以想办法引起孩子的兴趣，然后帮助孩子巩固兴趣，就像文中的满满妈妈一样。

会装傻示弱，才是真高手

孩子上学是件大事，但是，做父母的应该怎么准备呢？

2013 年我朋友小金的儿子贝贝要上一年级了。在他们周围，其他同龄小朋友的父母可真的忙坏了："汉语拼音要开始学了！"

"现在学校都不教了，不学好到学校可就跟不上了。"

"一定要上幼小衔接，否则孩子上课听不懂。"

……

我告诉小金，叫她不要让贝贝提前学任何文化知识，也不要像她家隔壁的悦悦每天在家里练习口算，甚至不要教孩子握笔和写自己名字。在孩子刚开始进入学习生涯时一定要想办法保持孩子对学习的热情和自信。不让孩子提前学是为了锻炼他课堂听课的能力，如果孩子学会了，课堂上就不一定会认真听了。父母应尽最大可能培养孩子自己学习的能力。只有当孩子学习确实出现绕不过去的思维之"坎"的时候，才应该及时给出"低调"的帮助。

父母常"装傻"，孩子擅思考。

果不其然，到了一年级开学后，班主任打电话来了："哎呀，你们家孩子到现在还不会写名字呢！"

我告诉小金："你回复：老师，好的，回家会督促孩子写好名字的。"实际上还是让孩子自由发挥了，家长暂时什么也没有做，但是在密切地观察中。

过了几天班主任又打电话来了："小金，你家孩子现在写字太慢了，汉语拼音默写不出来！"

小金马上"认真"回答老师："嗯，孩子刚开始写字，会有点慢。回家我来训练他快一点。"回家小金开始问儿子："贝贝，新学期开学怎么样？"

贝贝回答："挺好的，就是现在要写很多字。"

小金进一步试探："那有没有感觉哪些地方有点难，需要妈妈帮助的？"

孩子非常自信地说："没有！我学了不少字呢！"

有一天下班回家，孩子拽着小金教他学习"un、ui、ang、eng、ing"等复韵母。小金尝试发了几次"音"，果然孩子很嫌弃："妈妈，你念得不对！"

"啊？那怎么办？妈妈普通话不太标准，妈妈担心把你教坏了呢！"

孩子有点生气，小脸涨红："人家妈妈都是陪孩子读的，就你不会！"说完就跟着 iPad 去发音了。可是 iPad 发音也不准，孩子有点气急败坏，拍着自己脑袋："我怎么这么笨，学不会呢！"

小金赶紧拉儿子出来："这个发音很难的，要不我们休息一下再来练习，先下盘棋吧！"

"不行，读不好就不行！"孩子有点赌气。

小金拉着孩子坐下来："来来，你看，你已经学了半小时了，可以休息一会儿了。咱们就下一盘好不好？"

孩子虽然不情愿，但是也坐下来了。他们开始认真地下棋，说一些其他轻松的话题。

很快孩子的情绪平复了，又回房间学习复韵母，这一次他立刻找到感觉，

非常快地就学好了。

五年级的时候，孩子问小金一道分数路程应用题，做高中数学老师的小金开始认真读题，接着拿出铅笔，一边读一边画，读了一遍："没读懂。"小金又读了一遍："孩子，你们学校现在数学题这么难的吗？"

孩子坐在边上等小金的答案："嗯，是的，太难了。"

小金故作思索状："我现在忘记小学知识了，孩子，这句甲乙相对开出什么意思啊？"

"那甲先开出 10 分钟，为什么要先开出呢？你们老师有没有讲过这里面的关系是什么？"

"咦？他们相遇了，又分开……"

孩子明显有点嫌弃和不耐烦了："妈妈，你看你还是高中数学老师呢，你这个智商怎么教学生呢？真替你们学生捏把汗！"

小金一边在纸上"尝试"画示意图，一边回答儿子："哎呀，我年年教肯定不会忘记，你们小学的我又不教，肯定忘记了。你不要着急，我应该马上解出来了。"

儿子实在看不下去了，直接拿过草稿纸："唉，妈妈你太笨了，我画给你看！"

小金一边听儿子的分析，一边"领悟"："哦哦，这样啊，我回忆起来了！"

儿子抱怨："这个题目缺条件啊，我也不知道怎么解。"

小金问儿子："缺什么条件呢？"

儿子回答："路程啊，不给我们路程怎么求？"

"那我看看，路程在哪里？没有的话能不能设一个呢？"小金自言自语。

儿子拽走作业本："我懂了，我自己做了。你看看你笨死了。智商堪忧！"

小金看着儿子"愤愤"离开的背影，回想这几年他的成长过程，收获还是很多的。一年级到三年级他永远是班上"进步最大奖"，小金老公开完家长会回来问小金："你儿子到底有多差，每次都是进步最大奖呢！"他们发现儿子在刚学一个新知识时，都是零起点，开始有点费劲，可是到新知识快结束的时候，他就能赶上班上大部分同学了。这个过程的煎熬，是每一个父母都深有体会的。父母都不希望孩子输在起跑线上，小金也深谙这个道理，无数次心里也会着急，但是她还是很清晰地知道，希望儿子养成课堂听课的习惯，知道自己努力会有结果。

到了四年级，儿子的自信慢慢增强，因为班上原来很多成绩好的同学都被他超过了。四年级到六年级上学期他已能拿到三好生和免考生资格了。

新冠病毒疫情期间，小金儿子给自己制定了学习计划，这个计划里面有阅读、练字、上网课、完成作业、背单词、弹钢琴、运动。实际上他是不喜欢运动的，是小金看了他的计划加上去的。实际证明他没有完成每天的运动计划。小金心里没底，不知道他这样的学习效果是否好。

4月初，苏州小学复学了，小金儿子正常返回学校。因为疫情错峰放学，所以他在学校就能完成全部作业。每天放学回来放下书包，要么拿着足球，要么踩着滑板车就出去玩了。学校开学后经历了月考、期中考试，孩子很开心，他自己算了一下，现在的总分在班级第一肯定没有问题，还拿了一个疫情期间特别的奖状——"自主学习优秀奖"。

　　孩子成长过程中的每一次进步，都需要父母智慧"示弱"。在孩子面前适当"示弱"，恰恰是一种"以退为进"的智慧，能够为孩子自我成长提供滋养。你有多厉害，孩子就有多"笨"。

　　被孩子说笨没有什么大不了，我们不都希望孩子比自己聪明吗？假装自己"不行"，将机会留给孩子，就像之前的综艺节目《妈妈是超人》里，胡可时不时会跟儿子安吉"求救"，比如说："大安吉，妈妈有些辛苦，你可以照顾一下弟弟吗？"如果我们也在生活中给孩子锻炼的机会，就可以培养孩子的责任感。我们也要学会通过示弱，向孩子传递信心：失败不可怕，我们都会失败，我们可以试试。

　　你若盛开，蝴蝶自来。

教育学与心理学视角

　　如果说做家长也分等级的话，那么高手无疑是那些不需要分分秒秒盯着孩子却能让孩子自主学习和独立思考的人。

　　装"傻"不是真的傻，是为了留机会给孩子自己钻研，激发孩子的动力和自信。

　　家长"厉害"不是真的厉害，孩子会被自己的父母比下去，会觉得低父母一等，很容易自卑，无法自由地施展自己的本领，无法充满活力地绽放。

　　装傻也好，示弱也好，核心在于给孩子机会，发掘其无限潜能。

孩子不想和你说话，因为和你们
"不熟"

我有一个朋友生了一对龙凤胎，上六年级。两个孩子随着年龄增长，开始逐渐疏远父母。很多时候，他们和父母的对话仅限于"嗯""好"之类的单音节词。父亲小杨、母亲小王两人注意到这个变化，他们起初感觉很伤心：爸爸妈妈辛辛苦苦把你们抚养大，你们反而开始疏离爸爸妈妈，你们是亲生的吗？

接着，他们发现俩孩子不是简单地疏远爸爸妈妈，而是进入了令天下父母"闻风丧胆"的叛逆期。事情开始变得严重，若不严加管理，建立规矩，指不定他们会搞出什么乱子来。为此，他们商量了一些"对策"。

对策一：狠批评。开始对孩子越来越严厉，凡是忤逆父母意愿的，便狠狠地批评，反复地训导。

对策二：上家法。光批评可不行，没有规矩，不成方圆。所谓的上家法，就是体罚。画定的高压线，不可越雷池半步。

在父母声色俱厉的批评责骂之下，孩子的抵触情绪更强烈，变得更加沉默，再加上体罚，双胞胎姐弟就开始反抗了。

小杨夫妇到处找心理医生，希望通过心理干预的办法来解决他们的"青春期综合征"。然而心理医生给出的建议是，孩子的心理没有什么问题，家长需要做的就是和孩子多沟通。但这样其实就形成了一个悖论：孩子本来就对你关闭了沟通的大门，还如何和孩子沟通？而且在实践中，他们多次试着和孩子进行沟通，但都被孩子们的沉默不语击退。这种尝试也终于宣告失败。

好的沟通是像闺蜜一样聊天。

2019年非常火爆的电视剧《小别离》中海清饰演的母亲，有着同样的困惑。为何我们绞尽脑汁、用尽方法，孩子却越来越叛逆？孩子曾经那么依赖我们，无话不谈，成长过程中我们虽然努力地和孩子靠近、沟通，孩子却越来越排斥？孩子丝毫不领情我们的含辛茹苦，这究竟是为什么？

你是否也说过类似下面的话：

"告诉你几百遍了，就是没记性。"

"这件事情，你只能这样做，没有讨价还价的余地。"

"怎么想的告诉妈妈，别总是哭。"

"放学回来，你不做作业干什么呢？"

"你如果成绩这么差，玩游戏就别想了。"

我能理解，现在生活节奏快、生活压力大，当家长的既要努力赚钱养家糊口，又得操心孩子身心健康，还要时刻关心孩子的学习和兴趣的培养；在培养孩子的道路上也是不敢懈怠，担心错过了孩子的成长期，也担心孩子未来怎么去竞争。有时精力不足的家长们处理问题显得武断，说气话口不择言，分析问题、采取措施解决问题做得不够，也会控制不住情绪，张口就来：

"我养你这么大，你还这么不听话？"

"我这么辛苦，你怎么就不知道体谅？"

"我真是养了一个白眼狼。"

孩子知道家长为了养自己背负着压力，可是自己无法满足家长的期许和要求，因为自己做得不够好，会觉得"我不配"而不愿意和家长沟通。

托马斯·戈登博士通过长期研究，总结了父母与孩子沟通中产生冲突的主要原因：家长从来没有意识到这些矛盾是由沟通不良引起的。很多家长在沟通中存在一个误区：只要自己说的话孩子听了，就是沟通。

遇到双胞胎孩子的沟通问题时，小杨夫妇认为他们可以消除自己的情绪，方法是抑制它们。实际上，无论是成人还是儿童，当他们受到鼓励，坦诚地说出困扰他们的情绪时，这种情绪才能得到释放。小杨夫妇忽略的是，问题解决之前，没有弄清楚双胞胎的情绪出自哪里，为什么有情绪。如果双胞胎的情绪不被小杨夫妇理解，那么解决方案往往不起作用。很多时候沟通失败的根源是：家长没有认识到，有时候孩子需要的不是帮助、建议，而是被聆听、被理解！

　　我们作为家长，凭借自己丰富的生活经验和对孩子的期望，和孩子沟通时其实已经有了答案和方法。开始我们和孩子沟通，当孩子的反应不是我们预期的，我们会尝试再"沟通"，其实是说服，说服孩子按照我们的方向去做。那么我们的沟通往往是无效的。

　　沟通不是一件容易的事情，好的沟通是像闺蜜一样聊天。"闺蜜"之间的聊天是什么样的？是平等、共情和积极地聆听。当孩子犯错时，很多家长跟孩子的沟通是从"质问"开始的，就如小杨夫妇一样。但正确的聆听态度是不轻易评价和预设答案。评价往往意味着置身事外，往往不愿意去聆听孩子的倾诉。任何评头论足都会把孩子倾诉的情绪堵回去。

　　当孩子试图和我们沟通问题的时候，他最想说的是自己的感受和逻辑，有时候也是单纯的情绪发泄。当我们还没有完全弄清楚孩子问题的时候，轻易给出自己的评价，那么孩子就会感到不被理解，想要倾诉的愿望也就立刻消失。

　　每次在回应孩子的各种要求之前，家长首先要换位思考，弄清楚孩子到底想要的是什么，并尽量满足他们。家长可以先问自己："假设我就是他，我就是现在 12 岁的男孩子，那么我最希望父母怎么做。"

当双胞胎告诉小杨夫妇问题和分享信息时，小杨夫妇直接训斥了他们，甚至还动用了体罚。这是错的。现在小杨夫妇已经开始学会聆听孩子的信息，理解和接纳孩子的情绪，并承认孩子的愿望："哦，你们两个小家伙要……完全可以啊！最近你们学习也是太累了，这样子好不好……"当我们必须拒绝孩子的某项要求时，至少我们要聆听孩子内心的愿望，给孩子提出这种诉求的权利，这样，才能让孩子更好地接受我们的建议和要求。

教育学与心理学视角

父母与孩子之间的沟通方式，宜将结构式会谈和非结构式会谈相结合，灵活运用。

结构式会谈是指事先把要谈的内容、顺序、目标和方法安排好，中间不允许自由讨论和偏离范围的内容，也不允许改变标准。这种方式适合向孩子传达原则性内容：如作息时间、考试规则、家风校训等。关键词是：必须、应该、不可以，或者是不容置疑的评价。常用句型如"你只能这么做，没有讨价的余地""放学回来，不做作业干什么呢？""你就是个白眼狼"等。

非结构式会谈又称为非标准化访谈、深度访谈、自由访谈。它是一种无控制或半控制的会谈，事先没有统一内容和标准，而只有一个大致目标和讨论范围。这种方式适合跟孩子谈心，了解孩子的心声，或者向孩子表达爱与鼓励。关键词是"商讨"和"开放"，常用句型如"你觉得呢？""如果你自己决定，会怎么做？""如果我这么做，行不行呢？""可以告诉我你的感受吗？"等。

传统的父母往往过多地使用了结构式会谈，而忽视了非结构式会谈。随着孩子渐渐长大，结构式会谈的弊端开始显现：过于刻板生硬、缺乏共情，导致孩子与父母关系疏离。因此如果我们发现孩子不愿意跟父母讲话了，不妨先从非结构式会谈开启与孩子新一轮的"心灵对话"。

第五课 「子」商课

开篇　孩子要学会做好孩子

　　1922 年，梁启超先生在我的家乡苏州讲学的时候就曾谈到过进学校的本质是为了学做人。这也与古今中外许多先哲的教育理念不谋而合。窃以为，做人的含义大致与孔子所倡导的"仁"相一致。翻阅诸多典籍后，我才发现这一观点有些片面。《论语·子罕篇第九》中写道："子曰：'知者不惑，仁者不忧，勇者不惧。'"这可以很好地概括我的发现。

　　"知"通"智"，智慧之意。"知者不惑"指的就是智慧的人不会有所迷惑。纵观一个人的学习生涯，从基础教育到高等教育再到体悟人生，这样便简单地划出了三个阶段。

　　第一阶段是通识教育，主要目的是为了让受教育者拥有常识。算术、国文、科学等科目的学习可以叫人不至于"愚"，以避免经常陷入"怪力乱神"的疑惑中。

　　第二阶段就是我们常说的高等教育，被教育者经过一定广度的探索之后，拥有了自己想要进行深一步探索的领域，常常用以训练有精度和深度的思维。

　　第三阶段并不单独存在，它贯穿于一个人的一生，培养人卓越的判断力，这也是"惑"的核心所在。简单来说，经过小学和中学的基本教育，人便对周围的事物有一个最基本的理解。再进一步地，要学高等一些的智识赖以营生，土木工程学、化学、医学、经济学等。之所以称之为智识，是因为这些通常都是由前人在实践过程中获得的经验和一些随之而来的思考汇聚而成的。拿我所学的经济学来说，前辈通过观察经济现象，从而展开分析，最后总结出规律和经验供后人参考。若是碰到书本以外的难题怎么办呢？这就需要人拥有判断力。

我们生来简单的脑筋在日复一日的学习中逐渐变得有条理，大脑在年复一年跟随前人思路运转之后，也会逐渐形成自己的思考，以此来培养出判断力，从而顺利地解决难题。在书本之外的判断力，也就是待人接物的处事能力，我依旧认为是极其重要的。上一句话实在是冷冰冰得有些不近人情，以至于可能会被会错意。举个例子吧，《杀死一只知更鸟》中的怪人拉德利和其家族毫无生机，其神秘而诡异的气质令人望而生畏。但是他会在斯各特和杰姆路过树洞前留下一些有趣的小物件，会缝补杰姆不小心被栅栏剐破的裤子。他丑陋的容貌并不能掩盖他善良的本质。在小说的最后，斯各特拉着怪人拉德利的手带他回家也给了读者最好的慰藉。与此同时，我不禁思考我们真的可以很简单地判断一个人吗？根据什么？社会既有的偏见，他所经历的不堪与不幸，还是你的眼睛？我想，这就与我接下来要谈的"仁"有关了。

"仁"这一个字贯穿儒家学说，尽在每一句的字里行间。很多国学大儒都曾解读过此字及其背后所达到的境界。有人解读为："不以物喜，不以己悲。"在浩瀚缥缈的宇宙中，我们的得失成败统统都是微不足道的，再久远的文明、再伟大的历史，在浩瀚无垠的宇宙进程中统统都不值一提。但依旧要做事，不为成功，因为根本也谈不上成功，相对地，也就谈不上失败了。"仁者"深谙此道，却依旧"知其不可而为之"，也就自然没有忧虑了。我并没有如此这般的高度和境界，我对"仁"的解读从解字开始：二人。也就是人与人之间的交互往来。有人说："孝弟也者，其为仁之本与。"提到孝悌是"仁"的根本。这是仁与父母兄弟之间的关系。接着便是君子处事之道。简言以蔽之："自强不息，厚德载物。"接着上文《杀死一只知更鸟》谈个简单的例子，阿蒂克斯（杰姆和斯各特的父亲）曾教导其子女："你永远不可能真正了解一个人，除非你从他的角度去看问题，除非你钻进他的皮肤里像他一样走来走去。"我第一次看到这句话的时候就被惊艳到了，思考过后，深以为然。若是没有这么深刻的关于人与人之间关系的理解，就不会有斯各特对怪人拉德利的尊重，也就没有拉德利挽着斯各特由她领回家这样温馨的画面了。

最后一点是"勇者不惧"。对于我来说，这是很难解读的。我认为谈的是坚定的意志力和决心：坚持自己认为对的事情。在社会的滚滚洪流中，人们常常被欲望裹挟着前进，在这过程中失去了本我，留下了自我，丢掉了很

多至纯至净的品质。可能，就这么丢掉了，再也拾不回来了。阿蒂克斯说："不要错误地认为一个人手握枪支就是勇敢。勇敢就是当你还未开始时就已知道自己会输，可你依然要去做，而且无论如何都要把它坚持到底。"在二十世纪三十年代的大萧条时期，阿蒂克斯不顾社会舆论坚持为一个黑人辩护，而且抱着必败的信念去做这件事。颜回人居陋巷，不改其乐。不都是"勇"吗？

若是可以做到以上三点，那便达到了做人的三个标准，是一个顶天立地的人了，便也就达到了教育的根本目的。而正如梁启超先生所言："以身作则是人格教育的唯一途径。"家长与教师在其中的重要性便不言而喻了。

有错必责，从小建立规矩心

"朱老师，我儿子闯大祸了，你快过来出出主意，看怎么解决。"

"出什么事了？"

"一言难尽，你来了再说啊！"

我正吃着晚饭呢，就接到了浦均的电话。孩子的事情本来就没有小事，何况这次出的还是"大事"！我立刻放下碗筷，以最快的速度奔向浦均家……不对，是浦均的父亲家。

因为工作繁忙，浦均夫妻每天都要六七点钟才下班，也就无法接送孩子。上了三年级的儿子小浦每天都由爷爷接到自己家里，作为"中转站"，在爷爷家学习、玩耍，一直待到爸妈下班回来，在爷爷家吃完晚饭，再跟父母回家。小浦的这种"两栖"生活从幼儿园时就开始了，其实在苏州，这样的家庭并不罕见。

这天下了班的浦均像往常一样来到父亲家里吃饭和接小浦，爱人还在加班，不回来吃饭。一边吃饭一边看手机的浦均偶尔抬头看到正在吃饭的小浦放下碗筷去逗弄爷爷养的鹦鹉，教它说话，不禁有些生气，喊他："小浦，回来把饭吃完！"

小浦并没回来，而是开始教鹦鹉新的"课文"："小浦，回来把饭吃完！"教了四五遍鹦鹉也没有照着他的话学，小浦仍然乐此不疲地逗它。

爷爷也喊："小浦，饭快要冷掉了，过来把它吃完。"

小浦又学着爷爷的话，教鹦鹉："饭快要冷掉啦，过来把它吃完。"

爷爷自言自语地埋怨："这孩子越来越不听话了。"

浦均火了，放下手机，猛地把筷子拍在桌子上，怒吼道："小浦！回来吃饭！"

小浦意犹未尽地回来。浦均说："你每件事情都是做到一半停下来，再去做别的，能不能有点定性，做完一件事情再去做另一件事情？"

看着爸爸桌上的手机，小浦嘟囔着说："我无聊呀，做得没意思了就不做了呗！你不也在玩手机吗？只许你玩手机，不许我玩鹦鹉啊！"

浦均看儿子竟然顶嘴，更加火冒三丈："你个小兔崽子，我玩手机是因为在工作，安排工作上的事情你懂吗？你看你的学习，三心二意，每次考的分数都没脸看，每天作业都做不完，你还敢跟我顶嘴！你说，这个学你是不是不想上了？"

这时候，小浦一个令人猝不及防的动作上演了，他噌地站起来，抓起书包奔到阳台的窗户就扔了下去。扔下去之后，小浦觉得非常痛快，补充了一句："我就是不想上学了，从明天开始，我就不上学了。"

浦均又惊又怒。这可是11楼！高空抛物是严重违法的危险行为！何况，他们家阳台下正对着单元门，书包那么重的物品，万一砸到人的话后果将不堪设想……

浦均站起身，去抓小浦，要打他。爷爷赶紧过来护住小浦，并用一手支开浦均："孩子这么小，你批评教育呀，你不能打他。"

浦均怒道："爸你让开！不打怎么教育啊？高空抛物这是犯法的事情，万一砸到人可就是天大的事，是要坐牢的懂吗？我今天非要打他，不然以后指不定做出什么事情来把他自己给赔进去，爸你给我让开！爸你给我让开！"

小浦听说要坐牢，再加上父亲要对自己动真格的，吓得呆在原地。不过好在有爷爷"护体"，爸爸的手总在身体附近晃悠，碰不到自己。

浦均见父亲把小浦护得紧紧的，便开始埋怨父亲："爸你说小浦现在给你惯成什么样子了！任性胡为，没有规矩，做事情三心二意，半途而废，学习成绩垫底，作业从来没有完成过，做得半拉拉就不做了，吃着饭也能跑出去玩，想做什么做什么，想玩什么玩什么，随心所欲，我行我素，学坏不学好，在家里是闯祸精，在学校是问题王，照这样下去他就废了！"

正说着，门铃响了。浦均的心咯噔一下："糟了，真出事了！"他胆战心惊地去开门。爷爷奶奶和小浦也都吓傻了，爷爷搀着小浦到房间里面去。

门开了，进来的是小区保安："请问这个书包是你们家孩子的吗？"

浦均说："是的，是我儿子的。"

保安说："它砸到人了！你们怎么搞的，不知道高空抛物是违法的吗？不知道它会出人命吗？"

浦均说："啊，砸到人了？砸得怎么样？事情因我家而起，我负全责！人怎么样？快带我去看看！"

保安说："人受伤了，但是无大碍。但是这事吧，很严重！你先跟我下去看看吧，态度好一点，先道歉！"

浦均一边跟着保安下楼，一边给我打了电话。

犯错就得担责，人要承担自己行为的后果

我是在保安室见到浦均的。浦均正在跟被砸伤的人道歉，协商"私了"。被砸到的是一个快递小哥，当时他正从楼下通过，不料"天降横祸"，书包不偏不倚砸到他头顶。幸亏他戴了摩托头盔，同时由于小浦不爱学习，书包中书本较少，比正常书包轻了不少，而且吃饭前拿出文具盒，书包内没有硬物。

我询问了事情的前因后果，也了解到小浦的家庭教育情况。浦均说："朱老师，我请你过来，一是因为你主意多，想请你帮助处理一下这个事情，协调协调；更主要的原因是我早就意识到小浦的教育出了大问题，想改造他，实在束手无策，想请您帮忙。"

我说："那么今天这个事件刚好是个机会，利用这个事件来教育教育他，不是挺好吗？对小浦的改造，我们就从今天的事件开始！"

浦均问："怎么做？"

我说："报警！"

快递小哥说："不用了，他只是个小孩子，我也没什么大碍了，愿意谅解，你们也不用为难了。"

我说："小哥，非常感谢你的大度！我们报警主要是为了自己，我们想利用这个机会教育一下小孩子，让他吸取教训。你的伤情我们会负全责和从优赔偿，到时候也请你配合，可以吗？"

快递小哥："当然可以！"

浦均打了110，不一会儿警车就来了。警察了解了情况说："高空抛物是违法的行为，是要负法律责任的，如果酿成了严重的后果，要负刑事责任。但鉴于你们没有造成严重后果，并且已经和当事人达成了谅解，肇事者还是个孩子，所以就口头警告一下吧，家长回去要好好教育孩子。"

我说："就是因为要好好地教育一下孩子——不瞒警官同志您说，这孩子也是熊孩子一个，我们想利用这次事件，对他好好教育一下，给他加点'戏'，所以想请您这边予以配合。"

警察说："你是想利用我们派出所的场景来教育一下'熊孩子'？"

我说："是的，我相信没有天生的熊孩子，每个孩子都是可造之才，如果听之任之，那就是父母的罪过，也是社会的责任。"

警察说："这倒是好事，我们也乐见其成。借你们一间调解室可以吗？"

我说："非常可以，非常可以！到时候请您也配合一下！"按照我和警察共同安排好的"剧本"，我先去派出所等着，警察直接上楼把小浦"带走"。

一场好戏就上演了。

门铃响了。浦均开门，一名身穿制服的警察威风凛凛地走进来，问："是谁从11楼高空抛物的？"

小浦吓得呆立当场，不敢说话。浦均说："是我儿子。"

警察说："高空抛物是违法的事情，要受到法律的惩处。刚才当事人报了警，所以要请你们跟我到派出所去一趟。"

小浦吓得说："警察叔叔，我再也不敢了。"

浦均走过去，拍着小浦肩膀说："儿子，你现在也大了，懂事了，所以你要知道，做错事要承担责任，出了事要勇敢面对，懂吗？走，爸爸陪着你，别害怕。"

那是小浦第一次坐上警车。警车一路呼啸着进了派出所。警察把浦均和小浦带到一间办公室（调解室），告诉小浦："小朋友，进去吧，一会儿有人来和你谈话。"

他们进去的时候，我就在走廊的另一头远远看着。大约过了5分钟，我推门进去。看到我一脸严肃地进来，小浦已经吓得面无血色。

我说："你就是小浦啊？"

小浦颤抖着说："是、是的！"

我说："你不要怕，虽然昨天晚上你从高空扔下书包，是一件非常危险的行为，触犯了法律，但只要你真正认识到你的错误，能够保证以后绝不再犯，做一个好孩子，警察叔叔就可以不追究你的责任。"

小浦说："叔叔我知道错了，我保证以后绝对不再犯了。"

我问："那么昨天晚上你为什么要把书包扔下去呢？"

小浦说："我……我就是任性，想到什么做什么，当时我看爸爸一边吃饭一边在玩手机，却还在教训我三心二意，做什么都半途而废，我就不想上学了，反正我学习也不好，我想都没想就把书包扔下去了……是我错了！"

我说："小浦爸爸，你自己一边吃饭一边玩手机，孩子正是受到你的影响啊！"

浦均说："是，我也有问题！"

我说："那么，你们两人都知道三心二意是不对的了？"

小浦和爸爸齐声回答："是的，知道了。"

我说："那么，希望你们以后事情一件一件地做，做每一件事情的时候，都要专心致志，好吗？吃饭的时候，就一心一意地吃饭，吃饭的时候不许玩其他的。学习的时候，就专心致志地学习，不完成学习任务，不许做其他任何事。你们能不能做到？"

小浦说："能做到。"

浦均说："同意，能做到。"

我说："那么，以后小朋友学习的时候，爸爸和妈妈能不能陪伴在旁边？但是不允许玩手机，只能看书！孩子做完了作业，你们要和他一起，给他检查、核对。能不能做到？"

浦均说："能做到，我和他妈妈至少安排一个人。"

我说："嗯，很好！看你们认错的态度、改正的决心不错，我认为你们是真诚的。接下来，我想和你，小朋友——你叫小浦对吧？我想和你谈一谈，希望你明白一些道理。我们生活的这个世界，万事万物，都有它的规则，世界运行、社会进步，都基于它的规矩。世界就是根据它的规矩和规则来运转的，所以我们每个人都要遵守。做对了事情，应该得到赞赏或奖励；做错了事情，就要承担责任或惩罚。老师教育你，知错就改还是好孩子，这话很对；做错了，要知道错，要坦率地承认错误，要承担错误产生的后果，要努力地改正错误，这才叫知错就改，知道吗？"

小浦说："知道。"

我说："犯错了要承担后果，这个就叫担当。正是因为要承担后果，所以，不是所有错误都可以犯，不是所有错误犯了，道歉了就可以了，就被原谅了。否则，是不是可以再错再改，仍然再犯？每个人都要有所敬畏。敬的，要努力学习、向往；畏的，就要避开它，一次都不能犯。因为一次就会酿成后果，并且这后果必须是自己承担的，懂吗？"

小浦说："懂了。"

我说："你懂了是怎样的后果吗？"

我拿出事先准备好的视频，是我花了一晚上时间搜集的，有关少管所以及年代久远的1985年电影《少年犯》的视频片段，让小浦观看那些令他触目惊心的"错误的后果"。其中有受管教少年宣读悔过书的视频，深深地触动了小浦的心灵。

小浦说："我不要犯这样的错误，我要当一个好孩子！"

我说："小浦，你这样就对了。如果你想当一个坏孩子，那么你最终就会成为一个坏孩子，如果你想当一个好孩子，那么你就会成为一个好孩子；如果你想当一个勤奋读书的孩子，那么你将来就会实现自己的理想，成为祖国的栋梁之材，受每个人的尊敬和喜欢；如果你想当一个得过且过的孩子，那么你的一生就会平平庸庸，每天三餐一宿，很多事情都止步于脑子里的空想，或者是半途而废，无法实现自己想要的成功。"

从派出所出来之后，小浦精神上似乎换了一个人，瞬间长大了很多。但是我知道，想要改变他，还需要一个漫长的过程。当务之急，是固化他当下的转变，把该立的规矩立起来，把该养成的习惯养起来。

把小浦送回家后，我把浦均单独约出来，和他进行了一次谈话。

"小浦问题的根源你知道在哪吗？"

浦均说："我正要请教你。"

我说："根源，在你们身上，也在他爷爷奶奶身上。所有孩子身上的问题，都是家长问题的映射。你们夫妻工作忙，没时间教育孩子，但是你们很放心，因为这么多年了一直是爷爷奶奶照顾他，也自然是爷爷奶奶教育他，对不对？但是他爷爷奶奶一直觉得，孩子只是由他们负责接送和照顾，每天晚上吃完晚饭你们就把他带回去了，因此教育的责任是在你们身上。发现问题没有？"

浦均说："发现了，但是我没法描述。"

我说："盲区。你们夫妻和爷爷奶奶形成了两代人之间的盲区，都以为对方把孩子的教育任务承担了，但事实上都没有真正落实教育的责任，何况爷爷奶奶本身因为文化素养、知识面、价值观的局限，是不具备真正教育孩子的能力的。孩子在盲区之内野蛮生长，最终变成了一个'熊孩子'。"

"是。我就是不知道怎么找出它，更不知道怎么解决它。"

我说："解决它的办法我在派出所基本上已经说透彻了，而且孩子现在心理上发生了巨大的改变。你们现在要做的，就是要固化他的转变，把这个转变植入他的血液当中，让他脱胎换骨，凤凰涅槃。"

浦均说："怎么做呢？"

我说："首先，你要把教育的主导权从他爷爷那里拿过来，让爷爷只负责接送，并且，千万别再溺爱，不能要啥给啥，不能听之任之，做事情不能天马行空、三心二意。培养一个好的习惯需要漫长的时间，但是毁掉一个好习惯则在朝夕之间。比如，只要给小浦一个手机，就能毁掉你全部的努力。"

浦均说："是的，你说得很对。朱老师，现在当务之急，是他的成绩太糟糕了，马上四年级了，必须让他的成绩赶上来。"

我说："这个简单。你只要给他一个警告就行：告诉他这学期如果功课都不及格，可能要留级，这是学校的规定。这对他是不可承受的事情。第一，他不想原地踏步再读一年三年级；第二，这是严重没面子、伤自尊的行为，他'伤不起'。然后，你们父母的责任心到位就行，每天陪伴他学习，辅导他，跟上当前的功课，再慢慢地补上以前荒废的功课。一定要让他事情一件一件地去做，完成一件再做下一件，这样既扎实、有序，也磨砺他的心性。"

小浦的故事，讲完了。小浦的人生，才开始。今年，他是五年级，浦均常常给我打电话，告诉我小浦的种种进步。我非常开心，但遗憾的是，我暂时还没法以他爸爸朋友的身份去看他，因为，派出所的一课仍然在小浦心里发酵着，他仍在源源不断地从中汲取营养。

但是如果某一天，我和他们父子同时出现在某种场合，这也很好，刚好为我提供一个"回访"的契机。我会告诉他，我是派出所特邀的"青少年法律问题调解员"，因为那一次的调解，我和他爸爸成了朋友，并持续跟踪和了解到他一直以来的进步，很为他高兴……

虽然现代教育提倡积极沟通和鼓励引导，不提倡严惩严罚，但不代表孩子犯了原则性错误可以轻描淡写一笔略过。因为原则性的错误影响恶劣，且可能造成严重的后果，让别人和自己付出生命和财产的沉重代价。

孩子由于阅历有限，可能并不知道问题的严重性。做家长的需要让孩子明白这一点，哪怕使用一些"小手段"：不一定非要棍棒加身，但足以使他印象深刻。

让孩子有所畏惧，知道哪些事可以做，哪些事一定要避开，是孩子成长中必不可少的教育内容。

孩子有"前科"，根源竟是大棒和冤枉

"预设立场""有罪推定"会毁了孩子的底层价值观

我有一次当"陪审团"的经历。只不过地点不是在法庭，而是在家庭。对，是家庭"陪审团"。

说起这个经历，得从被"审判"者鹏鹏说起。事情发生得很简单，鹏鹏班上一个女生的钢笔丢了。说起那支钢笔，可漂亮了，全班同学都围着它啧啧称赞，很多人投来艳羡的眼光。然而，它却莫名其妙地不见了，到底是谁干的呢？

一定是鹏鹏！丢钢笔的女孩子是副班长，她一口咬定是鹏鹏拿走了她的钢笔。鹏鹏表示他从来没有拿过她的钢笔。副班长说："全班同学只有你喜欢拿别人的东西，不是你又能是谁呢？"

鹏鹏怒道："我根本没有拿你的钢笔啊！你再这样说我可要对你不客气了！"

副班长见鹏鹏矢口否认，就向班主任"举报"了鹏鹏。班主任找鹏鹏谈话："鹏鹏，拿别人的东西可不是好习惯，如果钢笔是你拿了，那么你就拿出来，还给人家，老师不会怪你的。"

鹏鹏说："可是我没有拿过她的钢笔啊！她凭什么说是我拿的呢？"

班主任说："如果不是你拿的，那人家为什么怀疑你，不怀疑别人呢？"

鹏鹏说："我怎么知道她为什么只怀疑我不怀疑别人？可是就不是我拿的呀。"

班主任最终没有"说服"鹏鹏，很失望，就给鹏鹏的爸爸打了电话，告诉他：班上有女生丢了一支很贵的钢笔，希望他问一问鹏鹏，如果是他拿的，就把钢笔还给人家。

鹏爸当即就怒了，表示等鹏鹏到家要好好问问他。鹏鹏放学到家之后，一进门，就看见爸爸端坐在沙发上，一本正经地看着他。妈妈也去书房拿来一个笔记本和一支笔，在鹏爸的身旁坐下来。

在他们对面有一把椅子。"鹏鹏，坐下。"鹏爸严肃地说。

见到这个阵势，鹏鹏心里既害怕，又忐忑。这是爸爸为他特地设立的"法庭"，每逢鹏鹏犯下较大的错误，鹏爸就会像"法官"一样，去"审"鹏鹏，而鹏妈，就坐在旁边当"书记员"。

他们家的客厅，就变成了一个"法庭"。

鹏爸是个不苟言笑的人，对鹏鹏也很是严厉，容不得鹏鹏犯错误。如果鹏鹏错了，就会严加责罚。为了让鹏鹏"心服口服"，他在家设下"法庭"，自己亲任"法官"，而鹏妈则通常担任"书记员"，只负责记录，立场永远是站在鹏爸这一边。

在"法庭"上，"法官"往往会对鹏鹏展开暴风骤雨般的"批判"，直至鹏鹏被骂得体无完肤，毫无还手之力。

这次一"开庭"，鹏爸便怒斥鹏鹏："你真是把我的脸都丢尽了！你说，你为什么拿人家的钢笔？你给它还回去，你如果喜欢，我给你买。"

鹏鹏说："可是我没有拿她的钢笔呀！我没有拿她的钢笔！"

鹏爸说："你还抵赖？老师电话都打给我了，说钢笔就是你拿的。"

鹏鹏说："可是我并没有拿呀！谁看见我拿她钢笔了呀？你们都冤枉我，诬赖我！"

鹏爸说："你没拿，他们为什么都怀疑你呀？他们为什么只怀疑你，不怀疑别人呢？"

鹏鹏说："他们怀疑我就是我拿的呀？你们这是什么道理？是不是你们觉得我杀人了，我就杀人了？这个学我不上了行了吧！"

鹏鹏说完之后，噌地站起来，打开家门跑了出去。鹏爸怒道："嘿，这臭小子，还有理了，还敢离家出走不成！"

鹏爸"低估"了鹏鹏，当天直到很晚，鹏鹏都没有回家。鹏妈很担心：

"鹏鹏不会离家出走吧？兴许钢笔真的不是他拿的？"

鹏爸也不放心，给班主任打了个电话，告诉老师在"庭审"之中鹏鹏百般否认，到最后还气得"离家出走"了。老师说："会不会钢笔真的不是他拿的，我们冤枉他了？这样，当务之急，还是要先找到鹏鹏，千万别出什么意外。我这边给和他关系较好的同学家打电话，你赶紧到派出所去。"

鹏爸鹏妈赶紧赶到辖区派出所。派出所值班的民警告知，孩子失踪未满24小时还不能立案，但是可以调取附近的治安探头帮助他们看一看孩子往哪个方向走了。

然而探头显示，鹏鹏碰巧经过了一个监控的盲区，然后一拐弯就不见了。这下鹏爸鹏妈急了。民警提醒他们要冷静，打一打亲戚朋友的电话，有很大可能孩子去了他信赖的亲戚、朋友或同学家；还有就是公共场所，比如书店、图书馆之类，孩子可能会在里面逗留。

那么，鹏鹏究竟去了哪里呢？正如民警猜测，鹏鹏去了图书馆。不过图书馆五点半就闭馆了，鹏鹏在关门之前被管理员喊了出去，实在不知道要去哪里，只好在街上四处游荡。

幸运的是，鹏鹏课外辅导班的姜老师恰巧经过他身边，看见了鹏鹏，问他为何一个人在街上走。鹏鹏央求他不要告诉爸妈，他是"离家出走"的。在姜老师的追问之下，鹏鹏讲述了自己被"冤枉"的经过。

姜老师说："你现在自己跑出来，爸妈找不到你，肯定急死了啊！"

鹏鹏说："那就让他们急死好了。"

姜老师说："那也行，我先不告诉他们。这样子好吗？你先跟我走，老师带你去吃点儿东西。"

鹏鹏肚子早就饿得咕咕叫了，便同意了姜老师的提议，跟着姜老师去吃东西了。

为了寻找孩子，鹏爸鹏妈把通信录里所有的电话都挨个打了。我也接到了鹏爸的电话。

我听了很惊讶："这件事情大概率鹏鹏是被冤枉了。你怎么不想一想，万一真的不是鹏鹏拿的，那他的心该受到多大的伤害呀？"

鹏爸说："我觉得还是这小子拿的，他是有'前科'的呀！为什么那么多孩子，偏偏就'冤枉'他一个呢？如果不是他拿的，那我们所有人都冤枉他了；如果是他拿的，那就是'狗改不了吃屎'，更糟糕。我还宁愿冤枉他呢！朱老师，你说怎么解开这个结呢？要不你到我家来坐坐吧，出出主意。"

事不宜迟，我当即开车往鹏鹏家去。

巧的是，在我赶到鹏鹏家的同时，姜老师带着鹏鹏也到家了。原来，姜老师早已悄悄发信息给鹏爸，告诉他鹏鹏在他那里，正在陪他吃晚饭，让鹏爸不要着急，吃完晚饭说服鹏鹏，就送他回来。

按响门铃，三个人同时站在鹏爸面前。"不愿面对"的鹏鹏躲在我和姜老师的后面。我轻声地对鹏爸说："鹏鹏回来了，你要轻声和他说话，安慰他一下，然后我们一起和他沟通。"

鹏爸答应了。然而在鹏鹏进门的一刹那，突然来了无名怒火，一脚踢在鹏鹏屁股上："你个臭小子，还真不得了了，说你两句就离家出走！"

鹏鹏被踢得一个趔趄，我赶紧回头拉住鹏爸，姜老师把鹏鹏带到客厅。

重获信任是长期的过程，是一辈子的坚持

再次"开庭"。"法官鹏爸"端坐中间，我和姜老师一左一右，是"陪审员"，鹏妈坐在旁边，依然是"书记员"。鹏鹏坐在我们的对面。

我对鹏爸说："你们不要说话，我来问好吗？"

我问鹏鹏："鹏鹏，我有一些问题想要问问你。你觉得你是被'冤枉'的吗？"

鹏鹏说："我当然是被冤枉的，我根本就没有碰过她的钢笔。"

我说："我也觉得你是被冤枉的。我有两个问题想要问你。"

鹏鹏问："什么问题？"

我说："第一个问题就是，他们为什么在第一时间会怀疑你？"

鹏鹏说："我承认，我平时的确有这个习惯，但我不是恶意的，我只是拿了玩玩而已，然后就还给人家了，我从来没有'偷'过他们的东西。"

我说："第二个问题是，你能不能证明钢笔不是你拿的？"

鹏鹏说："要是教室有摄像头就好了，就能证明不是我拿的了，就能还给我清白了。所以我真的是跳进黄河也洗不清啊！可是，他们也同样不能证明就是我拿的呀！教室里那么多双眼睛，要是有一个人看见是我拿的，或者

在我这里找到东西，我都承认。他们没有证据，凭什么说是我拿的呢？"

我说："我的第三个问题，想问问鹏爸：你凭什么说东西是孩子拿的呢？"

鹏爸说："凭什么？就凭他曾经干过这事啊！有一次我带他去一个朋友家玩，有一个他喜欢的玩具，就被他悄悄地拿回家了。当时他也抵死不承认是他拿的，可是过了一段时间，那玩具就在他房间现身了。"

鹏鹏说："那是小时候的事情了，那时候的我不懂事，可是我现在不会了啊，我懂那些道理的！"

我说："鹏爸，我的观点是，你千万别在还没有证据的时候，以过往的经验断定是孩子的错。你们是孩子安全的依靠，如果你们撤销了对他的支持，他就无险可守了。要么就是跑，要么就是崩溃、绝望、寒心，这两种结果都不是你们可以承受的。所以，你应该首先表达对孩子信任的立场，站在信任的角度去教育他，即便最后证明是他拿了，你还有教育他的机会，或者，他会以适当的方式还回去。但如果一棒子打死，这后果可就严重多了。很有可能真正影响他的成长，把他往坏孩子的道路上推。"

鹏爸点头沉思。

我对鹏鹏说："鹏鹏，你有没有想过一个问题？"

鹏鹏说："什么问题？"

我说："就是，他们为什么会无端怀疑你？第一时间就以为是你拿的，并且把它当成既成事实？我知道你接受不了，换成任何人都不会接受。可是，你有没有想过为什么？"

鹏鹏说："没……没有。"

我说："这不是一个关于品德、陷害或者粗暴的问题，这是一个关于信任的问题。你要知道，信任的建立是一个极长期的过程。任何人，要想取得别人的信任，都是一个长期的过程。这需要始终一贯地对自我品德的严格要求。信任同时又是如此脆弱，要想打破它非常容易，只要做错一件事，可能就会让别人对你的信任土崩瓦解，再想重建难上加难。你明白这个道理吗？"

鹏鹏说："我有点明白了，偷人一次东西，会一辈子被人当成小偷。"

我说："是的。所以，最近流行一个词，叫'人设'，就是你辛辛苦苦建立起来的一个形象。比如你爸爸在大家看来是一个好爸爸，'好爸爸'就是你爸爸的'人设'。可是有一天，有人看见你爸爸居然在虐待你，虽然只有那么一次，可是在大家的心目中，他的'好爸爸'人设，就崩塌了。"

鹏鹏说："我懂了，朱老师，就是说，虽然那钢笔不是我拿的，但当它找不着了，第一个被怀疑的人就是我。"

我说："这并不是你的错，但是，你也很难就此迁怒于别人，因为毕竟，你的'人设'曾经崩塌过。就像鸟要爱惜自己的羽毛一样，人也一定要爱惜自己的形象。久而久之，人们感受到你的真诚，才会恢复对你的信任。"

鹏鹏说："就是说，我还能重新获得大家的信任？"

我说："当然，不过，这是一个长期的过程哦，是一辈子的坚持！还有就是，不要再以任何开玩笑、恶作剧或者仅仅是玩一玩的理由，在别人不知道的情况下拿走别人的东西。当你想借别人的物品时，你必须先和别人说一下，经过别人的同意之后，才能拿走。明白吗？"

鹏鹏说："明白。以后，我会一直这样做的，不是我的东西，我动都不会动。"

事实证明，鹏鹏真的是被"冤枉"了。第二天的数学课上，数学老师走进教室，当着大家的面，第一句话就是："黄玲玲（副班长的名字），昨天你在我办公室问问题的时候，有没有落下一件东西？"

黄玲玲站起来说："老师，我忘了，是什么东西呀？"

数学老师说："给你！这支钢笔还真是漂亮，丢了多可惜呀！"

黄玲玲顿时知道，她"冤枉"了鹏鹏。她抱歉地望向鹏鹏，鹏鹏却挺起胸膛，直视前方，眼神里满是自豪、得意，仿佛做了了不起的事情。

◆ 教育学与心理学视角 ◆

说起拿别人的东西，大部分孩子小时候都做过类似的事情，但是只有极少数孩子发展成为"惯犯"。如何理解这个问题，要分年龄段进行。

4岁以前，拿别人的东西纯粹是因为喜欢和好奇，是非观念还不是很明确（俗称不懂事），需要告诉孩子规则。

4—6岁之间，已经初步有了是非对错的观念，知道不经允许拿别人东西是不对的，但是仍然有可能去拿，尝试破坏这个规则，好奇打破规则的结果会怎样，需要加以调教和阻止。

6岁以上如果仍然出现这个情况，原因会相对复杂一些，大致有三种情况。一是误会，比如放错了地方，以为被偷了，或者两个孩子买了一模一样的玩具或文具，拿错了。二是故意捉弄别人、恶作剧。三是品德问题或者心理问题，品德问题是指明知故犯，自控力差，蔑视规则；心理问题是指拿别人东西这个"问题行为"的背后，存在某种异常心理，比如通过拿别人东西来获取关注和爱，或者证明自己有特殊的本领等。对于未成年的孩子而言，品德问题或者心理问题有时候是有交集的，需要通过批评教育和心理疏导两方面进行。

本文的主人公鹏鹏，在不懂事的时候拿过小朋友的玩具回家；大一点的时候又以这种方式搞过恶作剧，容易让人理解为"惯犯"。但实际上这种推理是有失偏颇的，因为这些事件的性质是不同的，不能简单累加。家长和老师需要明白这一点。

当然，在教育孩子的时候，尤其是已经长大的孩子，不管属于以上哪种情况，都有必要让他知道，"人设"的重要性以及信任的可贵之处。

用做人影响做人，用美德养成美德

没有一个孩子天生是反派

有这样一个小女孩，她的父母都在外地工作，她和爷爷奶奶生活在苏州这座城市里。孩子上学放学全由爷爷接送，爸爸妈妈只是偶尔回来看她——哦不，主要是爸爸，每个月回来看她一两次，而妈妈由于工作的城市太远，几乎只有寒暑假才会和她一起生活几天。从小女孩上小学开始到现在，已经和爷爷奶奶一起生活了三年。

这似乎是一个被爸爸妈妈抛弃、和爷爷奶奶相依为命的丑小鸭的故事？

不是。

这个叫玲玲的小女孩很聪明，成绩不错，但是似乎并不招人待见，尤其是老师和同学。

有一次，班上一名女同学穿了一条非常漂亮的裙子，引来不少同学的羡慕和赞美，玲玲走过来说："你的裙子这么好看，是不是要来出风头的呀？"把女同学气到无语。

又有一次，一位成绩平常不如玲玲的男同学，在考试中竟然超过她了，她也同样献上了自己的"毒舌"贺词："你突然考得这么好，不会是抄来的吧？"把男同学气得向老师告状。

竟然向老师告状？玲玲咽不下这口气，在课间休息的时候，当男同学从她面前经过，她悄悄地伸出腿，把男同学绊了一跤，男同学的额头磕到墙上鲜血淋漓。老师气得严厉批评玲玲，要求玲玲道歉，而玲玲则辩解称："我根本没看到他从我旁边经过，我不是故意的。"拒绝道歉。

男生的家长找到校长办公室告状，玲玲的爷爷不得不到学校当面道歉并

赔偿医药费。

又有一次，一位同学穿了一双耐克运动鞋，颜色鲜艳，款式漂亮，走起路来都"带风"。玲玲好喜欢，回家缠着爷爷给她买。爷爷一直觉得玲玲爸爸妈妈不在身边，对这个孩子有所亏欠，因此对玲玲格外疼爱，百依百顺，玲玲提出的要求从来没有拒绝过。不就一双运动鞋吗？再贵也得买。于是他带着玲玲到商场的专卖店，但是找来找去竟然没有这一款。

没办法，爷爷只好带着玲玲一个商场一个商场地找，那个周末的整整一天时间，他们逛了大约十来个商场的专卖店，竟然都没有找到同款鞋子。

到了周一上学的时候，她去问穿那双鞋子的同学："你的鞋子是在哪里买的？"同学没告诉她。

玲玲让爷爷去找老师问那个同学。爷爷被她纠缠得没办法，就到学校找了老师。老师严肃地告诉爷爷："玲玲爷爷，你这样溺爱孩子可不行，这样只会让她在极端性格的路上越走越远。"

爷爷说："她的爸爸妈妈都在外地工作，一个月回不了家一两回，这里只有我和她奶奶在，我们又不会教育孩子。我是觉得很亏欠这个孩子，就尽量对她好一点，满足她的要求。"

老师拗不过他，只好在第二天课间时候悄悄把那个孩子叫到一边，问她鞋子是在哪里买的，真好看。那个孩子说："这双鞋子苏州根本没有卖的，是爸爸在上海买的限量款。"

老师把信息告诉了玲玲的爷爷。可是爷爷没办法到上海帮玲玲找这双鞋子呀！但是玲玲不干，继续纠缠。情非得已之下，爷爷打电话给玲爸，让他想办法一定要找到这双鞋。

玲爸托了上海的朋友，历经各种麻烦，最终找到了这双限量款的鞋子。他想象得出玲玲得到这双鞋子之后欣喜若狂的样子，同时他也陷入了深深的忧虑……

当我看到玲玲的时候，我的确从她的眼神里看出冷漠、倔强和自我隔离，我也理解她的种种自私、刻薄和嫉妒心理背后，是因为缺少了来自父母的那份爱和关怀，缺少了细心陪伴、相处的那份融洽和欢乐。她没有得到，遂对拥有它们的同龄人抱以嫉妒和敌视。

延迟满足：消解孩子的物质欲望

如何让玲玲成为善良有爱的女主？我苦思良久。没有技巧，真的没有技巧，也不需要玩弄所谓的技巧。给她所缺少的，而不是给她所想要的。仅此而已。

是她爸爸找的我，于是我首先问玲爸："你们能不能回到这座城市？父母不可以在孩子的成长过程中雁过无痕。你们的回归，是玲玲走出这段迷路的前置条件，或者，至少要有一人做出牺牲。"

玲爸知道我所说是问题的根本所在，但这也恰恰是最令他们夫妻纠结的。他们两个人的工作都有放不下来的理由。"我和她妈妈商量一下，但是我可以表个态，我们两个至少会有一个人回归家庭。"

这是十分艰难的选择。但最终，经过权衡，玲妈选择辞掉工作，回归家庭。而玲爸，也不再当一个"工作狂"，至少周末回家，陪伴女儿，享受一家人在一起的天伦之乐。

就像身体缺乏某种关键元素会导致某种疾病一样，父母的爱和陪伴，是孩子成长不可缺乏的最重要元素。

给她所缺少的，她未必察觉，未必"想要"。她所想要的，却不能无条件、无限制地满足。玲玲这样的女孩，有虚荣心，容易钻牛角尖，她的欲望一旦产生，便无比强烈，甚至可以为此茶饭不思，或者为了得到它而不择手段，如果放任，会越来越危险。但是拒绝，也同样危险，因为孩子会走极端。我有妙招。

我告诉她的父母和爷爷，尤其是爷爷："对于玲玲物质上的欲望，你们要延迟满足。"

爷爷问："怎么讲？"

我说："就是说，当玲玲想要某种东西的时候，你答应她，如果不答应，她可能会茶饭不思，不达目的绝不罢休，因为她有执念，可能一段时间里她的脑子里只剩下这一件事情。如果你直接拒绝，可能会出事情——她会做出很极端的事情。所以，答应她，但是不能立刻照办，要设置条件，尽量地延缓她得到的时间。比如她要一双鞋子，答应她，条件是：半个月或者一个月以后买，或者考试达到什么目标才能买，或者完成一件什么样的事情才能买。"

爷爷赞叹："朱老师，这是一个好办法！"

我说："这样做的好处，第一是她做事情有目标感和价值感，想要一样东西不是张口就能得到的，要达成某种目标，才能得到想要的结果。第二，通过时间来降低她的渴望程度，慢慢地冷却她的欲望和执念。她刚开始想要某样东西的时候，一定是最渴望的时候，甚至会为此茶饭不思；过几天之后，她虽然仍然想要，但是愿望不是那么迫切了；再过几天，她虽然想要，但这样东西在她心里已经不那么重要了。这个时候实现她的愿望，既兑现了对她的承诺，维护了父母的信用，也能让她'不以物喜，不以己悲'，锻炼她的平常心，更慢慢消解她的自私心理。"

用做人影响做人，用美德养成美德

但是我深深感到，改变一个孩子秉性上的缺陷，不是轻易之事，更不是朝夕之事，需要家长的不懈努力。在家里每天陪伴玲玲的玲妈，特地为她开设了"故事班"，每天为她讲故事。当然，讲的故事都是精心挑选的关于美德的。通过故事来告诉女儿，做人最需要的品德是爱、善良和包容，有修养的女孩都不会和别人斤斤计较，也不会对人尖酸刻薄。

玲爸周末在家的时候，经常会带她出去会见一些朋友，让玲玲和他们一起交流，朋友们的一些热情鼓励和赞美，感染着玲玲。

慢慢地玲玲变得自信了许多，这个变化太"神奇"了！这是老师发现的，玲玲能和班上的同学们相处得非常融洽，她也不再嫉妒别人的优秀，不再见不得别人比她好，不再羡慕别人拥有漂亮的衣服或者鞋子……是的，她自己也变成了一个自信而欢乐的小姑娘。

"玲玲，你知道这个世界上什么最大吗？"

"是什么？"

"世界上最宽阔的是海洋；比海洋更宽阔的是天空；比天空更宽阔的，是人的胸怀。"

◆ 教育学与心理学视角 ◆

每个孩子都是爸爸妈妈心中带着光环的主角，不幸的是有些孩子会在某些阶段表现出"配角"和"反派"的形象，比如叛逆厌学、打架斗殴、刻薄毒舌、易走极端……

没有一个孩子天生是反派（也有研究认为反社会型人格障碍可能跟先天遗传因素有关联）。大多数孩子表现出的问题行为，背后都有一个从正常心理到异常心理的发酵过程，父母的养育方式和家庭环境是导致问题的高风险因素。

当孩子出现问题行为时，也是父母反思养育方式和家庭环境的契机。

幸运的是，随着科学的教育理念和心理学理念的推广和普及，越来越多的家长从孩子的问题中发现了根源性症结，并针对性地从自身开始改善，给孩子更高质量的爱和陪伴，从而扭转孩子向负面发展的势头，使他们回归正途，重新焕发主角光芒。

尊重隐私，保护孩子心理边界

我有个朋友老任在供电公司工作，在一次聚会时他遇到我，非常着急地把我拉到一边，说是要单独跟我聊。

我问是什么事情，老任说："女儿现正在跟我们冷战。在家不和我们说话，也不理我们，一到家就把自己关在房间里，活在自己的世界里。我和她妈妈非常担心，但又不知道怎么办。急死人了！"

老任说，他的女儿欢欢上初中了，本来是个很乐观的孩子，每天都乐呵呵的，但是从初一下学期开始，孩子就表现出了一些情绪"症状"，经常会突然莫名其妙地笑起来。

他就很纳闷，心想着青春期的孩子心理、情感状况都比较敏感、波动大，作为父母理应更多了解孩子的心理世界，以便"防患于未然"。于是他就做了一件不被原谅的事情，在女儿上学的时候，他偷偷溜进女儿房间，打开书桌的抽屉，找到了她的日记本，并且——看了。

放学回到家的女儿欢欢，不一会儿便黑着脸出了房间，问妈妈有没有人去过她的房间。妈妈当然不知道情况，说："没有啊！"

再问爸爸，"耿直"的爸爸老实交代："去过。"

女儿非常严肃地继续问："有没有看过什么东西？"

老任一看这情况，知道事情不妙，吞吞吐吐地说："是不是就……一个本子？"

女儿立刻尖叫起来："那是我的日记。爸爸，你为什么要侵犯我的隐私？我的隐私啊！你难道不懂吗？"她特地把隐私两个字说得很重。

虽然老任承认了自己的错误，但是女儿并不买账，并且在房间门上贴上警告牌：“非请勿入，尤其是爸爸！”

这是我们今天分享的话题：尊重孩子隐私——我们应该如何尊重孩子，保护孩子的心理边界？

每一个人都有两种生存空间——物理空间和心理空间。这种空间与外界的界限，也称作边界（疆界）。物理空间是相对有形，我们每个人还需要一个看不见摸不着的心理空间，被一道无形的心理边界环绕着。心理边界是内心的独立空间，它是个体对自身责任的划分与界定，既不过分依赖外在，也不过分承担自身，就像墙与篱笆是土地的边界和保护土地的手段，心理边界保护自我不受伤害。

随着孩子长大，有时孩子回来总是喜欢把自己关在房间里面；有时父母好心建议饭后去一起散散步，也会莫名其妙地被拒绝；有时父母会发现孩子书包里面会有一些小字条；他们喜欢在 QQ 上和同学聊天，并且聊得热火朝天……一向和我们沟通无障碍的孩子，突然之间就长大了，有了自己的小秘密。作为父母，有可能你会一下子适应不了，并且首次有了被孩子隔离的扎心感觉，纠结、无助、百爪挠心……于是，我们就开始不淡定了，也许会偷偷打开孩子的铅笔盒或者书包；也许会小心翼翼地打开充满神秘感的小字条（可能你折好再放回去，并认为是原封不动、“天衣无缝”的）；也许会更加大胆地在孩子去上学时用 iPad “神不知鬼不觉”看看他的聊天记录。

直到有一天，你突然发现，孩子 iPad 设置了新的密码。这时你才意识到，你已经犯了几乎所有家长都可能犯的最低级错误——侵犯了孩子的隐私。你利用孩子对你的信任，窥探了他的隐私，还自认为做得“天衣无缝”，可是在孩子眼中就是“漏洞百出”。

孩子在成长过程中，对自己的隐私非常重视。作为家长，如果不尊重孩子的隐私，那么孩子会对父母产生抵触心理。对很多家长来说，偷看孩子日记、翻看孩子书包、进孩子房间不敲门等，是一件很平常的事。但长期受到这种对待的孩子，他们不但会生性多疑，还不会处理亲密关系。例如交朋友时，总想限制对方只跟自己好，如果对方交其他朋友就会不开心。结果可想而知，他们根本建立不了亲密的关系。

有些家长可能会认为，隐私给了孩子，那么就没有办法了解孩子了，万一孩子走了歪路怎么办？还有很多家长认为，孩子哪有什么隐私。如果你

这么想，那就大错特错了。如果孩子的心理边界长期得不到尊重与保护，孩子和家长的关系也会达到冰点。隐私被侵犯，可能导致孩子诸如"内化问题行为"的心理问题，如焦虑、抑郁、回避等。美国天普大学心理学教授《你和你青春期的孩子》作者劳伦斯·斯坦伯格表示："充足的研究表明，那些被过度侵犯自由的孩子更容易患上心理疾病，可能是家长摧毁了孩子走向独立的自信心。"

那么怎样为孩子建立心理边界？

首先，父母要学会接受孩子的"不"。一方面，要让孩子对说"不"感到安全，父母应该倾听孩子的"不"、尊重孩子的意见，而不是勃然大怒，或者冷落孩子；另一方面，父母要帮助孩子尊重他人的界限，学会接受"不"。

同时，要从五个方面去尊重孩子的心理边界——

隐私权：孩子有自己的隐私权，家长应该学会尊重孩子的隐私权。我们可以从以下几个方面去做：不把孩子感觉"丢人""没面子"的事当着别人（尤其是孩子的朋友）的面去说，或者反复念叨；不要偷看孩子的日记；不要监听孩子的电话；进孩子的房间要敲门。

如果有条件，我们可以在家里给孩子规划一个属于他自己的空间，放一些他的私人物品或喜欢的书籍，不经孩子允许不要随意翻看孩子的物品，在这里他可以独处，也可以邀请朋友参观。我们进入这个空间需要得到他的允许。

帮助孩子建立身体隐私很重要。日常生活中，要培养孩子的隐私权意识，哪些方面可以让别人知道，哪些只能自己知道。要让孩子知道自己的隐私部位是哪些，并且是不可以让人触摸的。同时也要告诉孩子尊重别人的身体隐私，不要去触碰别人的隐私。

要学会保守孩子的秘密。如果你的孩子向你吐露小秘密，一定要替他保守秘密，不要随意把孩子的小秘密分享给第三方。同时我们也要教育孩子懂得尊重别人，尊重别人的隐私，学会替他人保守秘密。

成长权：成长是孩子发展的一种必然，也是孩子因生命开始而自然拥有的一项权利，任何人包括父母在内都无权剥夺。所以，作为父母，不要打着"关心"和"爱"的旗号去剥夺孩子成长的权利。

尊重孩子的成长权包括：允许孩子"做不好"，没有谁第一次做事就做得很好，孩子更是如此，比如拖地、洗衣服、叠被子；在没有严重危险（可能致命或者导致较重受伤）的情况下，允许孩子去探索，探索的过程中孩子不仅会有切身的感受，也会体验到自身的价值；允许孩子在内心受到打击之后有一个缓冲期，然后慢慢恢复和成长，这个过程就是孩子内心成长的过程。

选择权：人生处处都有选择，人的一生中也要经历无数次的选择。选择是孩子的一种权利，所以应该受到尊重，只要这种选择不会伤及社会、他人，不会较重伤及孩子，孩子就可以选择。有的家长可能会觉得，有些选择会有不利影响，允许孩子自由选择好像不合适，那就通过沟通去引导孩子，而不要强制孩子。如果孩子听不进去，那不妨尊重他的选择，当他感受到负面影响的时候，他自己就会去思考并重新选择。

孩子的选择权包括：自己穿什么衣服、鞋袜；自己是先做作业还是先看动画片；自己和谁做朋友；自己的零花钱如何用；自己课余看些什么书，学些什么特长；自己的房间如何布置。

承担权：任何一种选择都带来相应的结果，有的让我们感觉舒服、惬意，有的让我们感觉难受、煎熬。选择是一种权利，承担就是一种义务，一种不可推脱的责任，不过，从人生发展、成长来看，这也是一种权利，这种权利是有利于个体发展和成长的。如果允许孩子选择了，而不让孩子承担结果，那其实是在剥夺孩子成长的权利。

比如，吃饭时，孩子说："我不饿，不想吃饭。"如果真的不想吃那就不吃，但要告诉他：可以不吃，但在下顿饭之前什么东西都不能吃，即使饿了也不能吃。

所有权：对于自己的物品，孩子拥有所有权。比如父母或他人买给孩子或送给孩子的所有东西，孩子都拥有所有权。

对属于孩子的东西，我们应该尊重孩子的所有权，我们只是替孩子去处理，至于如何处理，应该尊重孩子的意愿。比如孩子原来的玩具，或者孩子穿着已经小了的衣服，你可以考虑送人或者处理掉，但必须先和孩子打招呼，征得孩子的同意。一些在我们看来是废品甚至是垃圾，但在孩子看来是"珍宝"的东西，不能随意扔掉。

孩子是独立的个体，他们不属于我们任何人，有自己的思想和生活。如果我们能够尊重孩子，允许孩子不完美，在生活中多关心和理解孩子，和孩子建立信任关系，那么，就请停止你对孩子心理边界的攻击，放下家长的架子，跟孩子耐心沟通甚至道歉，用爱和理解缓和亲子关系，并给孩子制造锻炼机会。用引领的方式教会孩子纠错的能力、自立能力、沟通能力、决策能力、正确处理亲密关系的能力。让他们活出自我，享受自己内在的光芒。

教育学与心理学视角

不少家长认为，尊重孩子的隐私，是一种文明礼貌行为，平时尽量做到，"关键时刻"破坏一下规则也没问题。比如，想要了解青春期的孩子在想什么，就以"爱"的名义翻看孩子日记，偷偷查看孩子在QQ或者微信上的聊天记录等。

最后，无一例外地，当孩子发现父母侵犯自己的隐私之后，都会产生激烈的情绪反应，然后会以更高明的方法躲避父母的查探，并且降低对父母的信任感，有些孩子还会与父母冷战。总之，想要了解孩子的内心，结果却是让孩子关闭了心门。

这样的事例在很多家庭发生过。尊重青春期孩子的隐私，其意义不仅仅停留在文明礼貌的层面上，更重要的是这是孩子身心全面健康发展的基本要求。一个经常被侵犯隐私的孩子，他的内心要么愤怒、焦虑，要么无助、缺乏安全感，时间长了，容易在自尊、自信和独立性方面出问题。

因此，当孩子就隐私问题对父母说"不"的时候，做父母的要欣慰地认识到这是孩子长大的标志。同时要有意识地尊重和支持孩子的成长权（包括试错权）、选择权（包括决策权）、承担权（包括承担不好的后果）和所有权，帮助孩子培养边界意识，使其逐渐成长为内外一致、和谐统一的成熟个体。

遇见榜样

我爱人在苏州观前街一家具有150年历史的老字号总店工作，我在店里认识了这个叫莎莎的女孩，也见识了这个叫莎莎的女孩的厉害。

那次我有点事情去爱人单位找她，莎莎的妈妈是我爱人的同事，碰巧那次莎莎去店里找她妈妈。

我起初并没有留意这个女孩，但突然之间听到她和妈妈吵了起来，而且很明显是莎莎对她妈妈有所不满，对着妈妈怒吼起来。店里正值下午人气最旺的时候，熙熙攘攘的游客挤满了店铺，再加上本店的营业员，上百号人被莎莎的咆哮声所吸引，齐刷刷地朝她望去。

原来莎莎是来"兴师问罪"的："你前两天答应给我买的鞋子，怎么到现在还没有买？"

莎妈说："我在上班，这两天店里生意忙，没来得及买，等周末我会给你去买的。"

莎莎说："不可以，你说好的事情就要马上兑现。"

莎妈让她在店里不要吵，营业时间影响不好。莎莎却不依不饶朝妈妈咆哮起来。见此情形，店里员工、顾客都劝莎莎："孩子，不可以这样，这里是你妈妈工作的场所，而且是公共场合，有什么事回家好好说。"

于是莎莎怒气冲冲地甩手就走，留下莎妈独自在店中凌乱。

莎莎看起来也就十二三岁，读五六年级的样子，如果任由她的脾气发展，未来能否健康成长令人担忧。我对爱人说："你和莎莎妈妈约一下，我和她们聊一聊，最好是能亲自和小姑娘沟通，这个孩子看起来挺聪明伶俐的，希望能够帮助她更健康地成长。"

爱人觉得我的想法很好，于是去找莎妈交流："我老公对家庭教育方面有一些研究，想和你的女儿见面沟通一下，说不定会对她有所帮助。"

莎妈说："那实在太好了，不瞒你说，我现在心都凉透了，我和她爸爸已经管不了她，天天对我们吹胡子瞪眼，觉得我们为她做的一切都是理所应当的。"

于是在周末的时候，我和莎莎在观前街的一家咖啡馆坐了下来。让我由衷佩服的是，这个小女孩不但很聪明，而且有语言上的天赋，表达能力超强。只是言辞过于犀利，攻击性强。

"叔叔，不瞒你说，我爸爸工作超级忙，所以基本上不管我。那么既然不管我，是不是得保证我的生活条件，保证我的钱够用？那么我跟你要钱、要东西没问题吧？我妈妈呢，她就是负责照顾我的，这是她应该的呀，谁叫她是我的妈妈呢？何况我也并没有特别的要求，我的同学都是这样，我只不过要求跟我的同学一样的条件罢了。"

谈话的整个过程中，我读得出，她认为那些都是爸妈欠她的，所有给予她的一切都是理所应当的："你们不给我就是你们的错，给我就是应该的。"

我说："莎莎，你讲的都没有问题。我想问你一个问题，你见过其他同学像你一样对待他们的父母吗？"

莎莎说："我不管别人干吗，我管好我自己就行了。"

她说得如此理直气壮，我竟无力反驳。我说："既然你这样说，那么好吧，马上放暑假了，我给你介绍一个同龄的朋友，让你们多交流相处。"

莎莎说："那得看玩得来玩不来。要跟我玩的同学多了，玩不来的，我一个都不理他们。"莎莎一副不缺朋友的神情，但其实我事先已经了解到，她在班上人缘并不好，绝大多数同学都不喜欢跟她玩，其实她很孤独。

我之所以要给她介绍一个朋友，是因为我身边恰好就有这样一个"资源"，她是我一个外教朋友的女儿，年龄和莎莎相仿，在中国生活了很长时间，普通话已经说得很好。最重要的是这个小姑娘对莎莎而言就是一个优秀的"正面教材"，能够为莎莎提供完美的行为参照。我为什么会认识这个外国小女孩？因为她的爸爸——那个外教曾经做过我女儿的家庭教师，当时这个叫菲丽的小姑娘每天由她爸爸带在身边，知书达理，给我留下了深刻的印象。

介绍一个外国的孩子给莎莎当参照，还有一个独特的好处，能够让莎莎因差异而产生强烈的对比意识：在某某方面外国的孩子是怎么做的，而她自己又是怎么做的？谁对谁错，这在她自己的心里有一杆秤。

于是我拨通菲丽爸爸托尼的电话，我说："我想为菲丽介绍一位朋友，让她们在暑假里面结对，可以互相促进，这个小女孩的学习非常优秀，但是性格上有些倔强，大约是缺乏朋友的缘故。在这方面菲丽有良好的示范作用，可以给予她很大的帮助。"

托尼非常高兴："可以啊，菲丽也可以向她学习优秀的地方，两个人可以互相促进，彼此提高。"

于是双方一拍即合。莎妈把菲丽接过来，两个不同国籍、不同肤色的小女孩互相做了自我介绍，莎莎在"外宾"面前暂时收敛了一贯倨傲的表情，变得较为友善。

莎妈带着两个女孩去绿杨馄饨店吃馄饨。到了馄饨店，莎妈在柜台前排队买单，让两个小女孩坐在位置上。不一会儿，服务员叫了她们一桌的号码牌，菲丽噌的一下站起来，跑到窗口去端了一碗馄饨。沙妈说："菲丽，让阿姨端吧，你容易烫着手。"

菲丽已经小心翼翼地把馄饨端了过来，她递到莎莎面前："莎莎，这是你的。"

莎妈和莎莎都很惊讶，她们以为菲丽是为自己端的，谁知道她竟先想到了别人。

莎妈说："菲丽你坐下吧，让阿姨来……"话未说完，菲丽已经跑过去，又把另一碗馄饨也端了过来。

莎妈说："菲丽，谢谢你给莎莎端馄饨。"

菲丽说："没关系的，您已经请我吃馄饨了，这是我应该做的。"

莎莎嘴上不说话，却有些脸红。

菲丽非常爱吃中国的大馄饨。吃完了馄饨，菲丽站起来，把馄饨碗摞到一起，就要端给厨房。

莎莎说："菲丽，这不用我们收拾的，这儿有服务员。"

菲丽说："我爸爸告诉我，需要的。我们在肯德基吃东西，吃完了都是要收拾盘子的。"

莎莎说："肯德基是肯德基，馄饨店是馄饨店，我们已经付钱给他们了，他们就理应负责收拾。"

菲丽沉思了一下说："没关系，这也是举手之劳。"

接着她们一起去平江路游玩。平江路是苏州有名的历史街区，古色古香的建筑，街、河并行的格局吸引了全国各地的旅游者，每天都人流如织。

在平江路，莎莎和菲丽都很兴奋。不同的是，莎莎的关注重点是商铺里琳琅满目的商品和小吃，而菲丽不仅被商店吸引，同时她的眼睛还不时地向地上看。她在寻觅什么呢？

莎莎转身看菲丽的时候，菲丽刚好从地上拾起了一个东西，并随身拿出一个塑料袋，把自己捡起来的东西放进了塑料袋中。

莎莎看清楚了，走过去对菲丽说："菲丽，你捡垃圾干什么呀？"

菲丽说："莎莎，你看平江路多美呀！可是人太多了，地上就有了垃圾，我把垃圾捡起来，就可以继续保持平江路的美丽了。"

莎莎说："垃圾每天都会有环卫工人负责清理，我们今天是来玩的，可不是来捡垃圾的。"

菲丽说："这么美的地方，垃圾会影响它的美丽。有些人不懂，乱丢垃圾，破坏了它的美丽。如果我们每个人看见了垃圾就能捡起来，那么它就能够一直保持美丽了。莎莎，你愿意和我一起做这件事情吗？"

莎莎说："咦，这可不行，你看我今天穿了这么好看的衣服，会弄脏的。"

菲丽说："那没关系的，我自己捡。"

菲丽捡垃圾的时候，引起了游客的注意：这个可爱的外国小姑娘居然一边游玩一边捡垃圾，这种公德心非常了不起！他们随即将手中的手机、相机齐齐对准菲丽，"咔咔咔咔"声不断。

看到游客们对菲丽赞不绝口，纷纷给她拍照，莎莎心里也受到了触动：这似乎是件很有意义的事情，我也不能丢中国人的脸。莎莎走过去对菲丽说："菲丽，我们一起捡吧。"

菲丽高兴地说："好啊！"

莎莎说："那我们分工好吗？你来捡，我来扔。"于是两个小姑娘通力合作，从平江路的一头逛到另一头，也顺便把平江路整个"清洁"了一遍。

回到家的时候，莎莎对妈妈讲述了她们在平江路捡垃圾的事情。莎妈很兴奋地打电话给我说："菲丽这个小姑娘这么棒，如果莎莎和她一起相处一

个暑假，这个进步不要太大哦！"

　　我说："你不要太过兴奋，你要借此机会和女儿沟通：同样两个孩子，年龄差不多大，为什么菲丽能够这么做？她好的地方我们能不能向她学习呢？比如她的礼貌和修养。"

　　莎妈按照我的建议，每天都和莎莎交流：当天她和菲丽做了哪些事情，其中菲丽在哪些地方做得特别好，需要向她学习什么。在让莎莎向菲丽学习的同时，莎妈也指出莎莎自己在哪些方面做得很好，在哪些方面取得了较大的进步。

莎莎每天都在进步。

有一天莎莎和菲丽玩得比较晚，莎莎邀请菲丽到自己家里吃饭。菲丽说："这个不行呀，我还没有和爸爸请假呢。我们说好玩结束回自己家吃饭的，我想此刻爸爸已经在家里等着我了。"

莎莎说："那么你就给你爸爸打个电话请假嘛。"

于是菲丽给爸爸打电话，爸爸说："中国人的习惯，到朋友家做客要带一份礼物的，所以如果你要去莎莎家做客，是可以的，但是不能空着手去，你可以带一份莎莎喜欢的礼物，比如她喜欢吃的水果。买的时候不要告诉她，否则她可能会拒绝，到她家之后再给她一份惊喜。"

菲丽挂掉电话后，开心地和莎莎说："我爸爸同意了，谢谢你的邀请，莎莎。"

莎莎很开心地和菲丽一同往家里走，一路上她们愉快地聊天。菲丽问莎莎："莎莎你最喜欢吃什么水果？"

莎莎说："所有水果我都喜欢，但要说我最喜欢的，应该是樱桃吧。"

菲丽暗暗记在心里。走到莎莎家小区门口的时候，菲丽看到一个水果店，对莎莎说："莎莎，你在这里等我，我去买一些水果。"不一会儿，菲丽买了一盒樱桃，手提着过来了。

到了莎莎家，莎妈出来迎接，进了门之后，菲丽把樱桃递到莎莎面前："莎莎，这是我送给你的礼物，希望你喜欢。"

莎莎很意外，也十分感动。莎妈也被菲丽感动了。吃饭的时候，菲丽和莎莎及莎爸、莎妈愉快地交谈。使他们深有感触的是，菲丽每一句话都体现着自己对别人的尊重，充满着善意与热情，尤其是对莎莎的父母，每次都是等他们的话说完了，才开始表达自己的观点。

莎妈给菲丽夹菜，菲丽礼貌地拒绝："谢谢，我自己来就行了，我可以的。"平时给莎莎夹惯菜的莎妈，平时享受惯妈妈给夹菜的莎莎，脸都一阵红。

吃完饭，在菲丽临走的时候，莎莎悄悄地问妈妈："妈妈，咱们是不是也要送菲丽一个礼物作为回礼啊？"

莎妈说："要的，你提醒我了，咱们冰箱里不是有一个刚买的蛋糕吗？送给她可以吗？"

当莎莎把蛋糕礼盒送给菲丽的时候，菲丽感动极了，给了莎莎一个热情的拥抱。

莎莎、菲丽两个人愉快地相处了一整个暑假。菲丽带给了莎莎巨大的改变，她变得彬彬有礼，对父母有足够的尊重和感恩，不再冷漠和自私，也更有公德心和公益意识，两个不同国籍、不同肤色的小女孩成了一对真正的好朋友。

那天之后，当莎妈和我谈论的时候语带后悔地说："孩子走到今天这个地步，其实不能完全怪她，更多要怪作为父母的我们，是我们没有为她立好规矩。如果当初能把规矩立得明明白白，她一定会懂，会遵守。比如上次买鞋子的事情，怪就怪我没有和她说清楚。假如我明明白白地告诉她，鞋子会在某月某日之前给她买到，那么就不会有她过来大吵大闹的事情。"

"爱孩子，不是说把什么都给她。要给孩子合适的爱，给孩子需要的爱，这很重要。"

回想起自己在教育莎莎过程中的点点滴滴，莎妈总是禁不住懊悔，曾经有那么多次教育孩子的绝佳机会，都被自己错过了，甚至给了孩子反向的示范。有什么样的父母就有什么样的孩子，此言不谬也。

举个例子来说，莎莎的爷爷奶奶是农村的，经常从乡下送菜给他们家，但是莎妈做得不好的地方就是，她从来没有让老人坐下来歇一歇，喝口水，或者和公公聊聊天，说说话。老人每次都是来了放下东西，马上就走了。

所有这一切都被孩子看在眼里，她从没有从妈妈身上看到感恩、尊重的一面，她也从来没有学会感恩和尊重别人。

还有一次，她们上楼开了电子门之后，莎莎砰地就把门关上了，此时刚好后面有一位一手推婴儿车、一手拿着一大袋东西的年轻妈妈，对方要放下手中东西，重新开门有多么的不便，莎妈却错过了一次帮助别人以及教育莎莎的绝佳机会。虽然那只是瞬间，但莎妈却常常回想和假设，如果当时换成是她自己推着小车拿着物品，正准备跟在别人后面进门，然而刚到门前门就砰地关上了，自己会有多么不高兴！如果先进门的人在门关上的一刹那看到后面有人，顺手把门再推开一下，让她进来，她又会有多感激！

也许就是生活中受父母这些小冷漠的影响，莎莎在学校那些无意识的小冷漠、小自私使她逐渐疏远了同学、伙伴们。

比如别的孩子带来一份好吃的点心，会和同学们分享，下一次别人带食物过来也自然会投桃报李和对方分享，这是相互的，尊重、分享、守规矩会使他们形成一个关系融洽的小圈子。然而事实是，开始的时候同学们的确是和莎莎分享的，而当他们看到莎莎常常一个人躲在角落，悄悄地独自享用自己带的食物，不和别人分享的时候，他们就再也不会在下一次分享的时候，想到她的存在了。

更有甚者，有一次莎莎摔跤了，把身上摔破了，一个同学好心地扶着她去医务室。然而当莎莎回到家的时候，也许是害怕大人责怪吧，她对妈妈撒谎说，那是同学推她的。心疼女儿的莎妈气冲冲地去学校，找老师投诉，向那个同学讨要"说法"，结果好几位目击的同学站起来证明，莎莎是自己摔的。这件事，导致莎莎的形象跌至谷底，至此没有同学愿意和她交往，莎莎在班级受到前所未有的孤立。

然而了这个暑假结束之后，莎莎完全变了。

父母和她说话，她会安静地听完，等父母说完了之后自己才开始说话。她会主动帮父母做做家务，还会帮爸爸妈妈敲敲背，按按腿。每逢一些特别的节日，三八节、父亲节、母亲节等，莎莎都会为父母送上一份温馨的小礼物。有时候是用自己的零花钱买的，有时候是自己手工制作的。

而在班级上，由于莎莎的学习成绩一向很好，她开始不遗余力地帮助别人，开始变得"诲人不倦"，为同学讲解题目时很耐心，一遍不行讲两遍，直到对方会为止。对待同学也开始友好热情起来，好的东西会和别人分享，也总会把谢谢两个字挂在嘴边。

老师和同学觉得她像是完全变了一个人，开始重新接纳她了。

而莎莎心里知道，所有的改变都是从那个暑假开始的，从和那个叫菲丽的女孩的认识开始的。

美国心理学家阿尔伯特·班杜拉（Albert Bandura）于 1952 年提出了社会学习理论。该理论着眼于观察学习和自我调节在引发人的行为中的作用，重视人的行为和环境的相互作用。

班杜拉认为行为的形成有两种不同的过程：一种是通过直接经验获得行为反应模式的过程，"通过反应的结果所进行的学习"，即我们所说的直接经验的学习；另一种是通过观察示范者的行为而习得行为的过程，"通过示范所进行的学习"，即我们所说的间接经验的学习。

社会学习理论重视榜样的作用，强调观察学习对于人的行为形成和改变的影响，认为人的多数行为是通过观察别人的行为和行为的结果而学得的。榜样是否具有魅力、是否拥有奖赏、榜样行为的复杂程度、榜样行为的结果、榜样与观察者的人际关系都将影响观察者的学习成果。

本文的主人公莎莎就是在老师的帮助下遇到了一位好榜样，在一件件平凡的小事中，通过观察学习习得了礼貌、感恩、尊重、分享、有公德心等好品质。

告别"巨婴"

把孩子养废很容易，就是什么也不让他做

"100分女孩"兜兜是那个大多数妈妈眼中的"别人家的孩子"，该有的优点她都有，不该有的缺点她一个没有。家里有这样一个孩子，也真的令她的爸爸妈妈、爷爷奶奶、外公外婆骄傲。对外逢人便夸，在家照顾得无微不至，为她创造一切条件，让她能够以百分之百的时间、百分之百的精力和百分之百的专注力投身于学习之中。

兜兜读高一。她在学校也是老师眼中的宠儿，在同学中出类拔萃。因为她的优秀，她被选拔为学校选派新加坡友好学校的交换生，为期半个月。

成为交换生是一件既荣耀又兴奋的事情，然而从新加坡回来的兜兜却闷闷不乐，郁郁寡欢，看得出来这一次新加坡之旅她一点也不开心。

赴新加坡的交换生在新加坡和当地孩子同吃同住。其实在此之前，兜妈已经做了充分的准备，比如别人准备两套衣服，兜妈为她准备了六套，内衣裤则更多。兜妈的意思是换下来的衣服兜兜自己不用洗，到时候带回家给她洗。

当兜兜把换下来的衣物往袋子里塞的时候，引来了同宿舍女孩们的好奇："兜兜，你换下来的衣服为什么不把它洗掉，而是要往袋子里装啊？"

兜兜说："我不会洗衣服啊，我带的衣服足够换的，我把换下来的衣服带回国去给我妈妈洗。"

兜兜的解释引来了宿舍同学的哄笑并迅速传开，兜兜被嘲讽为生活不能自理的"巨婴"。兜兜受到了莫大的羞辱，却又无法辩驳，因为她的确什么也不会，这是事实。她看着其他女孩熟练自如地自己做着所有事情，只有她

笨手笨脚地开始尝试着做最简单不过的事情，不禁自卑得无地自容。

更有甚者，同学们发现兜兜竟然连洗澡都不会自洗，忍不住好奇地问她："你怎么连洗澡都不会呀？泡沫都留在你的头发上了，你是从来不洗澡的吗？"

兜兜羞愧极了，解释说："在家里都是妈妈给我洗的。"

同寝室有一位叫朱莉的女孩对兜兜比较真诚，不像其他女生那样嘲笑她，她看着兜兜被嘲笑得暗自垂泪，便好心地安慰她："兜兜，你不要难过，这些都是每个人日常的生活习惯，你只要认真学，自己动手，很快就能学会的。"

兜兜说："在家里，我每天除了学习，什么都不用做的，爸爸妈妈、爷爷奶奶他们会为我做好一切事情。每个人都告诉我，只要认真学习就行了，其他任何事情都不用操心。"

朱莉说："每个人都应该具有照顾自己生活的能力，在家里的时候不一定需要你做，但是你至少要会做这些事情。"

该做的事情自己做，同时回归的还有责任和规矩

回家后，当兜兜和妈妈建立了共同的意愿，兜兜学会自己独立生活，事情就变得容易了。慢慢地，一些常规的生活技能，比如个人生活自理能力、做家务能力，都一一补齐了"功课"。

在随后一次兜妈生病期间，兜兜迎来了一次生活"大考"。整整一星期的时间里，兜兜每天放学回家之后都要照顾妈妈和自己。一星期之后，兜妈康复了。兜妈感慨万千，生病逼出了自立的女儿，兜兜不但自觉完成了作业，还把妈妈和自己照顾得井井有条，仿佛在一夜之间长成了大人。

兜兜对妈妈说："妈妈，你知道吗，有一句话我一直想对你说：谢谢你对我的照顾！并且谢谢你这次给我照顾你的机会！我觉得我长大了许多，从此以后，我有能力照顾好自己，也照顾好你。"

兜妈也十分感谢兜兜的这次新加坡之行，使她和兜兜都幡然醒悟。她曾经一直以为，随着孩子慢慢长大，有些东西自然而然就会了，是与生俱来的能力。但其实不然，所有的东西都需要学习才能掌握，都要练习和实践才能熟练。否则即使到了大学，也只能是一个不会照顾

自己、生活一团糟、过得浑浑噩噩的"巨婴"。

孩子，到什么年龄做什么事情，必须让其自己去做，千万不能替他做

前不久，我在一次聚会上又见到了岩岩，一个已经上五年级的帅气小少年。岩岩看见我之后，很开心地跟我打招呼："朱叔叔你好！"

我说："哟，岩岩你好！长得真快啊，两年前还是一个儿童，现在已经是一个少年了，哦不，是一个小绅士！你妈妈说你现在很优秀呢！"

岩岩说："三年级我还不懂事，太任性，现在慢慢懂了呢！"

两年前，也是一个自助酒会，我第一次见到了岩岩和他的妈妈。只不过，那一次酒会上，岩岩可没有这么绅士，恰恰相反，几乎是一个满场飞奔的"齐天大圣"。

更可怜的是他的妈妈，跟在他身后，给他喂饭，并提醒别人小心不要被他撞到。要知道岩岩已经是快10岁的大小孩了，并且个子高高的他，看起来显得更大一点，他的行为惹得现场宾客纷纷摇头叹息。因为聚会是家庭性质的，所以现场也不乏别的小孩子，然而没有一个人像岩岩这样没规矩。

就在这时，岩岩看到另一个小朋友手里拿着一杯橙黄色的饮料，喝起来很享受的样子，他转身对岩妈说："妈妈，我也要喝这个饮料。"

岩妈说："好的，妈妈这就去给你倒。"然而当她走到自助饮料台的时候，发现这种饮料已经没有了。

当岩妈告诉岩岩这款饮料供应完了的时候，岩岩不高兴了，全然不顾现场有很多人，大声地责怪起来："怎么我要喝的时候就没有了呢？我不管，我现在就是要喝这个饮料！"

岩妈兴许是怕把事情"闹大"，影响到现场其他的宾客，兴许是因为儿子的吵闹和任性已经让她难堪了，便轻声地抚慰他说："那你等着，别闹哈，妈妈去给你想想办法。"

她走到还有大半杯"存货"的男孩那里，跟他商量："小朋友，你的饮料能不能倒一点给阿姨？"

小男孩很奇怪地看着岩妈，岩妈尴尬地说："那边也有一个小朋友，他想要尝一尝。"

小男孩说："那都给你吧。"于是把手中剩下的饮料都给了岩妈。

岩妈谢了小男孩，把饮料拿给了岩岩。岩岩问："这饮料是哪里来的？"

岩妈说："那边的那个小男孩，他送给你的，他很不错呢，很有风度……"

岩岩突然暴怒了："你是不是混蛋啊，把别人喝过的东西拿给我喝！我们家保姆都比你好。"

现场所有人的目光都被岩岩的吼叫声吸引过去，大家开始议论纷纷："这个小孩怎么这么无礼、没规矩？""都是被父母给惯坏了的。"

……

岩妈非常尴尬地站在原地，又不敢大声批评孩子，否则岩岩一定会更加失控，大闹现场，让她更加无地自容。

我问主办方的朋友，以开玩笑的口吻："这个妈怕不是亲妈吧？怎么连家里保姆都不如啊？"

主办方朋友说："你错了，还真的是亲妈。只不过，孩子的父母太忙，对孩子疏于管教，又是那种要啥有啥的家庭，就演变成这样啦！朱老师，你不是搞这方面研究的吗？能不能出手拯救一下这个孩子？"

我说："我来试试吧。"

我走过去，对岩岩和岩妈说："小朋友，叔叔这里有饮料，你们跟我过来拿好吗？"

岩岩和岩妈都疑惑地看着我，跟着我走到了宴会厅的门口。门口有服务生。我就问服务生："那款橙汁一样的饮料是没有了吗？"

服务生说："是的，对咱们这个 Party 的供应就是这么多。"

我说："那么如果我个人出钱，你可以帮我购买一份吗？"

服务生说："这个是可以的。"于是我给了服务生钱，请服务生帮我去拿了一份。不一会儿服务生过来，我把饮料递到岩岩手里。岩岩接过饮料，跑开享用去了。我便趁着这个机会，和岩妈聊起孩子的话题。

原来岩妈和岩爸夫妻两个一直忙于生意，没有时间带孩子，从岩岩上幼儿园开始，就把他放在爷爷奶奶家。爷爷对他采取的是一种"放养"式的带法，就是除了早上把他送上学，下午把他接放学，以及供他每天吃饭睡觉之外，其他一概不管。他的教育观非常简单：孩子都有自己的天性和成长轨迹，什么事情都让他自己做，他就会拥有强大的生存能力，怎么样都活得下去，他探索他的世界，管理自己的事情，也承担自己犯错的后果，越自由，越成才。

"教育小孩就应该让他爱干啥就干啥，他要什么东西我们就应该给他什么东西。因为现在也不差钱，物质条件好嘛。你看他爸爸不就是这样给我培养起来的？"

岩岩就这样以"野蛮生长"的方式长到了一年级结束。那时的岩岩肆意妄为。岩妈害怕了，觉得孩子放在爷爷奶奶身边不是个好办法，早晚得捅出更大的娄子。便和岩爸商量了一下，把岩岩接了回来。但是夫妻俩都没有空照顾他，怎么办呢？他们找到了一个堪称完美的"宝藏"保姆，非常勤快，家务做得好，而且对岩岩真正做到了心细如发、无微不至——细心呵护得像刚出生的婴儿一般，喂他吃饭，帮他做生活方面的任何事情。

岩岩从此就过上了衣来伸手、饭来张口的皇帝生活。保姆不让岩岩接触具有任何潜在危险的事情，岩岩也打心里喜欢这个保姆。上学期间的午餐怎么办？一样地饭来张口。每到午餐时间，岩岩就会走出校门，保姆早已恭候多时，把热乎乎的饭菜一口口送到岩岩嘴里。

可以说，是爷爷和保姆的双重娇惯、绝对自由加婴儿式护理，把岩岩培育成了一个无比骄纵、肆意妄为却没有任何生活自理能力的孩子。当岩妈意识到问题进一步恶化的时候，自己也无能为力了。岩岩对保姆的喜欢和依赖，甚至已经把她这个"亲妈"边缘化了。他可以对着"亲妈"随意发脾气、耍横，但凡有一些要求不能满足，便撒泼打滚。而每每这个时候，岩妈都觉得自己反而是被孤立的一方：保姆无原则地呵护着岩岩，替他说话；岩爸无原则地袖手旁观，理由是，赚的这些钱，不都是给孩子的吗？想要什么，给他不就不闹了吗？

向我介绍了岩岩的情况之后，岩妈真诚地说："朱老师，如果可以的话，我真诚请您为我们出出主意，帮帮这个孩子。您知道父母面对孩子束手无策时的那种无力和无助吗？"

我说："可以的，只不过你孩子的问题，我还需要和你老公见面聊一聊，大家达成一个共识，然后我提供一些建议。"

在一个周末，我到岩岩家拜访。岩岩的父母、保姆以及岩岩本人都在家。我参观了岩岩的房间，房间打理得非常整齐，一尘不染。我知道，那一定是保姆收拾的，果然是"中国好保姆"。然而我夸的却是岩岩："哇，这个房间收拾得整整齐齐，漂亮极了，我看这个小朋友蛮有规矩的嘛，很棒很棒，为你点赞哦！"

岩妈说："哪是他收拾的呀，这都是阿姨给他收拾的。"我当然明白，事实上我就是说给岩岩听的。我说这句话的时候，小男孩就对着我看看，没说什么。

接下来，我和岩爸岩妈沟通。岩爸的教育思想和他父亲"一脉相承"。可能他笃信，他自己就是被父亲用这种方式培养出来的，现在的物质条件要比自己小的时候丰富太多，把岩岩培养成第二个自己不是问题。孩子到懂事的时候，自然就会懂事。

我说："并不是这样，你没有觉得你的孩子已经进入一个坏的循环之中了吗？一边是衣来伸手饭来张口的婴儿式生活，一边是予取予求、没有规矩的骄纵性格。随着年龄的增长，他会自动好起来吗？一定不会。等待他的，最好的结果是什么也不会的巨婴，坏的结果则很可能会堕落为一个对社会有害的人。不管是哪种结果，作为家长你敢赌吗？你敢在他能不能自动成人成才的人生道路上赌一把，还是通过主动的陪伴、教育和引导，让他百分百地成为一个好人，成为一个国家栋梁人才？"

岩爸听我说完很受震动："朱老师，您说得对，这个事不能赌。但是，我们该怎么做？"

我问："你知道你们孩子现在缺什么？"

岩爸："缺什么？要说家里条件，他真的什么都不缺。"

我说："物质条件在教育孩子的时候不一定是优势，反而可能是毒药——看你对它的态度：你看重它，它便会反噬你；而看轻它，它便没那么重要。我说的缺，不是指你们家的物质条件，而是精神和情感层面，说白了吧——你的孩子缺乏陪伴，缺乏亲人真正的陪伴——或者说是匮乏。我说的这个陪伴，来自父母，而不是来自别人。无论是爷爷奶奶，还是保姆阿姨，他们再好，也代替不了你们。"

岩爸频频点头。

我说："当然，你家孩子欠缺的，还有自主性和计划性，这有助于养成他良好的习惯。目前，他所做的事情都是被安排好的，他没有任何前进的动力，没有任何目标和欲望。按照你们这样的方式去教育小孩的话，岩岩就永远学不会感恩，永远学不会有敬畏之心。你们最后活生生地就把他培养成了一个巨婴。"

岩爸和岩妈聚精会神地听我说，脸上越发严肃。

我说："保姆真的是一个好保姆，她做了所有她应该做的，可以说非常完美，但是她以正确的方式做了错误的事情——当然这不是她的责任。她必须让你们业主满意，同时还要把小孩看好，不出任何的意外，她的责任重大。但越是这样的保姆，对孩子而言越是一剂毒药，孩子永无自立的时候，他将来无法面对困难，无法识别危险，无法挑战自我，会把自己的人生过得乱七八糟。因此你们要做的第一件事情就是'断奶'，给孩子断了所有的依赖，连奶嘴都不要给他。"

岩妈说："这样是不是回到他爷爷带他时候的老路了？"

我说："完全不同。不同之处在于，他现在有你们的陪伴。对，就是我讲的第二点，你们夫妻，必须要有一个人放弃事业，回家好好地陪伴孩子成长，不是当他的保姆，而是要陪伴他，让他学会自己照顾自己，让他养成良好的习惯和良好的品德。岩岩的妈妈，看得出来你是一个非常善良的女人，也非常有修养，善于站在别人的立场，照顾别人的感受。我觉得，你应该做出牺牲，把你的优秀品质传承给你的孩子。"

岩妈说："如果能改变他，我一定是愿意的，因为他是我的孩子啊。"

我说："你知道世界上有三种父母吗？三流的父母是保姆，二流的父母是教练，一流的父母是孩子。他们能站在孩子的角度，去思考孩子的成长，并和孩子同频，把孩子引导到最正确、最适合他的成长之路上去。"

岩妈虽然十分舍不得保姆，但还是"痛下杀手"，额外多给了保姆一笔补偿金，送走了保姆，并和她约定：等岩岩长大一点，懂事了，再请她回来。

岩岩放学回家后，遍寻不见保姆阿姨，反而是妈妈在家里，问："妈妈，阿姨呢？阿姨怎么不在啊？"

岩妈说："阿姨生病了，妈妈给了她一笔钱，让她回家养病去了。以后就由妈妈照顾你了。"

岩岩舍不得："她生了什么病？她家在哪里？我要去看她。"

岩妈说："妈妈不知道她家在哪里。"

岩岩说："不行，我就是要去看她，问她什么时候病好，让她跟我一起回来。"

岩妈说："可以啊，明天妈妈给你买一张火车票，你自己去她的老家看她好了。"

岩岩说："她不在家了，以后谁喂我吃饭？谁照顾我？"

岩妈说："岩岩，你很快就 10 岁了，你现在是一个大孩子了，不是吗？像你这样大的孩子，都是自己照顾自己的，对不对？你不比他们差对不对？所以，以后你要自己学会照顾自己。不会的事情，有妈妈在，妈妈会耐心地指导你。"

吃饭的时候，岩岩不要自己吃。妈妈说："吃饭是自己的事情，你并不是自己不会吃饭对不对？如果你不愿意自己动手吃饭，那只能挨饿哦！并且，从明天开始，你也要开始在学校的食堂和同学们一起用餐哦，你如果不能好好吃饭，是会被同学们笑话的哦。"

岩岩还是赌气不吃，索性要赖。岩妈告诉他吃饭有规定的时间，如果到时间他还是没有吃的话，那么她就会把饭菜都收掉，到时候只能饿着肚子了。

饿肚子是一味良药。岩岩只饿了一次，便乖乖地学会了"亲自"吃饭。

当他明白，再没有人那么宠着他，再没有人那么放任他，那么他的坏毛病，便会一点一点地被修正。

岩妈从让岩岩自己吃饭开始，慢慢地扩展到穿衣、洗脸刷牙、洗澡等生活的方方面面，到科学制订计划和时间表、培养良好的生活和学习习惯，所有属于岩岩自己的事情，全部由他自己来完成。

而岩妈自己，则悉心陪伴在身边，严谨而温柔地规范、引导他的思想和行为，让他自己明白什么是对的，什么是错的，为什么要尊重别人，为什么要帮助别人。

当孩子真正地明白了人生的道理之后，这些道理自然而然会成为他行为的准绳。当岩妈准备好饭菜之后，他会主动地去帮爸爸妈妈盛上一碗饭、舀上一碗汤。当妈妈送他到学校之后，他会和所有孩子一样，对妈妈说："妈妈再见。"当家里来了客人之后，他会主动向客人问好。当下课铃声响起，他会主动谦让，让别人先走。当和同学们一起走进食堂，他会自觉地排队，不争不抢。

一切，都是一个少年该有的样子。

有一天，他对岩妈说，他想那个阿姨了。岩妈心里一惊，害怕他的"巨婴症"又复发了。岩岩说："我不是为了让她回来再照顾我，重新喂我吃饭，我是想，她对我那么好，我要对她说一声谢谢，并且，我想为她盛一碗饭，就像当初她对我所做的一样。"

岩妈热泪盈眶，激动地抱了他，说："儿子，你真的长大了。你放心，在你小学毕业典礼上，妈妈会请她过来，让她亲眼看到你的成长，让你像一个小男子汉一样站在她的面前。然后，我们再一起吃饭，让你为她盛一碗饭，向她说一声谢谢！"

俗话说："宽容过头是纵容，宠爱过头就是溺爱。"2019 年电视剧《都挺好》播放后收视率非常好，引发了原生家庭教育问题的讨论。

苏母有重男轻女的陈旧思想，对两个儿子非常溺爱，尤其是小儿子苏明成，在她的纵容下，变成了我们生活中常见的"白眼狼"，任性而暴躁，他心里只装着自己一个人。甚至对自己亲妹妹大打出手，而一点也没有内疚。

惯子如杀子，被溺爱的孩子终究是无法承受社会挫折的。正如法国教育家卢梭说："你知道运用什么方法，一定可以使你的孩子成为不幸的人吗？

这个方法就是对他百依百顺！"中国的父母是全世界最善良的父母，从孩子嗷嗷待哺到长大成人的每一阶段，父母都是倾尽所有，全心全意为孩子付出，但是很多孩子却不领情。父母的辛苦付出换来的可能是孩子的娇气傲慢，在人际交往中以自我为中心，面对挫折也无所适从。

我们的溺爱除了让孩子不能独立、自私外，还会让孩子骄纵。那么父母需要做什么呢？——要和孩子一起"断奶"。蒙台梭利曾这样说："每一个独立了的儿童，他们懂得自己照顾自己，他们不用帮助就知道怎样穿鞋子，怎样穿衣服，怎样脱衣服，在他的欢乐中，映照出人类的尊严；因为人类的尊严，是从一个人的独立自主的情操中产生的。"孩子总有长大的一天，我们往往想给孩子安排好一切，但不可能永远帮扶孩子，就如岩岩的父母这样，总有一天，社会的残酷会让不会独立的孩子遍体鳞伤。电视剧《都挺好》中因为苏母的忽略，明玉养成了独立自强、吃苦耐劳的品质，而明成却是投机取巧、好逸恶劳并且自私自利，像是永远长不大的孩子。每一位父母都想孩子能有像明玉一样的成就，却可能给了孩子像明成那样无尽宠爱的教育。可终有一天，我们是要与孩子分离的；终有一天，孩子不能再享受我们给他们的爱。

如果我们不跟孩子一起在心理上进行"断奶"，那么孩子就有可能永远长不大。如果我们真的爱自己的孩子，就不要试图去霸占他，作为父母只需要成为一个旁观者，为他们的成长鼓掌，在这个过程中，我们可以这样去尝试：让孩子参与家务，自己的事情尽量自己做。

在孩子成长的过程中，不管学业有多么重，都要让他参与到家务中来。只有孩子参与了，才能知道父母打扫卫生的烦琐和辛苦，对父母产生体贴之情和学会感恩，也能渐渐规范自己的生活习惯。

适当放手，让孩子自己去尝试。

孩子的事情必须让他自己做。我们在日常生活中，要倾听孩子的心声，尊重孩子的选择，多鼓励孩子表达自己的意愿，允许孩子不断犯错和进行尝试。不要用"都是为了你好"来代替孩子自己摸索的过程。即便孩子摔跤，那也是他人生道路必须经历的过程。

教育学与心理学视角

我们在教育和心理工作实践中，遇到不少这样的孩子：10岁不会自己吃饭，18岁不会自己起床。其实正常情况下，这两件事最迟在幼儿园阶段就应该完全学会和掌握。之所以有这种情形，是因为家长以"爱"的名义无微不至地包办一切。他们认为，既然家里有这个条件，那就为孩子做好一切，孩子只需要学习就行。

那么这些孩子是缘何走进我们的视野的呢？很遗憾，往往是在他们出现了重大品行问题、心理健康问题或者学习挫败之后，家长束手无策不得不带孩子进行心理辅导。

更加遗憾的是，我们发现，被家长包办养大的孩子，不但缺乏独立生活的能力，还往往伴随任性骄纵、肤浅浮躁、心理脆弱、不懂感恩、不负责任、不守信用等特征，如果不及时纠正，很容易在学业发展、人际关系、亲子关系方面出现重大问题，甚至做出违法犯罪的事，前景堪忧。

教育的内容绝不仅仅是文化知识，家长往往误解或轻视劳动教育、生活教育、责任教育的意义，要么以为孩子长大了自然就会了，要么觉得学习好了可以弥补一切。然而无数问题少年的案例表明，这种侥幸思想和唯学习论观念万万不可取。

就像雏鹰如果不扇动翅膀，不可能突然学会飞翔；孩子如果不亲自经历生活，怎么可能学会生活？孩子只会学习，即使赢了学习，也会输了生活。更何况，被包办长大的孩子，由于伴随以上提及的不良特征，很可能连学习这一件事都做不好。

今天事事包办，来日收获一枚混蛋。这样的教育悲剧已经很多，希望不再重演。

承诺公式：审慎 + 做到

在我参加过的所有饭局当中，这个饭局堪称最"浮夸"的一个。

设饭局者，柳工，理工男，从事模具、数控机床行业，专业技术在业内小有名气。饭局邀请的基本都是身边关系很好但不常见面的朋友，而"主角"不是别人，正是柳工的儿子，正在读初一的苗苗。

"浮夸"饭局的设计者，正是我。

饭局设在一个颇为豪华、考究的酒店。饭局开始之后，柳工站起来致辞，开宗明义地表示："今天请各位朋友过来小聚，第一是大家好久不见了，聚一聚；第二是我最近很高兴，高兴的原因呢，就是我这个儿子——苗苗，实在是太优秀了，庆祝一下！"

苗苗一听自己是聚会的"原因"，实在是受宠若惊，不停地拉爸爸的衣角，示意他不要再说了。

桌上朋友们一听，纷纷举杯祝贺苗苗。苗苗虽然是未成年人没有喝酒，却比喝酒的人更为面红耳赤。他既羞又愧，偷偷抬眼看向爸爸，那个"吹牛大王"却浑然不顾，继续对自己儿子"极尽吹捧之能事"。

吹得差不多了，苗苗本人已经被吹得晕晕乎乎了，我站起来说："柳工，首先祝贺你有这样一个优秀的儿子啊。最近刚好有一个作文大赛，不如让你儿子参加参加呗，以他的水平，拿个大奖应该是手到擒来的。"

苗苗赶紧示意："唉，这个我真的不行的。参加这种比赛的人都是很厉害的，我知道。"

柳工说："正因为你没参加过，才让那些人侥幸得了奖。他们厉害，我的儿子更厉害。爸爸帮你报名，你去拿个奖回来，下次我们还在这儿聚会，还是我们这些人。让这些叔叔看看，我的儿子是最棒的，从来不会吹牛！"

苗苗说："爸爸，这个我真……"

柳工打断他说："儿子，你不要谦虚，你的实力不允许你谦虚。你给老爸一个面子，去把那个大奖给我拿回来！"

就这样，饭局当场，苗苗被赶鸭子上架报名参加了作文大赛，虽不情愿，却也无可奈何，他只好硬着头皮，开始阅读作文大赛的具体要求。

在此之前，苗苗的作文水平并不高。此刻的他，算是真正理解了有些牛不能乱吹、有些事做不到就不能说的道理，但"悔之晚矣"。

而他不知道的是，这个饭局，正是为他而设；这个牛，也恰是为他而"吹"。那么，这到底是怎么回事呢？还得从苗苗自己吹下的那个"牛"开始说起。

那天在班会上，班主任问："下周我们有秋游的集体活动，需要一辆大巴车。班上哪位同学家里有这方面的资源，能够帮忙联系一辆大巴车的？"

担任班级"中层"干部的苗苗，在班上一向是"有标必投""有牛必吹"的"热血青年"。此刻的他感受到了班主任的召唤，知道是时候展示自己真正的实力了，于是率先举起手来："老师，我爸能搞定！"

老师："好啊，柳苗苗同学，真是太好了，你和你爸都为班级做出了巨大的贡献！"

此刻的苗苗已经感受到自己的头上笼罩了一圈英雄的光环，全班同学向他投来崇拜的目光。

回家的路上苗苗心里却打起鼓来：虽说爸爸朋友不少，但是能不能搞到大巴车呢？想来想去，越来越没底。最后决定：先从老妈那儿探探消息。

"妈，老爸认不认识大巴车司机，或者旅游公司的人？"

老妈："你问这个干吗？你爸是干机床的，怎么会认识开大巴车的呢？"

苗苗："学校搞活动，秋游，老师要让我借一辆大巴车来用。"

老妈："让你借大巴车？你这么有能耐啊？你说，你是不是又跟老师吹牛了？"

苗苗："没有，没有吹牛。"

为了避免新一轮的打击，苗苗决定跳过老爸那一关，直接找租车公司。好在自己还有点"私房钱"——这些年辛苦积攒下来的2000元压岁钱，租一辆大巴车应该够了。

于是，这个 13 岁的少年就自己找了一家旅游大巴租赁公司，到了公司营业厅门口，探头探脑地向里面张望。里面有工作人员看见了，问："小朋友，你找谁？"

苗苗闪身进入门内，故作老成地说："叔叔，我想租一辆大巴车。"

"啊，你租大巴车？"门店工作人员都围过来看他，"你租大巴车干什么用呀？是你父母让你来租的，还是学校老师让你来租的呀？"

苗苗："就是我自己租呀，我们同学要出去玩，所以需要租一辆大巴车。我是负责人，所以我来租，钱我都带了。"

工作人员说："你租可不行，因为你是未成年人。需要你的老师或者家长本人过来，持本人身份证，才行。"

苗苗尴尬无比，无论他和租赁公司怎么协商，都不行。租赁公司说："能不能提供你爸爸的电话呢？回头我们让他来补办手续，钱暂时也不收你的。等到手续办好了之后，我们就按照要求的时间把车开到学校去。"

苗苗说："那能不能不要告诉我爸车是派什么用场的？"

租赁公司："不注明用途我们怎么租赁车辆啊？"

苗苗急了："我不想让我爸知道这个事嘛，不然他会骂我的。"

就这样，正在上班的柳工接到了一个电话："您儿子柳苗苗来我们公司租赁大巴车，留了您的电话。我们想通知您来公司办一下手续。"

柳工连忙赶到租车公司，经过详细了解，方才知道事情的来龙去脉。

柳工表态："我不可能租这车。我家这熊孩子，平时最喜欢吹牛说大话，天大的事都能拍胸脯扛下来。我要是这一次租了这个车，那以后每一次学校用车还不得都找我啊！"

说完，柳工余怒难消地回去了。路上，他觉得这样处理似乎也有所不妥。如果因此"得罪"学校，那也不好。到底该怎么办呢？犹豫难决之际，他想到了有一个朋友平时点子挺多，不妨打电话向他请教一下对策。

于是，我接到了柳工的电话。

听完柳工的讲述，我不禁笑了起来，我说："租一辆大巴车没多少钱，所以不用考虑是否为了钱拒绝。但是如果你直接拒绝租车，可能会让你儿子下不来台，很没面子。所以，车你正常租，但是所有事情不要告诉你儿子，只要办好手续之后，把所有材料装到一个文件袋里，放到你儿子书包里，让他带给老师。"

就这样，苗苗在带着文件袋上学的时候，小心翼翼地问了一下柳工："爸，你没有什么话要跟我说吗？"

柳工语气平和地说："没有。"苗苗觉得很意外，因为按照常态，他老爸应该暴怒才对。最好的结果也是得把苗苗的吹牛说大话狠狠地嘲讽一番之后才会"放儿一条生路"。

苗苗不出意外地成了"班红"，老师对他刮目相看，同学对他崇拜有加。事情平平淡淡地过去了半个月，一个"以彼之道还施彼身"的"浮夸"饭局出场了。

"俗话"说得好，吹出去的牛，含着泪也要把它实现。为了写好这篇竞赛作文，苗苗下了一番苦功夫，向老师请教，向高年级的作文高手请教，搜集各种素材，研究作文范文，最后，居然还真的获了奖。虽然不是大奖，但毕竟也算是神速的进步了。

把奖带回家的苗苗，突然长大了许多，不但没有眉飞色舞，反而郑重地向父母道了个歉。

"爸，因为我吹的一个牛，让你花了那么大的代价，我觉得很对不起。也因为你吹的那个牛，让我有了这么大的进步，我觉得我很对不起。这件事让我成长了许多，也让我明白了一个道理，吹牛一旦不能实现，就会产生不能承担的后果，人要对自己说过的话、承诺过的事负责任。"

在日常生活中，孩子也会经常吹牛皮，家长除了自我反思外，不用太紧张。孩子说大话吹牛皮，一般并没有什么恶意，这是我们必须认识的前提。孩子吹牛皮的原因，有可能是吹牛皮可以吸引别人的注意力，特别是伙伴的注意力；也可能是知识有限，有些话他没有办法判断是不是夸张，很多内容是他编出来的，但他也不知道事实到底是什么样子，也就不清楚事实真相与他说的内容之间有多大距离。也可能是吹牛已经成为习惯，成为获得别人关注和与别人搭讪的惯用方式等。

我们弄清楚孩子吹牛皮的原因后，既要肯定和保护他们的好胜心，也要引导孩子明白：实事求是不丢面子，言过其实才不受欢迎——谁愿意和一个不懂得尊重他人、言而无信、夸夸其谈的人交往呢？柳工在同事间受不受欢迎不太清楚，但是苗苗如果被同学们识破他经常吹牛皮，大家就会慢慢疏远他。

在此基础上，要让孩子从自己最擅长的小事做起，不断积累成就感，这样就能让他们慢慢地寻回自信。要让孩子彻底远离吹牛的恶习，关键还是要帮助孩子树立正确的人生观和价值观，帮助他们培养诸如尊重他人、与人为善、诚实守信和敢于担当之类的优良品质。

◆ **教育学与心理学视角** ◆

从发展心理学来说，孩子喜欢使用夸大事实、吹牛的方法是一种正常的心理现象。幼儿，特别是5岁以下的孩子，还分不清现实世界和想象世界之间的区别，他们往往喜欢把自己看到的听到的内容等经过自己想象的加工，使用夸大的语言表达出来。此时孩子的吹牛常常可能是孩子拥有丰富想象力的表现。

对于大一点的孩子或者成年人，说大话其实是一种心理需求。补偿自我、获得关注和降低焦虑的需要是引起吹牛的三种常见心理原因。

如果吹牛是为了补偿自我，那可能是孩子在某方面不够自信或者表现得不理想，这时吹牛就是为了弥补落差，在心理上达到理想自我的境界。

如果吹牛是为了获得关注，那可能是孩子平时得到的陪伴、关爱、鼓励不够。

如果吹牛是为了降低焦虑，那可能是孩子内心存在令他担忧和恐惧的事情。

除此之外，也有可能孩子是习惯性模仿身边的人而吹牛，或者是因为知识面狭窄、阅历不足而吹牛。如果7岁以上的孩子还是经常性地吹牛，父母需要加以注意，需要去探究孩子爱吹牛的原因，并针对性地加以引导。

用不唠叨换来孩子自治力

不要低估了自己的"唠叨"，真的能让孩子"反目"。

家里有一个和自己完全敌对的娃是什么体验？这恐怕是令很多家长崩溃的事情吧？"别人家生的都是宝贝，怎么我却生了个敌人出来？"

陆鹏一直觉得自己女儿"没良心"。他是一家外企的高管，算是一个高收入阶层的人员，为了更好地照顾女儿鹿鹿，他特意让太太辞职，在家全职照顾她。谁知道这个女儿却越大越不服管教，近来甚至跟母亲"水火不容"了。

陆鹏对此很无奈，常常会在和别人聊起孩子的话题时大倒苦水。

"我们家这位，我们把百分百的精力和注意力都花在了她身上，甚至她妈妈还辞了职全心全意照顾她，谁知道培养出了一个白眼狼。"陆鹏说。

我反对："你这个批判可能有点严重啊，你的孩子多大？怎么就长成一只'狼'了？"

陆鹏说："我家的是个女孩儿，上五年级了，这么小的年纪就蛮不讲理，和她妈妈成敌人了，天天和她妈妈吵架，势同水火。你说，她妈妈天天像一个保姆一样地伺候她，怎么就伺候出仇人来了呢？"

我问："你能不能说说原委，到底是从什么时候开始，是什么原因造成这个局面的呢？"

陆鹏说："大约就是嫌她妈妈唠叨，管得太多，让她不自由了呗！幼儿园的时候还好，但是因为那时候还小，还不懂事。随着时间的推移，她越来越嫌弃她妈妈了，越来越烦她妈妈，自己半句话都不肯多说，别人说半句话都嫌多。她妈妈明明是在全心全意地陪读，照顾她的一切，她却这样掉她妈妈：'除了陪我读书学习你还能干啥？'你说这不是没良心吗？但凡有一点

感恩之心也说不出这个话呀。"

我说："我觉得事情并没有你描述得这么简单，你女儿不是个问题小孩。"

陆鹏说："怎么不是问题小孩啊？有时候她居然还双向欺瞒，撒谎向老师请假不上学，家长也不知道，把双方都蒙在鼓里。我们到学期末的家长会才知道，拿她完全没辙。"

我说："首先，父母千万不要给孩子下定论，尤其是不好的评价，父母的一个差评可能相当于别人的一百个差评。其次，我可以很有信心地说，这只是一个改善亲子关系的问题，用我的办法可以较好解决。不过我需要先和你女儿见一面，聊一聊，了解问题的症结所在。"

陆鹏喜出望外地说："哎呀，那真是太好了！我尽快安排你们见面。"

陆鹏果然很"急"，第二天晚上就安排我和她女儿见了面。这个叫鹿鹿的小女孩，一见面就令我忍不住想赞叹，不仅长得漂亮可爱，眉宇间更是透出一股灵气。

"你叫鹿鹿？知道你为什么要和我见面吗？"

"我不清楚，也无所谓。"

鹿鹿一副心不在焉且事不关己的样子。

我又问："我问你一个问题，在这世界上你最喜欢谁？"

鹿鹿说："我自己呗。"

"除了你自己，你最喜欢谁？"

鹿鹿停顿了几秒钟，有点儿发愣，不过她还是勉强回答："我爸爸。"

"为什么呢？"

我知道鹿鹿肯定不会回答喜欢妈妈，但没想到的是她对妈妈的敌意竟然强烈到令人"窒息"。谈到她爸爸的时候，她立即就会强行对比，自动开启吐槽模式：

"为什么？因为我爸爸不唠叨呀，不像我妈妈那样，一天到晚说个没完没了，一件事情要反反复复地说，不说上几十遍她是不会停的；她每天就会规定我做这个做那个，每件事情都要按照她的规定去做，差一点点达不到她的要求就会唠叨个没完，不停地数落我。我真的是烦死她了，一看见她就生气，心里就烦，什么事情都不想做，什么东西都惹到我。不看见她的时候，我可自由了，可开心了！"

我问："那么如果从明天开始，她不陪你了，你觉得怎么样？"

"真的吗？"听到这个消息，鹿鹿的"应激"反应是跳起来。在她的心里面实在是觉得被"压迫"得太久了，所以一旦"压力"被瞬间释放，势必是要"反弹"起来的。可马上她就觉得这事没那么简单了："不可能不可能，叔叔你在忽悠我，我妈妈怎么可能会消失呢？没有理由啊，她像紧箍咒一样永远戴在俺孙猴子的头上。"

我郑重其事地说："是真的，因为从明天开始，你妈妈要去上班了，她不会直接管你了。"

她这下有点相信了，试探地问我："那么叔叔，这是真的咯？那谁来管我呢？"

我说："是你爸爸呀。你不是喜欢爸爸吗？那么你的事情以后就由爸爸直接来负责。"

鹿鹿马上反驳说："这不可能，我爸爸太忙了，平时他都没时间管我的，甚至我连见到他的时间都很少，大多数时候他回家我已经睡着了。"

我说："看得出来你是个很体谅大人的好宝宝！那么可不可以你自己管理自己？或者你妈妈继续管你，但减少她的唠叨，以及你自己管理自己，这两个你选择哪个？"

鹿鹿说："我当然可以管理我自己啊！我妈妈……谁相信她能停止唠叨？我必须选择自己管理自己。"

我说："既然是这样，那么从明天开始你就自己管理自己了，我是代表你爸妈来跟你谈判的，我们今天达成的任何协议，你爸妈都会同意。那么咱们约法三章可不可以？"

鹿鹿说："什么约法三章？"

我说："第一条，爸爸妈妈从今以后不对你唠叨了，但是他们说的话你要听。"

鹿鹿说："他们不唠叨了，我当然会听他们的。"

我说："第二条，给你学习自主权，但是作业你必须按时、高质量地完成，不得马虎、拖延和开小差。"

鹿鹿说："同意！我的作业，我负责。"

我说："第三条，成绩才是硬道理，一切要靠分数说话。咱们约定这一个学期的时间，指标就是你的期末成绩。如果这学期你合作得好，指标优异，那么咱们下学期还续约；如果指标没完成，不理想，那么证明你的自我管理是失败的，爸爸妈妈要收回你的自治权。到时候，可别怪'唐僧'天天给你'念咒'哦！"

鹿鹿说："叔叔谢谢你，咱们快点签约吧，我还怕你反悔或者他们不同意呢！你放心吧，拿掉紧箍咒，我只会飞得更高。"

和"乙方"鹿鹿达成了"协议"，这是第一步，但实际上，这是我"先斩后奏"的。第二步，我还得回过头来，再找鹿鹿的爸爸妈妈达成协议。鹿爸很快理解了我的做法，觉得真的是之前对女儿束缚得太紧了，是时候放一放手了，否则事情只会向更糟糕的方向发展。

鹿妈一听我让她"从明天开始不用管孩子了"，当场"原地爆炸"："啥？怎么可能？自己的小孩怎么可能不管呢？"

我说："你看过人家放风筝吗？"

鹿妈说："这跟放风筝有什么关系？"

我说："道理是一样的呀！线放得越长，风筝飞得越高。如果你不懂放风筝的道理，如何能把孩子培养成才，培养出她的独立人格？"

鹿妈提出要开个家庭会议，和鹿爸商量一下。在鹿爸的劝说下，鹿妈决定"放风筝"，自己找个单位上班。

我跟鹿爸和鹿妈也来了一个口头的"约法三章"：第一，他们对女儿的任何指令和要求，只说一遍，绝对不说第二遍；第二，鹿爸要多夸鹿妈，尤其是在孩子面前；第三，鹿妈要多夸鹿爸，尤其是在孩子面前。

以上，其实就是我调理家庭亲子矛盾的"灵丹妙药"。很多人可能会认为，前一个"约法三章"的"药性"更强烈，效果更佳。其实，这两个"约法三章"是一个组合，合在一起才能发挥更大的、长久的效力，达到"治本"的效果。

和谐幸福的家庭氛围，才能形成孩子健康成长和进步的"能量场"。在这个氛围里，孩子父亲和母亲之间的互夸，其实是爱的表达，是和谐的密码。懂得互夸的夫妻，又怎会吝啬对孩子的赞美呢？

在达成两个"约法三章"之后，鹿鹿家庭的氛围变得截然不同，一家三口每天沉浸在彼此的爱与温暖中，其乐融融。鹿鹿的改变是"肉眼可见"的，不仅仅是学习的积极性，更有对妈妈从心底的接纳。

最后，鹿鹿考取了苏州最好的初中、最好的班级之一苏州中学伟长班——这个班，苏州人都知道。

教育学与心理学视角

过多的唠叨其实归根结底是一个缺乏边界意识的问题。心理边界又称"心理围墙"，它使我们能够有一个安全范围，保护自己的心理平衡，在这个范围之内我们才能感觉心理舒适。

为孩子好，但是也要尊重孩子的承受力，不可以随时随地想说就说，"360度无死角"，没完没了；就像在单位上班，如果上司为了帮助员工提高业务水平，动不动就在员工面前指手画脚，那员工会感觉怎么样？

出发点再好，总归也要有个度，没有边界意识的干预，只会适得其反。

那么，如果不唠叨了，孩子表现仍然不理想怎么办？那就需要探寻其他更有效的办法了，比如本文示范的在"约法三章"基础上的放权和信任。

不为孩子择路，让他有自己的梦想

我曾经成功调解了一起家庭"纠纷"，并让矛盾的双方握手言和。我为此深感骄傲，因为我不仅改变了作为矛盾一方的孩子，让他走在自己的轨道上，也成功改变了矛盾另一方的孩子的父母，让他们不再把自己未走完的路让孩子继续走。

孩子的母亲姓相，是一名会计师；孩子的父亲——柳中元，是一家银行的副行长。柳中元的经历颇为励志，他从小就很优秀，并且有远大的志向，最大的梦想就是考取清华、北大等顶尖名校，然而不幸的是，他的愿望并没有实现。但他始终在不懈地努力，大学毕业后进入一家银行工作，从实习生到业务经理，直至到分行副行长，他的目标逐一实现。

然而，他的人生越是成功，儿时未竟的梦想越成为挥之不去的遗憾。有了孩子之后，"清北梦"更加萦绕在心头。自己没能去得了清华、北大，那就让孩子去！

"如果连我的儿子也考不上清华、北大，那我的人生真的是彻底失败了。两代人的努力，都没能完成一个小小的梦想，老天爷对我该是多残忍？"

为了实现"两代人的梦想"，他在儿子小时就对其异乎寻常地严苛，作息时间分毫不差，任何事都用最高的标准要求他。

听起来，像是一个标准的"中国好爸爸"故事？

可他的儿子柳永不这么想。"考完试，我爸总能第一个拿到成绩，当我考完试放飞自我时，我爸就劈头盖脸地开始了唠叨，说什么虽然这只是一次月考，但是这成绩反映了严峻的形势，如果不加把劲，期末的时候成绩将不堪设想！论起唠叨，我妈都比不上我爸！"

柳中元为儿子拉起一根弦，每时每刻都绷得紧紧的，就像短跑运动员发令枪即将响起前的那几秒，蓄势待发。

但是弦如果绷得太紧，就会崩。

柳永就崩了。他厌学了。在他上初一的时候。

这时候她妈妈不失时机地开始了她的"神助攻"，"语重心长"地劝诫儿子："你要理解你爸爸，向你爸爸学习。你看看你爸爸简直就是努力奋斗的励志典范，无时无刻不在为他的人生事业拼搏。面对这样一个人生榜样，你有什么理由松懈？有什么理由不优秀呢？"

面对父母的"风霜刀剑严相逼"，柳永的成绩却开始下滑了。这时候，一件事情导致了矛盾的激发。柳永的妈妈听说有一个"变态级"的补习班，包上重点大学，并且承诺如果不考取重点，将全额退还学费。"区区"20万的学费对他们这样的家庭来说不是问题。

回家和柳爸一商量，柳爸喜出望外：原来梦想也是标了价格的！只要交了钱，"买了梦想"，重点大学就是板上钉钉的事情了。"花钱买省心"，何乐而不为？

柳永放学回到家之后，柳爸说："儿子，爸爸打算为你报一个补习班，这个补习班能够保证你考上重点大学。你要认真学习，一定要对得起我为你额外投资的这20万哦！"

柳永说："啊，这个补习班好像我们班上也有同学报啊！"

柳爸听了很兴奋："那太好了，你赶紧联系你那个同学，把补习班的电话要过来，我这就帮你报名。"

柳永却慌了，坚决拒绝："我才不要去呢，我同学说那就是个魔鬼班，天天做试卷，各种各样的习题没完没了，魔鬼化教学，军事化管理，只能听话，不能反驳！我同学已经被折磨得人不人鬼不鬼的了！"

柳爸说："你先去了再说！再说花的是我的钱，又不是你的钱。你先去把电话要过来，我们咨询一下，也许事实并不像你同学说的那样呢。吃得苦中苦，方为人上人。辛苦这六年，幸福一辈子。"

柳永坚决拒绝："不要，我坚决不去！那边强度太大了，完全是反人道的，比你的压迫还要大得多得多，难道你要我承受双重压迫吗？"

柳爸被儿子彻底惹火了，冲儿子吼起来："去，我只是让你先把电话要过来！"

柳永索性顽抗到底了："我不读书、不上学了好了吧？咱们一拍两散！"

真的激出儿子的极端对抗情绪，导致破罐破摔，不是柳中元希望看到的。在爱人的劝说之下，他同意与儿子和解，报名的事先放一放，让儿子继续保持当前的学习状态，并且努力争取更上一层楼。

然而事与愿违的是，儿子非但没有保持原来的成绩，反而一路猛降。眼看着儿子离"他的"梦想越来越远，柳中元心急如焚，到处找朋友出主意，怎样才能"触底反弹"。

这时候，有朋友向他介绍了我。

听完他讲述的前因后果，我说："正所谓山重水复疑无路，柳暗花明又一村啊。"

柳中元说："目前只有上一句，山重水复疑无路，我根本看不到柳暗花明啊！"

我说："你儿子是个很聪明的孩子，比你还聪明。但是为什么他和你发生抵触之后成绩会直线下降呢？还是心态出了问题。人在慌乱的时候，无论做事还是学习一定会有问题，不可能学得好。"

柳永在旁边听得连连点头："叔叔你讲得很有道理，我服你！"

柳永的妈妈在旁边问我如何改变当前的局面。

我问柳永："你爸妈所有想让你做的事情，你自己是否都想去做？"

柳永条件反射般地否认："不，不，那些事都是他们强加给我的，根本不是我想做的。我是按照他们的'旨意'去学习和生活的，所有的事情都是我被动去做的。"

柳爸怒道："你小子说得不对！我们辛辛苦苦为了谁啊？我希望你认真学习，希望你考上名牌大学，不是为你好吗？怎么叫逼呢？"

也许是觉得有我这样一个第三方在场为他"撑腰"，柳永此刻变得理直气壮，据理反驳："假如说这个世界上所有的小孩都像父母设计的那样，那么这个世界岂不是所有人都是一样的？没有差异化，社会该如何进步？你这是违背了社会的基本规律！"

我问："道理你懂得一套一套的，看得出你比同龄的小孩都聪明，可是你为什么却考不好呢？你有没有反思一下自己？"

柳永说："那都是他们强加给我的。其实我知道自己的，我能读好书、考好试。从小学我的成绩就没差过，但是现在我遭受两路夹击，完全没有个人空间了！我哪里还有心思读书学习？"

我说："那就是说，如果爸妈不管你，对你宽松一些，你反而能严格要求自己，把书读好？"

柳永说："是啊，我们班同学自从报了魔鬼班，整个人都不好了。一想到这儿，我整个人也都不好了。假如让我做我不喜欢的事情，岂不是相当于一个秀才让他上战场，明摆着就是送死嘛！"

我正欲说话，柳永又补充说："当然了，我也检讨我自己，不上学肯定是不行的。"

我说："你是一个很懂得自省的孩子，会自我反思。那么我想，你自己心里其实是完全懂得，并很感恩你爸妈的良苦用心的！"

柳永点头称是，并转身真诚地对爸爸说："爸爸，我知道你是爱我的，并且把梦想放在我的身上。你最大的愿望就是我的未来更好，未来的我更优秀，但是你不要以输不起的心态来要求我呀，否则我就成了受害者，我是第一受害者啊！"

柳爸听了儿子一番肺腑之言，如梦初醒，表示要对儿子收回他的"梦想"。

"儿子，从此以后，你心里只需要装着你自己的梦想就行，无论你想做什么，最后的人生达成什么样的成就，那都是你自己的人生，你按照自己的梦想去活、去努力奋斗吧，爸爸绝对不再干涉你！你有你自己的想法和主见，你也有对自己的要求和目标，爸爸妈妈今后只需要做好你的后勤工作就行了，为你营造永远温暖幸福的大后方。"

一家三口，握手言和。

柳爸放下了他的"梦想"，对儿子上名校不再有"执念"。而小柳永呢？他虽然没有报名上"魔鬼班"，但学习成绩却很"魔鬼"，两年后的中考中，考上了重点高中，三年后的高考当中，又取得了优异的成绩，被西安交通大学录取。

　　本文中的关键点是父母因为自己的人生遗憾无法放下和释怀，便以输不起的心态来要求孩子。也许孩子本身是有能力帮助父母弥补遗憾、同时成就自己的，但是正因为输不起的心态的控制和干扰，导致了一系列问题。

　　输不起心态的特点是：夸大某次失败经历的影响，急功近利，为了成功不计后果做出冲动和不理性行为。

　　"输不起"会让人变得心态失衡，容易失去客观理性的判断，变得极为主观和极端，做出违背规律或超出自身承受力的事情；"输不起"会让人过多关注结果，而忽略过程的重要性，从而剥夺了从失败中学习的宝贵机会；"输不起"会让人背负过多的压力，出现焦虑、恐惧等身心健康问题。因此，输不起的人，反而很难成功。

　　无论是家长或是孩子，都要警惕输不起心态的不良影响。在梦想的接力赛上，传递的除了"僵硬"的目标，也可以是梦想的精神。

放下你的手机

有一次，我出差乘坐高铁从北京回苏州。邻座是一家三口，爸爸妈妈带着大约六七岁的小女孩，爸爸在很专注地玩手机，妈妈在很专注地玩 iPad，女儿在看故事书，起初大家各有事情做，相安无事。

然而不久，那女孩看书看得腻了，放下书，左顾右盼，说："妈妈，我口渴了。"

妈妈只好放下 iPad，去帮女儿倒了一杯水。

女儿喝了水，不到几分钟，又对爸爸说："爸爸，我要小便！"

爸爸忙着看手机，说："小便应该让妈妈带你去厕所，爸爸是男的，不方便。"

妈妈也舍不得放下她的 iPad，说："怎么就不方便了？你把她带到厕所门口，教她怎么冲水，怎么开关门，你在外面等着，不就行了？什么事都要叫我吗？"

爸爸只得放下手机，带着女儿去厕所。

回来之后，不一会儿，女儿又说："妈妈我饿了。"

妈妈生气地说："你怎么这么烦呢？"

女儿嘟起嘴。妈妈无奈之下，去包里找出一些零食，让女儿自己吃。

女孩吃完零食不久，又对爸爸说："爸爸，我要上厕所！"

如此反复了许多次，妈妈经不起折腾，终于爆发了，冲着女儿吼起来："妞妞，你这是什么意思啊？一会儿这样，一会儿又那样，能不能消停消停啊？"

吼得整个车厢的乘客都朝这一家子看过来，小女孩更是被吼得委屈极了，放声大哭起来，一时间，车厢里"热闹"极了。

　　我心里很不是滋味。对孩子而言，世界上最遥远的距离莫过于父母坐在自己身边，他们却在玩手机。在综艺节目《少年说2》里，有一个五年级的小男孩在台上说："小时候，我总是认为，手机才是爸妈的孩子。因为我每次抬头看他们的时候，他们总是目不转睛地盯着手机看。我真的不知道，手机里到底有什么好看的东西，竟然比我还重要！"

　　手机原本只是通信工具，但不知道什么时候开始，它已经变成家长和孩子之间的一堵墙。爸妈热衷于晒朋友圈、晒娃、发美食、发心情、发旅程，然后一遍一遍刷新，想看看有多少点赞和评论。每一位都抱着手机沉浸在手机的世界，一张张被手机荧光照亮的脸，时而微笑，时而严肃，时而开心，时而伤心，但却都不属于孩子。

　　然而，讽刺的却是更多家长的抱怨："为什么我的孩子总是沉迷于手

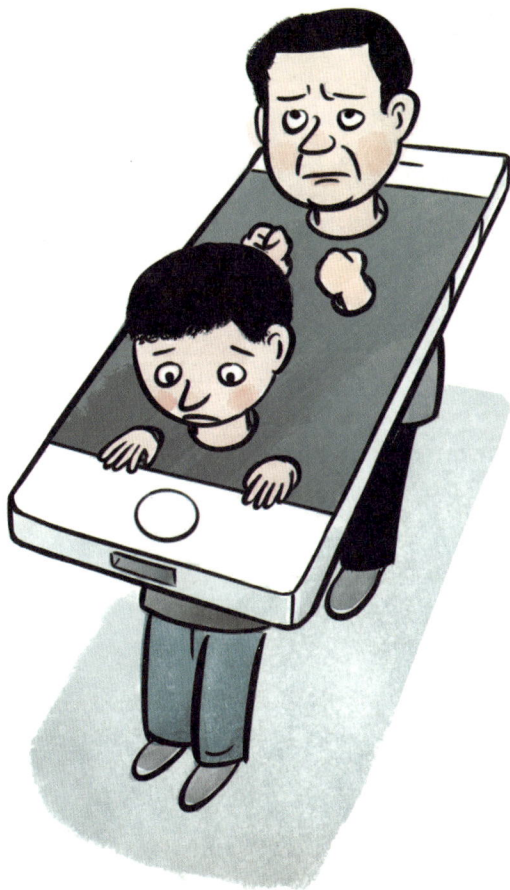

机？""他现在不喜欢学习，整天就是玩《王者荣耀》！""我的女儿整天抱着手机刷小视频。"

父母在责备孩子沉迷于手机的时候，是否更应该反思自己？

当孩子叽叽喳喳饶有兴趣地问你"十万个为什么"时，你是否正在拿着手机头也不抬地回应一句"嗯"？

你是否不想被孩子打扰而丢给他手机？

你是否因为工作抱着手机不放？

你是否一边要求孩子读书，一边却抱着手机刷朋友圈？

孩子在桌前写作业，你是否抱着手机"陪伴"在旁？

世界越来越大，物质生活越来越丰富，手机带给我们非常大的便利，而我们和孩子之间的交流却越来越少了。我们的孩子由于被忽视，在成长过程中更容易感到孤独，不善于交流；父母沦为手机族时，甚至被孩子模仿，一起加入"低头族"，沉迷其中。

最好的家庭教育就是陪伴。

温情的陪伴可以塑造孩子健康的人格、更高的情商和完美的行为习惯。我们常常以为孩子还小，不知道这种人在心不在的陪伴对孩子的伤害。孩子经常因为被冷落或好奇变得"疯狂"，如文章开头的小女孩，就是希望博得父母的关注和陪伴。父母是孩子的范本，想让孩子变成什么样的人，首先我们自己应该去做那样的人——放下手机，至少在陪孩子时。

美国非营利机构针对1800个8岁至18岁孩子的家庭做了调查研究发现：家长平均每天使用屏幕(包括电脑、电视、智能手机等)的时间为9小时22分，其中约7小时43分用于娱乐。作为家长的我们自己都放不下手机，如何教育孩子放下手机？

想要成为负责任的家长，请你尽量不要在孩子面前使用手机。如果因为工作需要，要尽量缩短使用的时间。至少在以下几种情况，家长一定要以身作则，坚决不用手机，教育孩子养成好习惯。

孩子做作业时：孩子在做作业时，我们不要一边监督一边刷手机。如果想让孩子专心，那么我们不妨也拿一本书专心读一读。

吃饭时：尤其是孩子在场的时候，用心去享受全家人一起用餐的时光，可以和孩子交流让大家放松的话题。请不要说："我只是收一下信息"或"我回一下工作信息""我只是确认一下……""万一领导给我任务"。

陪伴孩子游戏玩耍时，请一定要放下手机，这样你的眼睛里才全是孩子；孩子也能享受这个时光，玩得尽兴。

在休息前：这个要求对很多家长来说都很难，大部分人都要带着手机进卧室（甚至卫生间），睡前一定要刷一下视频或朋友圈。如果我们不希望孩子带着手机上床，不想看到孩子刷着小视频，那么就以身作则不要把手机带上床。

◆ 教育学与心理学视角 ◆

孩子看书看腻了，想要得到爸爸妈妈的互动和陪伴，但是爸爸妈妈忙着玩 iPad 或者手机，都不理睬她，她没办法，小小的人儿只好不停地制造借口，以引起他们的关注，所以才会显得"很烦人"。"烦人"源于未被满足的、对陪伴的渴望。

通过孩子的烦人行为看见其背后的合理动机，这样家长才能理解孩子的内心世界，才能明白孩子要的是什么；才能觉察"烦人"的源头不是孩子的问题，而是家长不愿意放下手机的问题；才能不再给孩子随意扣上"烦人""不乖"的帽子，才能收获一个提醒父母放下手机的"天使"。

读书的意义

我约了他在社区活动中心见面，那里有安静的地方，他也很安静。

我首先自我介绍："我姓朱，你可以叫我朱老师。你呢？"

他说："我叫张扬。"

我问："对于你爸妈给你安排的那些事情，你自己喜欢吗？"

他反问："你是要听真话还是假话？"

我很诧异："当然要听真话啦。一上来就讲假话，多不真诚。"

他说："那我能先说说我的一个愿望吗？"

我说："请讲。"

他说："我好羡慕公园里那些自由自在的爷爷奶奶啊！我的愿望就是自己能提前退休，然后像他们一样自由自在地活着，想干啥干啥，想不干啥就不干啥，想啥也不干就啥也不干。"

我弱弱地问："你指的是……现在就退休？"

想提前"退休"的这位，叫张扬，现在上小学五年级。对，他是个孩子，他的父亲老张是一个外企的高管。张扬是老张夫妻晚年得来的"二宝"，是被宠上天的掌上明珠，要啥有啥，在学习上则是被寄予厚望的天之骄子。父母把他的周末时间全部排满，除了学习辅导之外，还有跆拳道、书法、绘画等兴趣课。

刚开始，张扬觉得新奇好玩。开心地跟着父母去上了几次课之后，便开始厌烦，以各种借口逃避。一到周末，便借着头晕、肚子疼、走不动等各种原因不肯出门，情愿躲在床上一整天。

父母和他讲道理？讲不通的。"病情"扩展到日常，对各种事情不关心、没兴趣，生活上行为佛系，学习上不求上进，每天只要完成老师布置的任务就行，考试只要达到 60 分及格线就行，其他时间恨不得全部躺在床上，"躲进小床成一统，管他冬夏与春秋"。

"他们多幸福啊，没有人逼着他们做他们不喜欢的事情，可以整天无忧无虑的。"小张扬继续沉浸于自己幻想的"退休生活"中。

我说："既然你这么羡慕他们，那不如这样子好了，我和你父母说一说，让你提前退休，从此以后不用上学，也不用学习了，不用去上那些你不喜欢的课外辅导班，不用做你不喜欢的任何事情。"

张扬那番话本来只是说说而已，在我这么个"陌生人"面前吐吐槽，想不到得到这样做梦一样的反馈，他露出掩饰不住的喜悦。

"真的啊？可以吗？"

"当然可以！你爸妈的工作由我来做，我保证他们会同意，让你提前退休。"我说，"你可以想去哪儿去哪儿，做你喜欢的任何事情。我也觉得你上学很累，一大堆功课，还有那些课外辅导班，都是你不喜欢的。你爸妈逼你做那些事情没有任何意义，现在是时候把自由还给你了。"

张扬几乎把我当成知音了，在我说话的时候连连点头，我的话句句说在他的心坎上。

话锋一转，我说："但是有一件事情我想请教你。"

张扬问："什么事啊？"

我问："那些退了休，开始享受天伦之乐、自由生活的爷爷奶奶，他们在退休之前是干什么的？"

张扬摇头，说不知道啊。

我说："他们每一个人，也都是从学习，到工作，再到退休的。他们要花十几二十年的时间在学习；再花三四十年的时间在工作上。每个阶段都很辛苦，这样一步步奋斗，为自己积累了退休后的财富。"

这些从未听过的话语吸引了他，他开始进入我的语境之中。

我说："现在，他们开始了自己'只享乐不干活'的养老生活，那是因为他们有养老金，国家每个月都支付给他们。那么我想请问你：你现在退休，没有工作年限，没有社会贡献，你的钱从哪里来呢？你如何养活你自己呢？"

张扬傻了，这当然是他从未考虑过的问题："我没有钱啊，可以问我爸爸要，他肯定会给我的！"

我说："我来帮你算一笔账。"我拿出一张白纸，画出一条数轴线，"你看哈，正常人是3—24岁努力学习，但是你不需要，直接跳过进入退休生活，那你觉得你一个月生活费需要多少钱？"

"嗯，每个月5000要的吧。"张扬仔细想了一下回答我。

"嗯，要求不过分，每个月5000是最基本的生活费了，那一年是不是要 6 万？"我问他，等了半天没有算出来，"哈，你看数学没有学好，将来账都不会算，怎么办？我们再来看看，你现在 10 岁就要退休的话，按照平均寿命来算，大概有 80 年退休生活要过，一共需要 480 万，当然这钱不能花在生病、旅游上。"

张扬大吸了一口气："这么多钱啊！"

"是啊，你真是幸福，现在就可以退休了。我现在没办法退休，我没有这么多钱。你爸爸可以给你这么多钱？"

张扬失望地摇摇头："我爸爸才没有那么多钱呢，我也没想过钱的事情。"

我故意作为难状："那怎么办？你现在不肯学习，将来肯定也不愿意工作的，收入没有，那你只能问别人要了。"

"那不就是乞丐了嘛！"张扬嘟哝着，"我才不去要饭呢！"

我说："那么请问你一个问题：你在学校读书的意义何在？"

张扬喃喃地说："我……并没有考虑过这个问题。我爸爸妈妈让我读，我就读。因为是他们在照顾我，所以虽然我不愿意上学，但是却不得不上，就这么过呗。"

我说："这就是问题所在。你以为读书是为了爸爸妈妈，是他们让你读，而你又没有能力摆脱他们的照顾，所以不得不读。你只是把读书当成一个被动的任务来完成，但事实上这是错误的，读书是为自己。"

张扬虽然没有完全理解学习的目的，但是我们今天的谈话只能告一段落了。从孩子出生开始，我们就不断给孩子传授各种知识和能力，其实很多时候我们做得越多，越让孩子会觉得学习是为我们家长学的，而我们也忘记要告诉孩子学习的意义。

孩子为什么要努力学习？大部分家长要求孩子努力读书，是因为将来能找个好工作，不用像某某工作和某某人那样辛苦。努力学习对每一个人的要求都不一样，对现在的孩子而言，努力学习能找到一个好工作，还是很苍白的一句话。我们在日常教育中要让孩子明白，人生不同阶段有不同的使命。在学生阶段，学习知识，为以后的人生获得生存的能力，就是他们在学生阶段最重要的使命。为了这个使命，他们必须要学习忍耐、忍受吃苦，这不仅仅是学习的需要，也是人生的一种修炼。

如果在学习的阶段，他们每天都想着玩，像张扬这样想过"退休"一样的生活，而没有去体验为目标而努力付出的过程，那么长大后就不可能为了工作、为了人生的目标而去拼搏努力。现在00后的孩子，物质条件都不差，他们从小生活在没有压力的环境中，不像我们小时候一样为生活而担忧，所以为了将来找到好工作而努力学习对他们来讲没有意义，他们觉得不学习也可以有钱花。

"孩子，我要求你读书用功，不是因为我要你跟别人比成绩，而是，我希望你将来会拥有选择的权利，选择有意义、有时间的工作，而不是被迫谋生。当你的工作在你心中有意义，你就有成就感。当你的工作给你时间，不剥夺你的生活，你就有尊严。成就感和尊严，会带给你快乐。"

这就是学习的意义！

教育学与心理学视角

当孩子钻牛角尖或者抱有不切实际的幻想的时候，"推演法"可以帮助他们以此为前提预测未来可能发生的事情，验证想法的不合理性和不可控性，从而走出执拗，知道自己到底要干什么。

在本篇故事中，上小学五年级的小主人公想要提前过退休后自由和享乐的生活，因此在学习上不求上进，在生活上懒散随意。朱老师用推演法对其进行开导。

经过一番推演，孩子就知道自己该做什么了。家长巧用推演法，胜过给孩子灌输无数大道理。

追星辩证法

我们都是从追星的年纪过来的。小时候我们常把偶像的照片贴在书上、笔记本里，把海报贴在房间里。话说我一个朋友的孩子最近也染上了追星瘾。

转眼间，老谭的儿子小谭也到了追星的年纪了。孩子喜欢张艺兴，张艺兴的每一个专辑他都用自己的零花钱购买；张艺兴代言的品牌，他也觉得非常好，经常入手同款的衣服和鞋，还有同款帽子；当然张艺兴的招牌动作，小谭要得也是非常"同款"的。

我并不反对孩子追星。这个年龄，正处于心理断奶期、自我意识飞速发展。一方面，他们想证明自己已经"长大"，可以摆脱父母的管束；另一方面，也是想把偶像作为自己的榜样。但是选择什么样的榜样、汲取什么样的能力，那就非常重要了。

小谭在四年级的时候明确了未来发展的目标：考入北京电影学院。

为什么？

因为要变成张艺兴那样的人。

许多朋友私下跟老谭嘀咕："孩子当什么演员？这条路不好走！"而我却给老谭洗脑："怕什么，你儿子小谭现在有目标、有动力，父母只要去引导他就可以了。"

我跟老谭支招……

老谭问他儿子："如果要考北京电影学院，需要什么条件？"

"我不太清楚，但是我会去查！"儿子非常有信心。

"那我们今天就查一下。"老谭马上拿出手机搜索北京电影学院的录取条件。"近几年的分数线差不多都在 390 分以上。这是什么概念呢？就是你的文化课要达到江苏省前 100 名！"老谭观察自家孩子的反应。

"这么高呐！"儿子很为难，"那我肯定考不上！"

老谭顺势说："嗯，按照你现在的情况比较难，但是也不是不可能。"

老谭拿了笔和纸，坐下来和小谭分析："要考北电，你看，爸爸妈妈都是理科生，你数学肯定没问题，总分 200 分你 160 分要考的哈（江苏高考数学满分 200 分）；英语是你的强势科目，120 分，拿到 110 分差不多吧；语文总分 160 分，考 120 是比较客观的指标。"其实高考能考到这个分数是非常难的，但是孩子对这个分数并不太有感觉，他还在用小学的分数衡量。

"当然可以！"小谭心里默默比照了一下自己平时考试的成绩，顿时有了自己马上就能考上的感觉。

"其实高考的难度系数要比你小学的考试大得多，所以要达到这个分数还是有很大难度的。不过话说回来，你的优势就是现在才小学四年级，每年进步 1 分，就够了。"看着孩子充满信心的眼光，老谭继续"画饼"，"首先，我们先定个小目标，要上苏高中。因为苏高中是苏州最好的高中，所以如果要上苏高中，你至少要在年级排到前 20 名。"

小谭的信心又没了："那我肯定考不到！"

老谭继续打气："是啊，现在肯定达不到。但是排到班级前 10 名困难吗？应该不难吧？先达到这个目标，我们每次考试保持进步 1 分，那么到小升初的时候，排到年级前 20 肯定不是问题了。"看着儿子还在犹豫，老谭赶紧拍了拍他的肩膀："为了张艺兴，相信你肯定没有问题。困难都可以慢慢解决，我们有 5 年的时间准备呢！"

老谭儿子瞬间很受鼓舞，从那一年开始明显感觉他更加积极向上了，还参加了班干部竞选，班主任硬是给他新设了一个"班级图书管理员"的职务。后来，在四年级顺利拿到了三好学生。

生活中，很多家长对孩子追星比较担忧，多数都是持反对的态度。一方面怕孩子追星会消耗太多精力，影响学习；另一方面，担心孩子付出太多金钱。

孩子追星，其实是家长了解孩子的一个重要的窗口。孩子所喜欢的偶像，身上一定有他们喜欢的某种特质，或者孩子想成为那样的人，这其实就是他们努力的动力。一般偶像都是潮流和时尚的先驱，经过包装后，大部分明星

光鲜靓丽，身上散发的光环是非常吸引孩子的。如果明星身上有积极、励志的正能量，刚好也是我们希望传递给孩子的，那么我们稍加引导，让孩子也朝着这个方向努力，将起到事半功倍的效果，比我们粗暴地制止他们效果好得多。

心理学家白彦茹曾指出："孩子崇拜偶像、寻找榜样是身心发展过程中必然会出现的一种心理诉求。孩子在对明星的追求过程中，会汲取他们身上的某些特质，充实自己。家长们首先不必太过恐慌，不应该谈'星'色变。

如果引导得当，追星也能成为鼓励孩子上进的一种办法。"

借着追星这个机会，父母可以和孩子深入沟通，尽可能去了解孩子追的明星，是哪些特质吸引到孩子的。可以适当满足孩子追星的外在条件，例如我让老潭允许他家孩子可以利用零花钱购买张艺兴的专辑等。

鼓励和理解孩子，可以告诉孩子明星成名的心酸历程，光环下生活的真相，激发他努力上进的热情。粗暴的否定，只会把孩子和父母间的距离拉远。

在《明星大侦探》中，有一段话大致是这样的：偶像是镜子，折射的是你希望自己成为的样子；偶像是力量，给予你面对生活的希望和勇气；偶像是陪伴，共同成长，各自精彩。

◆ 教育学与心理学视角 ◆

从心理发展的过程来看，青少年阶段是自我认同的时期，孩子们开始思考"我是什么人"和"我将向何处去"。许多人不再满足于从父母、老师那里得到教诲和知识，开始独立地思考，他们渴望选择去做自己感兴趣的事，并开始思考自己未来的人生角色，对丰富、快乐的生活充满憧憬。这个时候，孩子心中会出现一个模模糊糊的"理想自我"形象，当他们遇到一个某方面符合"理想自我"特征的明星时，内在的渴望与外在的吸引在无意识中产生了契合，孩子就会产生追星行为。从这个角度上讲，追星本身就是孩子"向好"的外在表现。

了解了这一原理，家长要做的是把孩子无意识中的契合思维"说破道明"，引导孩子明白自己之所以会喜欢某个明星，是因为内心也渴望具备明星身上的一些特殊品质，比如勤奋刻苦、敬业爱岗、彬彬有礼、整洁清爽、多才多艺等，给孩子正向的"心理暗示"。同时，辅助孩子树立向明星看齐的目标，制定向明星看齐的行动计划。这样的话，追星就成为了孩子进步的动力，从一个"问题"变成了一段"佳话"。

"早恋"转化法

约定梦想，共同进步

我接到一个平时较少联系的朋友的咨询电话："朱老师，我的女儿早恋了，请教你一下应该怎么才能把她挽救回来。"

我皱眉："挽救？为什么要挽救？青春期的男孩子女孩子情窦初开，他们有喜欢或较为亲密的异性朋友是很正常很健康的事情啊。何况他们不一定是在恋爱啊，或许只是一种朦朦胧胧的情愫。"

朋友着急地说："关键是，我女儿正在读初三啊，她马上要参加中考了呀！"朋友女儿小名叫蒙蒙，下文就称朋友为蒙妈吧。

我问："你是怎么确定你女儿是在早恋呢？"

蒙妈说："我发现她最近这段时间特别注重自己的穿衣打扮，衣服天天换，还化妆，每逢周末的时候，还要涂口红。"

我说："可能是孩子年龄大了，美的意识觉醒了。"

蒙妈说："说到周末，她现在是每个周末都会出去的，而且要打扮得漂漂亮亮才出去，跟平时上学时完全不一样！她还学会了说谎，每次都告诉我是去同学家一起做作业。让她在家里做，她不肯，根本待不住。"

我问："那她在家里是什么表现？"

蒙妈说："她的情绪变化比较大，而且很敏感。回家喜欢一个人待在房间里，不出来，自己在房间里常常能笑出声来；但是却不太愿意和我们讲话，不是沉默寡言那种，而是和我们无话可说。要知道以前她可是话痨，什么事情都要和我说。最要紧的是，她花钱很多，不知道她花在什么地方了，问她她也不说，要么就是撒谎骗我。她自己存下来的压岁钱，很早就花完了，又找我或者她爸爸要。"

我问："在学校呢？成绩有没有受影响？"

蒙妈说："在学校的影响是最大的了。老师打电话来反映说，她上课时注意力很不集中，常常走神。最关键的是，她的成绩下降得很明显，她以前一向是班级的前几名，而且很稳定，经常拿三好生奖状的。现在倒好，向那个男孩子看齐了！"

我问："你连哪个人都知道了！这么说是'实锤'了？"

蒙妈说："是的啊，班上同学都知道。很多同学跟老师反映的，说她跟某个男生'谈恋爱'，在学校时候虽没那么亲密，但也是属于形影不离那种的，一到放学，嚯，不得了，向来一起走，不和其他同学一起，两人很快消失在茫茫人海之中。"

我说："我明白了，我希望你找时间把她约出来，我来和她沟通一下，希望能够对她有所帮助。"

蒙妈说："好的！"

过了三四天，蒙妈又给我打电话了，这一次，她显得很激动："朱老师，不得了了！"

我说："你不要紧张，发生了什么事？"

蒙妈说："我还没发飙，那个叫同同的男孩子的妈妈倒是先到学校去闹了，真的很搞笑，好像她的儿子是受害者一样！"

我说："怎么回事呢？"

蒙妈说："班主任打电话给我的同时，也给同同家里打了电话，说他和班上一个女生疑似在早恋，影响了双方的学习，让家长给做做思想工作，把孩子的心拉回到学习上。谁知道那男孩子的妈妈着急了，跑到学校，跟发疯一样找到校长，说我女儿和她儿子早恋，影响到她儿子的学习，成绩直线往下掉。这也太搞笑了，我女儿是班上的尖子，成绩本来好得不得了的，而她儿子本来就成绩一般，排名也就中等偏上一点。现在是我女儿被她儿子影响，成绩在往下掉，她倒反咬一口，说成是我女儿追求他儿子了。"

我说："这事没有对错，也没有谁先谁后，但是要说成绩，要么都往下掉，要么都往上升。"

蒙妈说："往上升那是不太可能的。我们现在要做的，就是要把他们的感情扼死在萌芽状态，要不然发展下去，会毁了我女儿的，当然她儿子也好不到哪儿去。我真是被她气得半死，我女儿人又漂亮，成绩又好，怎么可能是她追求那个男孩的嘛！她爸爸回到家听说这件事情，气得不得了，找蒙蒙谈话，把她大骂了一顿，让她和那个男孩子彻底断了关系，把心拉回到学习上。"

我说："这样的事情宜疏不宜堵啊！给孩子来硬的，肯定是适得其反的。"

蒙妈说："嗯，朱老师你说对了。我家这丫头平时好好的，对这件事却犟得很，一开始的时候不承认，说就是两人关系比较好一点而已，平时就是谈谈人生，谈谈理想。后来被她爸爸盘问，承认也会牵牵小手。她爸爸就怒了，说：'这还不是谈恋爱？不是谈恋爱是什么？'让他们赶紧断了，不然断了她的生活费。谁知道丫头犟起来了，和她爸爸顶嘴，说他们没什么，就是说说话，如果不让他们说话，她宁可不回家，生活费她更是无所谓。"

我说："这么做千万要不得啊！在这种高压强逼之下，孩子容易走极端啊！"

蒙妈说："是啊，这丫头，还真的走了极端啊，可吓死我们了！"

我问："怎么啦？什么情况？"

蒙妈说："她后来拗不过她爸爸，就赌气说：'你们不要再烦了，我们不谈了。行了吧？'我们不相信，他们肯定是要把感情转为地下，偷偷摸摸地进行。可没想到更可怕的事情发生了，她割了自己的手腕。她是威胁我们，还是真的突然起了不好的念头，我们不敢想，太可怕了。"

我问："现在怎么样了？伤得不严重吧？"

蒙妈说："不要紧，就是皮外伤，没伤到静脉。但是我们已经怕了、后悔了。现在对她轻声细语，有些关键词根本不敢提，不敢对她说过分的话，不敢禁止她的行为……"说到这里，蒙妈情不自禁低声哭泣起来。

我说："这个事情你要抓紧了，最好这个周末就把她约出来。"

咖啡馆里，坐在我对面的蒙蒙果然如她妈妈所说，长得很美，具有江南女孩的秀气温婉，然而眼神却看起来了无生气。并不是冬天，然而她却始终拢着袖子。很显然，是为了遮挡手腕的伤痕。

我说："蒙蒙，我知道你和同同之间的事情。你不用说话，我来说，你来听，好不好？我知道你们之间相互有好感，我们那个时候也是一样的，这是我们全人类所有到你们这个年龄阶段的男孩女孩都会有的情感。看到你，我就想到了我的当年。不瞒你说，我也有喜欢的女孩子。我可喜欢她了，我每天都想她，吃饭睡觉的时候都想她。每个星期天、每个寒假暑假，我都恨不得早点结束，让上学的日子早点到来。"

蒙蒙问："为什么？"

我说："因为可以早点见到她呀！只有在开学的日子里，才能看到她。见了她以后，我就很开心，知道吗？不一定要和她说话，只要看着她我就开心。她是我们学校的校花，长得可漂亮了。我跟你说，她每个动作、每个眼神都让我终生难忘。"

蒙蒙问："那你们那个时候，父母不管的吗？"

我说："根本没父母什么事。你想知道为什么吗？"

蒙蒙说："当然想啦。"

我说："其实一个男孩子喜欢一个女孩子，或者一个女孩子喜欢一个男孩子，都很正常，因为你们已经上初中了呀，马上都要初中毕业了。这是情窦初开的年龄，爱慕之心人皆有之，并不是什么洪水猛兽啊。"

蒙蒙问："那么朱老师，你们成绩被影响了吗？怎么破呢？"

我说："我呢，只是把这种爱，或者说是喜欢，转化成一种动能。什么样的动能呢？因为那时候我们的校花成绩非常好，我就想，假如我成绩不好，我会怎么样？我会配不上她呀！假如我成绩和她一样，甚至比她还好，那结果会怎么样呢？那我就能和她肩并肩呀！甚至有可能她会因为我的刻苦努力和成绩优秀而喜欢我呀！所以我那个时候学习可认真了！认真到什么程度呢？宿舍里关了灯，我还拿手电筒学习。你刚才问父母为什么不管，答案很明显啦，成绩这么优秀，这就是硬道理，其他的事情根本到达不了父母那边的呀！"

蒙蒙问："那么后来呢，你们怎么样了？"

我说："我后来发现一个问题，喜欢她的人不止我一个啊，因为她长得漂亮，不知有多少人暗恋他。而她呢，喜欢的人却不是我。她和一个男孩子谈了恋爱，但并不是每一个人都像我一样想的啊，把喜欢变成学习的动力啊。他们两个人互相喜欢了之后呢，就偷偷地约会啊，没有心思学习，那个女孩

子的成绩慢慢下降，越下降越无心学习，那个男孩子也是一样。"

我发现这时候蒙蒙已经陷入了沉思，不像之前我一段话说完之后，她总是向我发问。

我说："蒙蒙，我举个例子啊，你和同同互有好感，你们现在交往的亲密度要比跟其他同学高得多。我了解，同同的成绩在中上，而且之前他的成绩也在往上走，处于一个良好的上升曲线。但是你跟他交往以后，大家发现你们俩的成绩都下来了。有没有这回事？他的妈妈到学校来反映过情况对吧？"

蒙蒙低着头，脸有点红，不说话。

我继续说："你们正常交往，有些共同话题上的交流，这个不是不可以，但是你一定要保持一个度哦！你们要相互影响、相互促进、相互激励，在学习中成长。那个时候你们就会发现，你们能从对方身上汲取到优点，修正自己的缺点，努力前进，把成绩提高，到时候考上同一所高中、同一所大学，这不就细水长流了吗？和你们目前因为暂时的欢乐牺牲了学习时间和成绩相比，哪个选择更优？你想想看，如果你成绩不好，你父母要关注你吧？同同成绩不好，他父母要关注他吧？好了，你们俩成绩都不好，学校要关注你们吧？这就叫作过街老鼠人人喊打。你们现在的这个交往局面是不是很痛苦啊？"

我继续说："但是，假如说你们在交往的过程中，你把同同的成绩拉上来了，你自己的成绩也没有被影响，反而更加出色，你们在一起的时候，收着一颗喜欢对方的纯真情感，而把大部分精力放在学习上，互相鼓励、互相比赛，那学校会反对吗？你们就成为学校的标杆了。父母呢？同同的妈妈看到儿子的成绩被你带得飞起，高兴还来不及呢！蒙蒙，你想想看我这个假设，你觉得哪一个好？"

说到这里的时候，我看到蒙蒙的眼睛瞬间发光，她显然听懂了我的话。

"朱老师，你说的话真的很有道理。你觉得我现在应该怎么做啊？"

我说："很简单啊！你应该听懂我的话了，那么你应该和同同谈一谈，让他也明白。你们要建立共同的理想和目标，比如说，哪一所高中，哪一所大学，你告诉他，我一定能考上的，你也不可以掉队哦！你相信我吗？当他听到你的话，一定会跟打了鸡血一样，他会发疯一样地学习。然后，朱老师会帮你们制定一些具体的计划，这个计划是为了实现你们更长远的目标。你们要时时提醒对方，处处监督对方。"

蒙蒙说："我懂了，朱老师，我一定按照你的话做，和同同谈一谈。从现在开始，我重新有了信心，我一定会加倍努力！"

正如我所料，同同听了蒙蒙对他说的话，跟打了鸡血一般，要和蒙蒙上同一所重点高中，以后还要上同一所大学。同同本来就对蒙蒙的成绩下滑心怀愧疚，觉得是他拖累了蒙蒙，听了蒙蒙的一番话，不但对蒙蒙有了信心，也对自己产生了信心，热血沸腾起来，憧憬着美好的未来。

我请两个孩子把双方的家长请到一起，做了一次友好的交流，以同样的道理说服了他们。同妈真诚地向蒙妈道了歉，表示之前的"大闹"学校欠妥，以后要以正向的态度激励孩子努力学习。

意想不到的是，从那以后，蒙蒙和同同的家长竟然成了好朋友，双方经常在一起交流，甚至还一起吃饭。

现在，蒙蒙和同同正在上高二，两个孩子的成绩都非常优秀，很有希望考上他们目标里的同一所大学。——当然，他们现在上的是同一所高中。

◆ 教育学与心理学视角 ◆

心理学家埃里克森将人一生的发展分为八个阶段，包括四个童年期、一个青春期和三个成年期。这八个阶段紧密相连，每个阶段都有独特的发展任务和需要培养的品质。每个阶段的发展都建立在前一阶段之上，并为后一个阶段的发展奠定基础。

其中青春期（12—18岁）的发展任务是寻找"我是谁"，形成持续而稳定的心理上的自我。在这个过程中，他们会思考我是谁、在同龄异性眼中的形象、在长辈眼中的形象，以及在社会中的形象，并按照自己的设想进行一些尝试。如果顺利完成这个任务，将形成明确的自我形象观念以及在集体中的情感位置，而这些还将内化为不断增强的自信心和成长动力。反之，如果没有顺利完成这个发展任务，则生活无目的无方向，经常感到迷茫。

本文中的蒙蒙，开始注重穿衣打扮，对异性产生好感并进行交往，是青春期很正常的表现，有弊也有利，关键在于如何减少"弊"这方面的影响。家长和老师可以借鉴该理论，引导青春期的孩子思考自己想要成为什么样的人，在这份情窦初开的关系里想扮演什么角色（比如互相成就还是互相扯后腿），这样有助于他们全面理解情感的意义，从而做出正确的选择。

第六课 「学」商课

开篇　父母要教孩子会学习

　　敬业与乐业算得上是老生常谈了。前者关乎责任心，后者关乎趣味。两者相辅相成，互相成就。在我看来，学生与其他职业无异，要敬业，更要乐业。

　　探索知识这件事情本身就是充满趣味的。知识也是由前人观察生活、自然，研究分析后总结而成的，而这些知识也终将被后人习得后运用到实际生活中去。那既然知识从生活中来，又将运用到生活中去，这样既拥有实践性又拥有实用性的产物，又怎么会全然无趣呢？常常听见说学习枯燥无聊之类的抱怨，我也曾认真思考过这个问题的来由。我觉得在大大小小各种可能的原因中，最关键的是探索的方式不对。举个简单的例子，如果能了解到一首古诗背后的历史背景或是通过各种形式身临其境地感受诗中的氛围，而不仅仅是默写背诵诗词原文或是含义，学习的过程自然会变得妙趣横生；若是历史课不再是时间地点人物事件历史意义和带来的影响，而是一个个生动历史人物之间发生的故事和基于全面讨论后对意义的解读，学习就不再会枯燥乏味了；再比如，若是第一次接触英语对话时，能编排一出情景剧或是看看如《走进美国》这样的短小剧集，这样不仅可以改善"哑巴英语"的现状，还能很好地提高学习英语的积极性。但像这样技巧性的学习路径往往是需要引导的。由此，我不得不承认"引路人"的重要性。

　　我念初中的时候，第一次系统地接触到地理这门学科。直到上第一节课前，我都是兴致勃勃的。但是那位地理老师实在是把"照本宣科"发挥得淋漓尽致，导致坐在下面的我们不禁"摇头晃脑"，昏昏欲睡。考试前，人手一份提纲，用荧光笔画得五颜六色，又"摇头晃脑"地背诵半天：等高线地

形图分布、全球温度带、气候分布、江河湖海形成时间、泥沙堆积云云。前阶段，我自己买了一本《这里是中国》的地理图册，看得津津有味，这才真正是我的地理入门读物。

从牙牙学语时念叨的一加一，到九九乘法表，到代数几何，再到微积分；运用的场景也变化成了从陪妈妈去菜场买菜掰着手指算几块几毛到慢慢理解空间上的面积体积，到最后学会建立和计算复杂的数学模型。这个变化也使得一个可爱的小人儿逐渐长成了一个健壮的青年。当然，在这过程中，会体会到一种成就感和满足感，这是一种无法比拟的快乐。这种快乐关乎成长、关乎进步，更关乎一个又一个的春夏秋冬。

英文当中有个词叫"peer pressure"，大意就是同伴之间相互竞争所带来的压力，用来描述一种并不太愉快的情绪。然而，并不是每一个人都不喜欢这种感受。我必须承认这一点：在互相竞赛的过程中，总有一部分人可以体会到竞赛之趣，这种趣味也许无关输赢，他们只是享受这个过程。这个趣味就像赛马骑师们驰骋在马场，是开场时互相挑衅对方时的那个眼神，是飞驰时呼啸而过的猎猎风声，也是那个心无杂念冲向终点的念头。当然我也必须承认：对于胜负欲很强的人们，竞争之后的胜利会使他们获得一种强烈的满足感，并在今后的日子里更加斗志昂扬。不同于前者享受竞争的过程，他们更渴望最终的胜利。而对于那些并不热衷于各种竞争的人来说（比如我），我认为可以以自己为原点坐标，努力攀登，超越自我。这并不是一句空话大话。学习是一项耗精力的活计，既然如此多的时间都投入进去了，那必然还是希望看到自己在经过时光沉淀之后的进步的。这绝非功利之心驱使，是一种珍惜时间、热爱生活的积极心态。

如上文所述，学习作为学生的主要工作内容，是一项耗时耗力的活计，在逐步深入的对于科学、社会、文化等领域的学习中，可以使人的脑筋变得更细密、更扎实，思考问题更具逻辑性、科学性，从而减少很多不切实际、缺乏逻辑的思考，进而减少许多不必要的忧思烦恼。

做学生似乎是人开始学会对一件事情负责的开端，是一份责任、一份义务，也是一项事业。敬业与乐业这两项宝贵的品质，是当学生期间最好的护航员。因为敬业，才可以做到心无旁骛、潜心治学。因为乐业，才可以乐在其中，将学习变成真正的终生事业，真正做到活到老、学到老。正如孔子说的："知之者不如好之者，好之者不如乐之者。"若真是这样，那真可谓是有精神滋养的、丰富的生活，也是令人艳羡的一生了。

把字练好

可以受益终身的"神技能"

一定要把字写好！

可能许多小朋友甚至家长都会有这样的疑问：练字有用吗？写好字能给我带来什么？练好字真的比字不好更有前途吗？

答案是肯定的，写好字真的很重要！

首先，如果一个人能够写出一手漂亮的字，这是突出他个人能力的一种方式，在学习或工作中增加了竞争的筹码，也能提高考试、应聘中的卷面分和书面材料中的形象分，甚至能受到更多朋友、同学、同事的尊重，提高自身的地位。

据有关语文教师的介绍，现在的语文考试，书写工整、字体端正至少能获得卷面分 4 分。而且在批改作文时，字迹好坏也会影响分数。面对一篇字写很漂亮整齐的文章，阅卷老师一般会多给几分，字好的学生能提高作文成绩 2—4 分。

另外，还有很重要的一点，练字可以培养耐性，这就会使孩子在考试中避免因粗心大意而失分；同时还可以让孩子提高基础分 3—4 分。而这些分数足够影响孩子是否能上重点高校。

经常练字的人心摹手写，大大加深了孩子对生字生词的默写认识能力，相应地，阅读理解能力也会提高。而且孩子字写得好，就会经常得到周围人的夸奖，会激发孩子的学习积极性。孩子写一手好字，受益终身。

景林是位非常称职的父亲，基本上孩子的家长会都是他去参加的。有一次，是他家孩子三年级下学期期中考试后的一次家长会，景林按照规定时间

来到自家孩子亮亮的教室，坐到他的座位上。课桌上摆了各科的作业本，还放了一个彩纸做的桌牌，桌牌上歪歪扭扭写了"景晨星"，下面的小字写了"欢迎爸爸"。桌牌具有一定的设计感，景林心里有一种很温馨的感觉，只有一点美中不足，"景晨星"和"欢迎爸爸"七个字写得很糟糕，"不忍直视"。

班主任先在投影幕上放着PPT，和家长们分享这学期的教学成果和孩子们的进步，接着就让大家翻开桌上孩子的补充习题和作业本，了解孩子的在校学习情况。当景林翻开亮亮的作业本，不禁惊掉了眼球，一股新石器时代原始部落的人们用磨尖的石头在龟甲兽骨上刻符号的那种"文化"气息扑面而来：汉字写得东倒西歪；英文字母像在四线格里面跳舞，上下蹿跳，张牙舞爪；数学作业本的5和3不清，7和1分不清。当时，景林的内心是崩溃的。

景林已经有一年没有看过亮亮的作业本了。在小学一二年级，他一度重点培养他独立完成作业和阅读，这是景林颇为自得的教育心法，然而不承想，他唯独遗漏了对亮亮书写方面的培养。

晚上，景林把作业本打开，问亮亮："亮亮，我今天开家长会的时候才发现，你的书写让你在考试的时候吃了大亏。还有那个桌牌也没啥创意，爸爸一点都感受不到你邀请我来参加家长会的热情呢！"

亮亮满不在乎地看了看作业本，回答景林说："爸爸，那个不重要，重要的是我的作业做得没有错误呀。"

"那好吧，现在爸爸来给你普及一下字迹工整的重要性吧！俗话说字如其人，你写字的帅气程度就是你人的帅气程度，你自己看看你写的字配得上你的'颜值'吗？"

亮亮觉得爸爸说的话很幽默，想笑，却又很尴尬。

景林继续说："当然了，你要是觉得这个字就代表你的形象，爸爸是没有意见的。不过你想一下，如果阅卷的时候，老师连你写的是啥都认不出来，你觉得老师要不要给你分？如果你的作文得分范围在60—80分之间，你觉得老师会给最高分还是最低分？"

"那肯定不会给最高的。"亮亮说。

"我们现在重要的考试都是电脑阅卷了，那你就更惨了，电脑可不认识草书，它阅卷的时候最喜欢楷书，然后是行楷，当然了，只要字迹工整，电脑也可以辨识的。还有一点，你要保持作业整洁，涂涂改改也会影响老师的心情，电脑可能还找不到你的答案。"

"爸爸你别吓唬我。"亮亮还有点不太相信。

景林见机行事，把电脑请出来，搜索电脑阅卷的要求给亮亮看，果然，在说明中有一个潦草的零分的字迹和亮亮是一样的。这时候亮亮才相信，字迹工整的重要性。

得到亮亮的认可，景林趁热打铁，和亮亮商量了练习计划。第一步先纠正英文单词和数字的书写，这一部分纠正起来比较简单，英文单词和数字的书写只要按照要求分别在四线格和田字格中练习。

第一天练习就遇到了瓶颈。亮亮觉得这样写太慢了，根本没有办法完成作业，一度要罢工。景林也只能拿出家长的威严，告诉亮亮："慢就慢一些，但是一定要按照要求写，绝对不能为了应付和求快就把字写得潦草不认真。"亮亮虽然有点情绪，但也只好认真按照要求完成。大概训练了一个月，亮亮的英文字母和数字终于工整了，而且也保证了速度。

第二步就是练习汉字。半年后，有了很大的改观，一年后基本达到了工整的要求。字迹工整后，随着作业量的增加，亮亮只在寒暑假每天做练习。

经常听到家长抱怨孩子写作业字迹潦草，平时对孩子各种要求，但就是纠正不过来。更有家长看到孩子的字迹潦草后，赶紧给孩子报了书法班。可是明明报了书法班在练习书法，写的字还是不忍直视。其实，爸爸妈妈们忽略了一个重点，那就是孩子书写习惯的培养是一个长期的过程，不是一朝一夕能形成的。那么怎么样才能让孩子把字真正写好呢？

首先我们要了解孩子字迹潦草的原因。书写习惯的养成不可能是一蹴而就的，有可能这与孩子本身的性格相关。据一些权威研究表明，性格活泼开朗的孩子写字会放松，不太注重汉字的一笔一画，而性格乖巧的孩子字迹清秀，书写会规范很多。另外也可能是和亮亮一样，随着年级的上升，作业量增加，需要花费大量的时间去完成，在写作业的时候开始浮躁，只想加快速度完成作业，没有精力去一笔一画地写；写的时候也没有认真地去思考，错了就涂改，字迹慢慢地就开始潦草起来；当然也可能是孩子在低年级没有养成好的习惯，比如不正确的握笔姿势。

我还要提醒家长要注意孩子书写倒笔画的习惯。这个问题低年级和高年级的孩子都会出现。很多时候，孩子主要是觉得两笔一起写比较方便。而一旦形成习惯，倒笔画的问题就很难纠正过来。

当我们真正找到孩子字迹潦草的原因后，就可以针对性地加以调整和纠正。平时做作业当中发现孩子写字不规范，就应及时督促孩子纠正。

另外，很多家长觉得自己说话没有用，孩子不愿听。这可以和学校老师多沟通，让老师在书写规范这方面多督促孩子。

在训练孩子练字的时候，可以选择合适的练字工具，不同学习阶段的人对钢笔和字帖的选用有一定的标准。小学初中适合练习楷体，大一点的时候为加快书写速度可以练习行楷或行书。也可以选择一些当代书法家的视频教学，让孩子正确掌握笔画书写规范。

当孩子的书写有进步的时候，家长应鼓励孩子继续加油、努力进步。最重要的，每天的练习要少而精。练字不是一蹴而就的，它需要一定的过程。只要每天坚持，最后一定能有成效。

教育学与心理学视角

　　书法关乎学生成绩，也关乎艺术审美。凡是美的东西，本身就具有"滋养"的功效，滋养别人，也滋养自己。比如在练字的过程中培养了耐心，练好了字可以提高自身的竞争力，并得到别人的认可，从而激发学习和工作的积极性。同时，如果能练得一手好字，个人对美的感受力和人格魅力也会相应提升。

　　如此说来，练字对于孩子的性格养成、自信心的建立、个人形象的提升都有着积极的意义。即便不是每个人都要做书法家，也可以把书法作为一种生活情趣来对待，至少不能让书写成为减分项。

快乐和被欣赏是兴趣之源

粗暴而苛刻的要求，剥夺了孩子的乐趣，扼杀孩子的兴趣。

教钢琴的姜老师请我去给她培训班上一个女生的家长做做思想工作。那个女生是一个极好的苗子，弹得很好，可是突然就不来上课了。打电话给她妈妈问孩子怎么不来上课了，她妈妈支支吾吾地解释："是她自己不肯来的，怎么劝她都不来。"姜老师劝说很久无效，便只好让她改天来办手续，把剩余的学费退给她，把她的名额让给其他报名的孩子。

姜老师的钢琴教得很好，她的钢琴班慕名而来者很多，很多孩子报不上。

一周后，办手续的人来了，是孩子的爸爸。她爸爸倒是不隐瞒，告诉姜老师："根本不是孩子的问题，是她妈妈把事情搞砸了。"

这女孩叫依依，是一个很聪明灵巧的女孩，学钢琴是她妈妈的意思。依妈觉得女孩子必须要有一个特长，即便将来不从事这一行，也可以从这个特长或深度爱好里面获得额外的"竞争力"；而她最大的"执念"——就是想让女儿有一天能像郎朗那样，在著名的音乐厅、大剧院优雅地弹钢琴，于是就毅然决然地为依依报了钢琴培训班。

让依妈高兴的是，依依自己也很喜欢弹钢琴，而且天赋比培训班上别的孩子都高一些，学得非常好。因此当依妈表示依依不想来学钢琴的时候，姜老师感觉震惊而且心疼。

那么依爸所说的是依妈把事情搞砸了是怎么一回事呢？原来，虽然依依弹奏很有天赋，但是弹琴的姿势却不是很规范，怎么舒服怎么来。偏偏依妈是一个追求完美、要求严苛的人，她为依依的坐姿伤透了脑筋，特别搜集了郎朗的演出视频和指导学生的视频，让依依严格按照郎朗的标准执行。坐姿应该是怎样，手指应该怎样，脚应该怎么放，都得按照她的指示来。

可是依依不愿意了，按照妈妈的要求执行，以"郎朗式"的姿势去弹奏分外别扭。明明学钢琴就是为了喜欢，从中能够获得一份快乐，这样一来学得不开心了，还有什么意义呢？

每当依依抗议的时候，依妈就会更加严厉，她站在自己的角度，觉得这样做完全是为了她好呀！因为任何一个领域，"大师"的产生，都来自对自身的严格要求和坚持。

依依产生了强烈的逆反心理，练琴的兴趣也淡了，依妈对她严加训斥的时候，索性"罢练"。依爸是个"老好人"，觉得这样不是个办法，就劝依妈改变一下方式方法，严厉不行，就用"怀柔"的政策，让孩子融化于和风细雨之下。

于是依妈突然像换了个人似的，开始对依依"温柔以待"，对着依依"忆苦思甜"："想当初，我和你爸爸为了操持这个家，为了你能过上幸福的生活，我们工作得非常辛苦，全都是为了你！我们一定要把你培养成才，所以你一定要把钢琴练好，要不然真对不起我和你爸爸的苦心啊！"

这让依依很感动，决心要继续把琴练好。随后依依却发现，老妈从那时开始变得很"唐僧"了。同一个话题，同一个中心思想，不停地念叨，不停地诉说。依依顿时烦起来，对弹琴更加厌恶了。

依妈见效果不好，开始把"表演"进一步升华，说得更加动情："妈妈在这世界上最亲的人就是你，当你特别不听话的时候，妈妈的心都要碎了，如果连你都不听妈妈的话了，你说我活着还有什么意思吗？"说着说着就开始眼泪汪汪了，声泪俱下，又把依依感动了。然而这种感动并没有持续多久，依依看穿了妈妈的"伎俩"，开始对她的"表演"无动于衷。

依妈还会对依依"翻旧账"，把依依以前做得不对的事情，统统拿出来"回忆"，并且是一遍又一遍地回忆；还会"苦口婆心"："你看人家郎朗，还有那么多世界著名钢琴家。依依，你可不能说放弃就放弃啊！"

依依索性不再理她，妈妈对她说话的时候，索性转身过去，充耳不闻。既然这样，依妈索性"自言自语"，当然，是和依依在一起的时候："哎呀，我的女儿钢琴练得多好啊，她以后一定能够像郎朗一样，享誉世界。她一定会成功的！"

依依已经不胜其烦："妈妈，你能不能不要管我了！钢琴就是我的爱好，我想练就练，不想练，你逼我我也不会练的。"

见诸多"招数"尽皆失效，依妈开始恐吓起女儿："依依我跟你说哦，我已经忍你很久了，你赶紧给我乖乖练琴，要不然妈妈可要动手了，揍你哦！"

依依把脸凑上去："你揍吧你揍吧，反正我不练了，打死我也不练，你爱咋咋的。钢琴班我也不去了，永远不去了！"

以上，便是依妈"搞砸"事情的全过程。听了姜老师的完整讲述，我也不由得感叹："这个依依妈妈是凭实力逼退了孩子的兴趣和天赋的呀！"

姜老师说："是啊，朱老师，你看这个事怎么办呢？依依实在是一个好苗子，就这么放弃，连我都心有不甘啊！"

姜老师帮我约了和依依的父母见面。

我问依妈："你们的真正诉求是在哪里呢？是真的希望孩子成为一个著名的钢琴家吗？"

依妈说："其实也不是。如果她能够成为一个钢琴家，我们当然求之不得。但是我们其实并不是奔着这个目的去的，而只是想让钢琴成为她的一个特长，这对她的成长和未来的发展一定是有帮助的。"

我说："那像你现在这样子，对她这么高的要求，甚至不惜把她整得兴趣全无，好像已经偏离了你们设定的路线哦！"

依妈说："其实只是对她要求得严格一点而已，我们自己不会弹钢琴，所以有这样一个情结，想让她弹奏出郎朗那样的感觉。"

我说："可是，只有一个郎朗呀！"

依妈有些沮丧地说："是的呀，本来是她的兴趣，可是我们又把自己的意愿加到她的身上去了，给她造成了过大的压力。搞得我现在也不知道自己做得是对是错了。朱老师，你说怎么办呢？"

我说："严格要求，期望值高，这些都是正确的。可是，当孩子感受到压力，或者失去了快乐，那么我们做父母的就要思考关于路径的问题了：如何让孩子高标准、高起点地坚持她的兴趣爱好？聪明的父母在做好这件事的同时，不会剥夺孩子的快乐。你面对孩子时的行为，很像《大话西游》里的唐僧啊——我真的很佩服你！"

依妈惭愧又尴尬地笑了笑："我也在测试哪种方法对她有效嘛！她爸爸

说，我不能对她凶，否则孩子会产生逆反心理，那我就对她'温柔'一点，'谆谆教导'嘛。让她明白爸爸妈妈的良苦用心，或许她就能听话一点了呢。"

我说："事实证明，只要引起孩子心里不快、产生厌烦情绪的，都会让孩子产生逆反心理。"

依妈说："对，是的。"

我说："你当了这么久的'唐僧'，可知唐僧有一个绝招，对付'孙猴子'一招奏效？"

依妈："紧箍咒？"

我说："对，你知不知道你对付女儿的'紧箍咒'是什么？"

依妈说："不知道呀，我一直在寻找，可是一直没找到呢！"

我说："其实很简单的。依依学习钢琴最大的目的就是快乐，她完全不会考虑你们心里所想的那些事情，将来会怎样怎样。所有孩子热爱一项事物的真正目的都很简单：快乐！只要能够让她弹得开心，她一定会坚持下去。就算你们反对，她也会反对你们的反对。"

依妈说："唐僧的紧箍咒，不是'控制'吗？给她快乐，不是反'控制'吗？"

我说："最高级的'控制'就是'去控制化'，快乐来自自己的诉求得到满足。假如你的孩子弹着弹着觉得无聊了，或者因为某种原因想要放弃了，这个时候你们就应该给她上一上'紧箍咒'了。"

晚上，当一家人吃完晚饭，坐在沙发上休息的时候，依爸说："依依，好久没听你弹琴了，爸爸今天很想听一听呢！你能不能给爸爸妈妈表演一下？妈妈，你是不是也想听呀？"

依妈附和："是啊，我也觉得很久没听了呢。"

依依看着爸爸妈妈期待的眼神，说："我弹可以，你们可不能在我弹的时候打断我哦，不要像以前一样从来没让我弹完整过。"

"不会的不会的，这一次爸爸妈妈都不说话，只当观众。"

依依坐到钢琴前。随着叮叮咚咚的悦耳琴音传出，依依爸爸妈妈仿佛在欣赏天籁之音，陶醉其中。

一曲终了，依依爸妈果然一次都没有打断她，也没有三心二意做别的事情，而是专注地听完依依的弹奏，最后热烈地鼓起掌来。依妈激动地说："哎呀，我居然是第一次听我们宝贝女儿完整地弹奏完一首乐曲。第一次觉得，我们依依是真的有弹钢琴的天赋啊！你看她的手指又细又长，弹的节奏感超级好，简直是弹出了'宇宙级'的水准啊！宝贝，你真是爸爸妈妈的快乐之源！"

依依脸上也洋溢着开心的表情："爸爸妈妈，你们这么喜欢，我也很感动！这是我第一次完整弹完一首乐曲，你们中间没有打断我，我的感觉棒极了！"

依妈说："妈妈以前打断你虽然是纠正你，但是方法错了，妈妈向你道歉！想不到完整弹完一支曲子，和断断续续地弹，感觉还真的不一样。怎么说呢，就像行云流水一样！"

依依说："好吧，那你们保证以后不会烦我了吧？如果不烦我，我就继续练下去！"

依妈说："保证保证，以后绝对不烦你，让你以自己舒服的方式学习钢琴。"

于是，依依又重新回到了姜老师的钢琴班，继续学习钢琴。姜老师在教依依的过程中，特别注意以温和的方式矫正依依的姿势。

后来依依逐渐展现她的钢琴天赋，被姜老师和学校选荐参加各种比赛和表演，颇有"台风"。

教育学与心理学视角

文中的依依妈妈为了督促女儿练钢琴，各种"招数"轮番上场，这位妈妈的尝试精神令人感动，但是这些方法之所以不奏效，是因为这些方法无一例外都是以妈妈本人的感受和意志为出发点的，而不是以女儿的感受和需要为出发点，因此无法赢得孩子的"共鸣"，反而激起了孩子的逆反心理。

另外，这些方法表演的成分多，真实的成分少，聪明的孩子是能够分辨出真假的，他们不会被不走心和虚假的说辞所感动，只会感到厌烦和抗拒。反之，如果孩子真的在看穿了父母的"表演"之后选择装作感动和理解，并不利于其心理健康发展，这会成为他们内心的矛盾冲突点，在未来的某一天会以另外一种问题的形式呈现出来。

教育需要讲方法，这与真诚并不冲突。以诚沟通，给孩子从兴趣中体会到快乐的机会，及时给予恰当的肯定和欣赏，是我们所提倡的。

细心呵护孩子的兴趣，让他保持"喜欢"

郎朗是公认的钢琴天才，许多孩子学钢琴都是奔着"成为郎朗"去的。然而，天才并不是一日养成的。

郎朗9岁那年跟着父亲从沈阳来到北京追寻他们的音乐梦。郎朗父亲的良苦用心可谓是现代版的"孟母三迁"。那些年，父亲辞职，卖房子，背井离乡，到处求人，为的是郎朗能学好钢琴，希望他将来能上中央音乐学院。

在一次校园晚会上，郎朗梳着油背头，学着大人的模样穿上小西服，他流着眼泪，以从未有过的激情弹奏了几支中外名曲。台下的听众们如痴如醉，掌声四起，久久没有停下。郎朗站起身来，一遍又一遍向着鼓励他的人们鞠躬。

在连绵不绝的掌声中，9岁的郎朗做出了一个改变一生的决定："我要学钢琴！我一定要学好！"两年后，11岁的郎朗以第一名的成绩考入了中央音乐学院附小。10年后，他成了中央音乐学院最年轻的客座教授，并且凭着一系列成功的演出技惊中外。

老李的儿子小名叫贝贝，在贝贝上中班的时候，有一天放学回来，跟老李嚷嚷着要学钢琴："我想学钢琴，钢琴弹出来的曲子太好听了。"老李心中很欣喜：莫非儿子有学钢琴的天赋？但激动之后，理智将他拉回了现实之中，他认为贝贝学钢琴有可能是一时兴起，但是也不排除发展成兴趣的可能。

他们来到学校和班主任商量，下课后，请他最喜欢的小黑老师教他弹钢琴，如果体验一段时间下来他真的喜欢，老李就请专业的钢琴老师教他。

小黑老师是一个非常热心且有耐心的男幼师，欣然答应了做贝贝的启蒙钢琴老师。大概过去了两周，班主任打电话给老李："贝贝在学校整天闷闷不乐的，我和他交流，他哇的一声哭了，说是不想学钢琴了。如果他不想学，回家之后请你和他好好沟通一下。"老李连忙答应班主任。回想这两周贝贝学琴的日子，并没有异常，回来还和父母分享小黑老师教了什么，从来没有表示过不想学的意思。

等贝贝回家的时候，老李问贝贝："贝贝，钢琴学得怎样？"

贝贝没有太多表情地说："学得还不错，挺好的。"

"那你还要继续学吗？"老李继续追问孩子。

贝贝犹豫了一会儿，回答老李说："继续学吧！"

孩子说继续学，老李也不好主动提出不学，谈话就这样结束了。半夜，老李被儿子贝贝的梦话吵醒了，贝贝在梦中说："我不要学钢琴了，我不要学钢琴了。"老李刚想叫醒孩子，他又睡着了。老李和夫人意识到不能再让他学了，第二天早上问他："贝贝，爸爸问你，你真的喜欢钢琴吗？如果不想弹了可以不学的。"

"我好像不喜欢，弹钢琴很枯燥，没有意思。"贝贝终于说实话了。

"那我们暂时先停一停，等想学的时候再学可以吗？"老李建议儿子。

"好的。"贝贝明显高兴起来。

"那为什么昨天晚上不和我们说你现在不太想坚持了？"老李问孩子。

贝贝憋了半天，看着老李，像做错了事情："因为学钢琴是我选择的，那我就要坚持到底，要不然就不是小男子汉了，我也做不了铠甲勇士了。"

老李摸摸贝贝的头，哈哈笑起来抱起贝贝："贝贝，铠甲勇士肯定可以做的。爸爸今天特别要表扬你，知道选择一件事情就要做到底，很多大人都做不到，更不要说小朋友了。但是现在学钢琴还没有找到兴趣点，可以暂时放一放，等你想学的时候再学也不迟。"

就这样，贝贝和钢琴的"亲密接触"结束了。接下来的很长一段时间，老李会经常带贝贝去好朋友家里，听朋友家的女儿弹钢琴；他们也会一起听听音乐剧，感受一下氛围。不过这个过程好像没有起到实质性作用。

一直到三年级结束的那个暑假，贝贝突然想考电影学院，这时候钢琴才再一次被提起。因为在贝贝看来，考电影学院需要有一门艺术特长，他觉得钢琴是"老熟人"，所以提出来要继续学习钢琴。

其实老李全家对孩子艺术兴趣的培养是非常重视的，只不过，是一种比

较理性、审慎的重视，而不是突然之间的头脑发热或者强加给孩子的所谓重视。他们全家几乎都是五音不全的人，所以他们希望自己的孩子在音乐上能稍微进步一些，这也算是把他们父母的遗憾弥补在孩子身上了。但是对于兴趣培养，他们的初衷是培养"兴趣"，不一定要弹得非常好，不一定要考到十级；孩子在高兴的时候、学习压力大或者心情不好的时候，可以用钢琴抒发一下心情，能够成为陪伴他终身的兴趣。学钢琴也是为了以后学声乐打基础，并不是为了走专业钢琴路线。所以他们和新任课的钢琴老师私下谈了一下他们的"教学目标"——只要保持贝贝对钢琴学习的兴趣，不要让他讨厌钢琴即可，哪怕一学期就会弹一首曲子也可以。

虽然他们这么说，但是钢琴培训机构以营利为目的，考级各方面的培训课时和费用都会直线上升。弹了几次就和他们反馈："孩子很有弹钢琴的潜力，每天回家要练习两小时，这样很快就可以考级了，不能耽误孩子。"所幸，老李没有被老师的"表扬"冲昏了头脑，这是贝贝第二次接触钢琴，保持他对钢琴的兴趣（至少不讨厌）是他的首要目标。对于一个小学生来说，每天两小时的练习是非常大的负担，对钢琴那一点点的热情很快会消失殆尽。所以老李为了维持贝贝那一点兴趣，前后换了四个培训老师。

贝贝在这样"蜗牛式"的学习中慢慢成长。大概半年后，贝贝提出要在家练琴，要不然弹得很不熟练。老李便向钢琴培训中心租赁了一台钢琴回家。对于贝贝练琴，他没有太多的要求，一切以他自己的安排为主。

后来看贝贝学钢琴的热度一直稳定，老李才决定购买一架钢琴回家。老李也经常会坐到钢琴前学着弹，当老李指下非常不和谐的声音传出来时，贝贝一脸嫌弃："唉，爸爸你这个水平实在不能弹，太难听了。"老李陶醉在自己的钢琴演奏中，和贝贝说："我还是很有音乐天赋的，小时候家里没条件，现在有了钢琴，你还不让我发挥一下！要不你教教我，哪里不对，你指导我一下就可以了。"贝贝非常乐于帮忙，坐在钢琴边上，指导老李怎样识谱和弹奏。老李夫人则负责在边上"欣赏"。有时候贝贝练琴的时候，老李会在隔壁房间认真听，等贝贝练习完成后，作"崇拜"模样："你刚才弹的曲子是不是某某名曲？真好听！"

有一次，贝贝又迎来了兴趣的低谷期，一点也不想动钢琴，想放弃。经过了解才知道，班级元旦晚会时，同学们都表演节目了，有跳舞的、吹笛子的、拉手提琴的、跳街舞的。可是贝贝是弹钢琴的，没有办法把钢琴搬到教室演奏，所以他就成了"吃瓜群众"，不能参加元旦节目，他感觉非常失落。了解情况后，老李和班主任老师商量之后，临时加上一个特殊的演出节目，让贝贝在家里拍好弹奏钢琴的视频，在元旦活动中播放，还特地把钢琴曲作为压轴播出。

现在贝贝六年级已经毕业，钢琴已经学了四年，没有考级。在休闲时间能够找来喜欢的曲子在钢琴上自己摸索如何弹奏；也会和父母分享有名的钢琴曲，并享受其中；学习中间休息的时候，也会弹上一会儿。其实这就是老李家的培养目标，是他们希望看到的样子。

我在全国作公开演讲时，经常听一些家长说，孩子没有什么兴趣爱好，也给他报了很多兴趣班，但是三分钟热度过后，没坚持几天就放弃了。强迫孩子继续学习又于心不忍，因为违背了快乐学习、尊重孩子的教育原则。另外一个极端就是孩子非常厉害，在小学三年级就考完钢琴十级了，可是考完级发誓再也不碰钢琴了，发展到"有你（钢琴）没我"的地步。其实绝大部分孩子并不是天生就会对某些事物感兴趣的，家长往往费了九牛二虎之力也找不到孩子所谓的"天赋异禀"。

心理学家给兴趣做了一个定义：兴趣是一种对新鲜事物产生的情绪变化，当人们感兴趣的时候，眼睛会睁大，也会全神贯注地屏气凝神。但是兴趣也有不稳定的心理倾向，一切顺利的时候人们会感兴趣，但是一旦遭遇挫折，往往会失去兴趣。所以培养兴趣远比发现兴趣更重要。

教育学与心理学视角

什么才是成功的教育呢？对于培养孩子的兴趣特长这件事而言，能够顺利考级过关是一种成功，将兴趣变成热爱的职业是一种成功，能够培养成持续的爱好也是一种成功。

每个孩子的特点不同，有的能将一个兴趣坚持到底并取得可喜成就；有的需要花很长时间去寻找和确认自己的兴趣所在；有的则总是三分钟热度，浅尝辄止但乐在其中。这跟每个孩子的先天气质有关，不能简单地"以兴趣论英雄"。

大部分家长的初心是希望孩子能有一个生活乐趣，或者有一个特长能对未来的发展有帮助，明确地想要让孩子成为"大家"或者把爱好作为终身职业的占少数。既然如此，兴趣的培养不妨多从孩子的快乐和实际情况出发，以呵护兴趣为方针，以保持喜欢为目标，与孩子一起享受"学海喜拾趣"的生活意境，这也不失为一桩美谈。

当然，如果希望孩子成为"大家"或者把爱好作为终身职业，培养和保持兴趣的意义也同样适用。

松开手，让孩子的"天赋"自由飞翔

每个孩子都有自己的优点和缺点、特长和短板、天赋和平庸的一面，这形成了孩子内在的峰和谷。很多父母喜欢做的事情就是削峰填谷，把孩子的长板砍掉，强填孩子的短板，片面地想要让孩子通过学习实现"全才"。这是一种很不明智、低效率的教育行为，我把它称为"杀天赋"。这样培养出来的孩子看上去很优秀、很"全才"，其实很平庸。

而当他们把孩子的天赋扼杀掉之后，我们的社会可能就少了一个发明家、一个创造者。家长应尽可能去创造一个环境，让孩子尽情展示这种天赋，一旦孩子趁势生长起来，他的天赋就能发挥得淋漓尽致，我们得到的就是一个出类拔萃的"天才"，而非一个所谓的"全才"。

每个孩子其实都有天赋，但是最终能够被发现和挖掘出来的，恐怕并不多。华华的老爸总是抱怨他成绩一塌糊涂，也没有任何优点和天赋。在跟我介绍他儿子的时候，说起儿子的缺点和平庸，简直是如数家珍，而讲起优点和天赋的时候，竟然绞尽脑汁也想不出来。

要知道，那时候的华华已经初中快毕业了。

当我和他爸爸谈话的时候，华华就在边上，脸色黄黄的，像是营养不良的样子，个子也不高，很普通的一个少年。他木然地在边上待着，也不说话，有一种一直被打压着透不过气来、自信全无、生无可恋的感觉。

"照我说，我就是养了个小神经病，别人学习他不学，偏去鼓捣那些奇奇怪怪的爱好。比如说他喜欢洋娃娃，那么我就给买了个洋娃娃，然后他把自己锁在房间里，吭哧吭哧地剪啊画啊，过了两天之后，他竟然帮洋娃娃做出了一身衣服，就像个裁缝一样。穿上了以后呢，还在那偷着乐，开心得不得了。说：'我给它做的都是环保衣服，你看我都是用废纸做的。'"

华华听爸爸这样讲述自己的"光荣历史"，还称自己"神经病"，不高兴了，回了一句："我脑子有问题？你们脑子才有问题！因为你们跟我不是一类人。"

华爸被掉得差点吐血，说："我们跟你不是一类人，那你是哪类人？朱老师你看他啊，做作业吧，想给他买一个书桌，他说不要。那他干什么事情呢？用个废纸箱，拼啊凑啊，去搭了一个书桌，他说这是环保书桌，准备拿它来写作业。我说你这个硬纸板不能承受重量。他说我写写字完全可以啊，这种硬纸板叫瓦楞纸，许多块叠加起来，硬度是'杠杠'的。他觉得好玩，我又被他气得半死。"

华华反驳说："那么你看它是不是被我用到现在，还结实得很呢？"

华爸说："又有一次呢，他老妈让他整理一下他的房间，因为也是他的书房，里面东西太多，乱七八糟的，人都不好走路。他说，好的你等我两天。等两天干吗呢？他又用那些个废纸箱，做成了一个书架。然后把那些书本、杂物全部归整到了书架上。还在上面写了一排字：'环保科技书架，领先时代潮流。'他可有成就感了，好像是干了一件天大的事。却把他老妈给气到了，她说我让你归置书，你给我整个硬纸板的书架。好像我们家就是一个收破烂的，你的房间就是一个废物回收站。"

华华不满地说："你们能不能看到到我的好呢？我能做出一个书架，怎么还能被你们说成坏事呢？我做什么都是不对的吗？"

华爸说："嗯，你的确是很会搞啊。给你买个洋娃娃，你给它做了一身衣服；想给你买个书桌，你自己做一个；让你归置书，你做了一个书架出来。你这些'歪门邪道'的小心思倒是挺多的，你把它用在学习上多好啊？你搞这些玩意儿，中考会考吗？高考考吗？"

我说："听到现在我算是明白了，我发现一个问题，华华对他自己感兴趣的东西做得很投入，而且有很执着的精神，这不是很好吗？他能动手做出那么多东西，说明他很聪明啊，他是一个很有天赋的人。华华的这种天赋，应该说是独一无二的，只是没有跟学习关联。所以在你们父母眼中，这种天赋算是'坏的'天赋，还拖累了孩子的学习。是不是这样的？"

华爸说："是啊，就是拖累了学习嘛！"

我说："孩子在长大的过程当中，其实很多天赋是被我们父母给抹杀掉的。为什么要抹杀掉呢？因为这些所谓的'天赋'，在家长看来，与学习有冲突呀。凡是干扰学习的，父母都会用强制的手段予以'切除'。很多孩子的天赋，在不被我们家长认可的时候，大概率会被扼杀在摇篮里，根本就发挥不出来。而你儿子华华呢，在动手方面的确堪称奇才。为什么说是奇才呢？你怎么打击他，他都还是照干，他对你们的打击产生了免疫。我觉得这是一个很幸运的事情，使他的天赋免遭扼杀，他可以刻意地对抗你们为他设计的人生路线图。"

每个家长都希望自己的孩子是"天才"，但当孩子开始展现天赋之时，家长往往陷入两难境地。因为很多时候，"天赋"和学习（尤其是非常具体、量化的"成绩"）产生了冲突。"鱼"和"熊掌"，手心手背都是肉，家长该选择哪个？答案是两个都要。方法对了，这根本不矛盾。

我知道成年人是最难改变观念的，大部分人很担心孩子走弯路。针对华华的问题，我开宗明义地对华华表达了肯定的态度，我说："你要坚持做你自己。我会说服你爸妈让你做喜欢的事情，没有什么比这个更重要了。"

华华对我充满了感激。华爸也终于表态要顺从孩子，尊重他选择的道路。

我对华华说："现在，请你完成两个作品，一个叫《温馨之家》，就是去搭建一个家；第二个是制作一个高铁动车的模型，和谐号或者复兴号随你选。这是你喜欢做的事情，也是你爸妈对你的一个考核，时间不限定，材料也不限定，但是只有一点，就是不要花一分钱，全部用你自己搜集的材料。以后你有什么想做的东西都可以和我商量，我可以帮你一起搜集材料。我能保证的就是你爸爸妈妈不会为这个事情再给你脸色了。"

华华一下子兴奋起来，非常自信地接受了我的任务，并表示有信心圆满完成。

后来我听华爸说，华华每天放学一回家就把自己关在屋子里，徒手画草图，然后开工制作。大约花了两个多月时间，华华把两件作品做了出来。我和华华的爸妈都惊呆了，尤其是华爸，瞪大了眼睛盯着华华做的动车模型，精美、逼真，几乎就是缩微版的和谐号。

"太漂亮了，简直是完美！"华爸赞叹说。

我对华华说："既然你完美通过了考核，那么现在我们也履行承诺，你的发展道路由你自己决定，爸妈绝对不把自己的意志强加于你。"

华华说："那太好了！你们要说话算话哦！"

我说："那华华我想问你一个问题，你对读书这么反感，这么不喜欢，那将来怎么办？你总会有将来的吧？你有什么计划？"

华华说："我相信我将来做的事情一定比那些上大学的同学更加高大上，我甚至于会比他们活得更好。读书无非是考上好的大学，从事一个好的职业，然后呢，顺着爸妈的思路结婚生子。这只是正常的人生轨迹。我做的事情肯定是跟其他人不一样的，因为我相信，我们这个社会是需要创新的，而我就是要做这件事情。我特别佩服的就是科学家和工程师，我想，我将来也能够成为他们。"

我说："我建议，每天在你做完你所喜欢的事情之后，顺便看看书。你看的书可以是你喜欢的书，而不是其他的父母老师让你看的书。其实不管你涉猎哪个行业，这个行业的书你都应该广泛阅读，因为书籍是这个行业沉淀下来的精华、这个行业的知识体系。"

华华郑重地点了点头。

现在，我可以郑重地介绍一下这个卓有天赋的孩子了。华华，苏州工业园区一所职业技术学校在读生。

华华读的是那个学校的模具班。华华的老师特别喜欢这个有天赋的孩子，他一直在代表学校参加各种国内、国际比赛，每次参加比赛必获大奖。

勇妈带着小勇来到我的面前。此前，我试图说服勇妈："孩子爱玩飞机模型，这是一个很正常、很健康的兴趣爱好，甚至有很大可能他有这方面的天赋，未来的职业选择也许就和科学、机械、飞行等相关呢。"

"但是也不能到了废寝忘食、厌恶学习的地步啊，我们已经深深为他担忧了。"

小勇不爱与人交往，或者说是沉浸在玩飞机模型的世界里，久而久之，连学习都放弃了。后果是他的成绩始终在三四十分徘徊，最糟糕的时候甚至两门课加起来只有 40 多分。小勇父母为此焦急得很，想了各种办法，哄骂打（打骂我们绝对不提倡）、表扬鼓励、动之以情晓之以理……但是都没效果，小勇始终不为所动。不让他玩，他便偷偷地玩，即便百无聊赖，也不会主动去学习。

我说："你儿子这么好，这么优秀，他玩模型说明他有天赋啊，很聪明，很有想法，逻辑思维能力更是出类拔萃，为什么到了你这里就什么都不好了呢？小勇玩飞机模型耽误了学习，我们抛开这一点来看，他还有别的什么问题吗？没有了吧。那么我们来看，他玩飞机模型有问题吗？并没有。这是一个非常好的兴趣爱好，跟别的小朋友成天抱着手机玩相比，哪个更好？一定是玩模型对不对？这个行为不应该被禁止。这种事情宜疏不宜堵，你们禁止、杜绝它，孩子就会跟你们躲猫猫，顺带就把学习给耽误了。"

小勇的眼中充满了被理解的感动。

我说："这世界上所有的孩子都爱玩，这是天性使然。家长把所有的着眼点都放在学习上，这是错误的。正确地玩，也是学习，也是成长。我们没有学会的是，我这里说的'我们'，既包括家长，又包括小朋友。我们没有学会的是，合理地分配好时间：合理地安排好什么时候玩模型，什么时候学习；是先把模型玩痛快了，再去学习，还是先去学习，把该做的作业全部做了，再去痛痛快快地玩模型。小朋友，如果让你自己选择，你是选择先玩还是先学习？"

小勇眼中闪着光："我……先学习吧，只要不禁止我玩航模。"

聊到这里，取得了小勇心理上的共鸣，并且"逼迫"他在先学习和先玩之间做出了选择，目的就已经基本达到了。在"二选一"的时候，无论他怎么选择，都已经接受了"学习"这一前置条件。

按照我的要求，勇爸买了两套飞机模型，是一堆散件需要自行组装的那种。回家摆在小勇面前，勇爸"挑衅"地说："你不是很能吗？今天我要和你比一比，看谁能把这两个模型先装好。"

比赛开始。小勇果然在这方面有天赋，不到2个小时就组装好了，抬头一看，老爸还没装好一半，不禁开心得飞起来了。勇爸认输，并且"请教"小勇剩下零件的装法，花了3个多小时，才把一架"飞机"完整地组装好。

勇爸说："一次比赛还不足以证明你比我厉害，我们再比一次，如果我再输给你，就心服口服了。我们把这模型拆了再装好，看谁的总耗时少。"

小勇问："输了怎么办？"

　　勇爸说："答应你一个条件。"

　　这一次，勇爸输得更惨，而且输在一个细节：小勇用一个类似于冰箱制冰块的晶格一样的托盘，把拆下来的零件按顺序一个一个地放在晶格里，当再次组装的时候，只要按和放置时候相反的顺序把它重新组合起来就可以了，所以这一次小勇以更快的速度就完成了，而勇爸还在大汗淋漓地寻找、匹配零件。

勇爸说："儿子，你果然很有这方面的天赋。你说吧，想要什么，爸爸答应你。"

小勇写了一个飞机模型的型号给爸爸："我就要这个。"

勇爸满口答应，并表示以最快速度购买到。接着，勇爸"请教"了小勇许多飞机方面的知识，比如飞机的发明者、飞行的原理等，一下子拉近了自己和儿子之间的距离。

不久，学校的航模兴趣班要招收新成员，条件是：第一，对航模有兴趣并有一定的特长和了解；第二，每门功课要过60分。回家之后，小勇就和爸爸谈起学校航模兴趣班的事情，很兴奋地表示一定要参加。勇爸"忧心忡忡"地说："爸爸相信你在航模专业知识方面没有问题，要讲特长，也许全校所有同学都比不过你，可是你的成绩……"

小勇迫不及待地打断爸爸："爸爸你放心，我接下来一定会全力以赴，认真学习。"

勇爸说："那行，爸爸相信你！爸爸可以帮助你，我们一起制定一个学习和研究模型的计划表，什么时间学习，什么时间玩模型，一定能够达到目标。"

期末考试中，小勇的成绩全部及格，加入航模兴趣班的愿望成功实现了，同时，他对学习的兴趣，也停不下来了！

在强大的动力面前，孩子迸发出来的激情和能量令人吃惊。此后小勇就像换了个人一般，上课认真听讲，回家认真做作业，根本不需要别人的提醒和监督。而勇爸呢，充当了一个家庭辅导员的角色，陪伴和帮助儿子一起学习。

玩，对孩子而言，并不是坏事，但是玩什么很重要。

适当地在前方加一点诱惑，能够让孩子奋力奔跑；

适当地使用一些"以退为进"的策略，你退了，孩子就进了！

教育学与心理学视角

　　良好的教育讲究先天气质的匹配，即按照孩子的先天气质类型来因材施教。

　　先天气质，是指孩子出生时就带有的性格和能力倾向。早一点观察到孩子的先天气质，父母和孩子的相处就会更轻松，养育也会更有策略。

　　人的先天气质分为四大类型：乐天型、忧郁型、激进型、冷静型。每个人身上都会具备好几种气质，只是其中一种在我们的性格中占的比例最大，从而显现为我们的主导气质。人的性格和能力是由"先天气质"和"后天学习"两部分共同决定的。先天气质影响一生，后天培养使其更加完美。

　　孩子的兴趣和能力倾向（也就是天赋）与先天气质有着密不可分的关系。

　　冷静型的孩子往往具有理性和实事求是的倾向，很多卓越的工程师和科学家、领导、政治家、教师就是这种气质类型。

　　乐天型的孩子注重关系，温暖热情，适合做演说家、政治家、销售精英、旅行家、慈善家等。

　　忧郁型孩子感受细腻、完美主义，倾向于专注、思考和研究，适合做哲学家、科学家、理论家、艺术家、作家、科研、教育工作者等。

　　激进型孩子勇猛执着、目标感强，气场和力量强大，适合做军人、政治家、企业家、冒险家、律师、演员、社会批评家等。

　　四种先天气质各有各的天赋和短板，没有绝对的好坏之分。本文中的华华和小勇，喜欢动手做东西或模型，对此表现出了浓厚的兴趣和专注力，且能够做得很好，拥有典型的冷静型先天气质的特质。如果他们能得到父母和老师的肯定与扶持，假以时日，很有可能成长为卓越的科学家和工程师。

"安排"孩子要有度，有张有弛有出口

说实话，当老陶来向我寻求"支援"的时候，我还是颇感诧异的。他的女儿可一直都是出了名的"乖乖女"呀！上六年级的桃桃特别听话，学习认真，每天按部就班地按照爸妈制定的学习安排表，上学放学，上家教、辅导班、兴趣班，一个不落，不但成绩优异，而且琴棋书画无所不能，堪称"别人家的闺女"。

所以在和老陶见面之后，我惊问发生了什么事。老陶说："也不知道为什么，似乎是突然之间，她心态就不对了。辅导课上课的时候睡觉，在学校里也很怠课。直接的后果是成绩快速滑落，我和她妈妈都快急死了。"

我问："最近有发生过什么事件吗？"

老陶说："称得上事件的，她提的一个小要求没有得到满足。"

我问："什么要求？"

老陶说："是这样的，她想去太湖湿地公园看大熊猫，她妈妈没同意，因为实在是课程排得太满，没法去，少上一堂就会影响她的成绩和升学，不敢掉以轻心。我估计，是她班上很多同学都去看过，聊天的时候她发现就她自己没看过，所以产生了失落感。但是也不至于突然情绪这么消极啊！"

我问："被拒绝之后，她是什么反应？"

老陶说："她只是对她妈妈说，她想出去散散心，现在这种状态学不进去，效率不高。"

我问："她妈妈是什么态度？"

老陶说："她妈妈说：出去玩玩就能学得进去了？要是玩野了呢？是不

是更学不进去了？学不进也得学。"

我说："孩子是对的呀。她肯定不开心的。"

老陶说："嗯，她不开心。辅导课上老师说她，她还跟老师商量，太累了，让她睡会儿。她妈妈就生气了：把辅导课变成了睡觉课，爸爸妈妈花这么多钱给你报名就是让你睡觉的吗？我看你是欠揍！抽出雨伞想要打她，她就跑。"

我问："平日里孩子跟谁在一起时间多一点？"

老陶说："一般都是她妈妈带她。"

我问："是不是经常打她？把她强行按在你们设定好的轨道上运行？时间规划得非常密集，滴水不漏？"

老陶说："是的。"

我说："这是非常野蛮粗暴的教育方式！每天都是公式化的，而且任务还那么密集，不要说孩子，就是大人，也会心理疲惫的。你的孩子的反应算是轻微的，如果严重的话，会走极端的。"

老陶说："朱老师，那么有什么办法呢？"

我说："要给她的压力提供一个释放的出口，懂我的意思吗？"

老陶说："略懂。那么，怎么样给她一个出口呢？"

我说："孩子先由你来带一阵子吧。"

按照我提供的建议，又到了周末，老陶对女儿说："桃桃，咱们今天不补课了，爸爸带你出去玩，好不好？"

桃桃非常惊喜："真的吗爸爸？我就想去太湖湿地公园玩！"

就这样，老陶带着桃桃去太湖湿地公园玩了整整一天，看了憨态可掬的大熊猫。桃桃异常兴奋，给爸爸做导游，用手机扫描识别植物和花卉的名称和种属，还坐了游船，观看鸟群起起落落。中午他们只是简单地吃了一顿咸肉菜饭，桃桃说那是她吃过的最好吃的饭。

看着女儿吃得那么香甜，老陶的眼睛湿润了。

桃桃说："爸爸，我知道你的工作很忙。但是你们大人可知道，我们孩子其实非常地孤独。"

老陶说："嗯，乖女儿，爸爸答应你，每周都给你半天时间，让你任意安排，做自己想做的事情，玩自己想玩的。剩下的时间你就认真学习，并且

提高学习效率好不好？"

桃桃开心地说："没问题，爸爸，我答应你。"

从那时开始，桃桃的学习自觉性提高了，效率也明显提高了很多，就像突然之间懂事了许多，人也活泼开朗了起来。

看到女儿的改变，妈妈也似有所悟："桃桃，妈妈之前有很多地方做错了，妈妈应该给你做减法。"

桃桃奇怪地说："妈妈，什么是减法？"

妈妈说："这减法是针对我自己的，不该管的我尽量不管，你是个懂事的孩子，我尽量给你自由。"

桃桃现在马上初中毕业了。她就读的学校是一所有名的重点初中，她的成绩在班上数一数二。

现在社会竞争激烈，父母和老师对升学的过高期望、学习成绩的压力等因素都是造成孩子压力变大的原因。对于成长期的孩子，正常的心理压力能够起到促进学习的作用。但是长期承受巨大的心理压力，会影响孩子的心理健康。如果孩子压力大，也可以鼓励孩子写出来，让孩子学会把情绪释放出来，缓解心理压力。父母在陪伴孩子成长的过程中，首先要放低自己的焦虑和压力，科学合理地安排孩子的生活。

教育学与心理学视角

孩子的学习动力就像橡皮筋，张弛有度才能保持弹性和爆发力。如果长时间保持拉伸状态，慢慢地橡皮筋就会变得疲软而失去弹性。同样，长期保持高强度学习状态的孩子，早晚会产生巨大的心理疲劳，出现学习效率低、情绪低落、头脑不清醒甚至神经衰弱等症状。

家长对于孩子发出的"求救"信号要及时给予回应。当一向乖巧的孩子出现类似表现时，不要掉以轻心，或者武断地以为孩子想偷懒或者想松懈。而是要用心倾听孩子的内心感受，满足其想要放松心情和释放压力的需求。

文中桃桃主动向妈妈讲述自己的状态，并提出想要出去散散心，说明孩子了解自己的情况，也知道怎样可以改善，其实是值得欣慰的。学习的路很长，压力有了出口，力气才能再生。

爱上写作文

没有什么是一顿饭不能解决的。

如果有，那就两顿。

小韩是我读书会的同学，她女儿小玲上四年级。小玲的作文是个老大难。"她的作文都是我给她写好了的，再由她自己誊写到本子上。"小韩说。

我很吃惊，一个完全不会写作文的孩子在小学里是怎样的一个存在？她靠着妈妈"喂食"勉强生存下去，可是以后怎么办？考试的作文妈妈又该如何"帮"她写？

小韩说："考试之前，我帮她预备了几篇，让她背下来，考试的时候根据作文要求选一篇。考试的作文题都有规律，八九不离十吧，倒是没出过什么岔子。"

小韩承认，这么做也不是办法，但她不知道怎么让小玲自己写作文，母女俩其实都形成了惯性。有两次，女儿的"作文"还在班上得了奖，被老师当作范文宣读。但越是这样，小韩就越有负罪感。

我说："让她学会写作文倒不是什么难事。但我必须告诉你，你的动机和你的好心让你做了一件大大的错事。难道你没想到这是一种自欺欺人、蒙混过关的办法吗？而且你的办法带有严重的欺骗性，欺骗老师，也欺骗孩子，你甚至还教孩子作弊、欺骗！从学习、成长的角度来说，孩子抄你的作文，她自己就永远不会写作文了。从道德、社会规则和情商教育的角度来说，你是在教育孩子逾越规则、推卸责任、逃避困难！还是我刚才那句话，难道你要帮她做一辈子吗？当她对你形成了依赖，不仅仅是作文，会在方方面面都以你为靠山。遇到困难的时候，她首先想到的不是去解决困难，而是向你这个靠山寻求庇护。你这样是爱孩子吗？你可是在害孩子啊！"

小韩被我说得满脸通红："是啊，朱老师，我的确意识到这个问题了，我也不愿意这么做啊！我就是心太软了。您有什么高招,请您指点一下啊!"

我说："这个问题我有解决的方案了，我想到你们家做一次客，和孩子聊一聊。你能亲自下厨做一顿饭吗？"

在一个周末，我驾车到了南通小韩的家里，小韩的先生已经在家里备好菜了，小玲在客厅里玩耍。

"小玲，这是朱叔叔，今天到咱们家做客。"

我说："小朋友，欢迎叔叔吗？"

"叔叔您好，欢迎欢迎。"小姑娘很讨人喜欢。

小韩亲自下厨烧了一桌子菜。吃饭的时候，小韩拿起筷子的第一件事就是夹了一个鸡翅往女儿的碗里送。

我赶紧制止，示意她不要给女儿夹菜。这时小韩的先生和女儿都很奇怪地看着我，对他们来说，给女儿夹菜、包办女儿的一切已经是一种习以为常、理所当然的事情了。

我说："孩子喜欢吃什么，就让她自己夹好了。"

小玲也说："嗯对，妈妈，我想吃什么，我自己来就行了。"

小韩若有所悟："哦，我懂了，朱老师，您说得非常对。"

吃了一会儿，我问："小玲啊，菜是什么味道啊？"

小玲说："叔叔，你吃呀。我妈妈烧菜好好吃的，她烧的每个菜我都喜欢吃。"

在我的提问之下，小玲眉飞色舞地描述了鳝鱼是什么味道、虾是什么味

道、蔬菜是什么味道……总之都很好吃，好吃的理由也讲得头头是道。

"和爸爸妈妈一起在家吃饭是什么感受？"

"很开心呀！爸爸妈妈工作忙，有时候爸爸在家陪我，有时候妈妈在家陪我，爸爸妈妈都在家的时候，就是我最开心的时候。"

"哦，叔叔来了呢？"

"也欢迎呀！叔叔，以后你常来我们家哦！妈妈会做很多好吃的菜的。"

过了一会儿，大家都吃好了，盘子里多多少少还有一些剩菜没吃完。我问小玲："小玲，有些剩菜没吃完，该怎么处理呢？"

小玲很认真地思忖着："妈妈，这些菜倒掉蛮可惜的哦。"

爸爸说："那就放到冰箱等明天再吃。"

小玲马上表示反对："不行哦爸爸，老师说隔夜的菜对身体不好，不能吃。"

最终，经过权衡，小玲还是决定把菜倒掉，并郑重地对妈妈说："妈妈，以后你菜可以烧得稍微少一点，不要剩菜，浪费是不好的。"

我说："小玲，想不到你的表达能力这么好啊！恭喜你今天写了一篇很棒的作文！"

小玲感觉很奇怪："怎么会啊，叔叔，刚才我们在吃饭耶，没有写作文啊！而且，我根本不会写作文的。"

小玲低下头，压低声音，颇不好意思地说："叔叔，我悄悄地告诉你，很多作文都是妈妈帮我写好，我再抄到本子上的。"

我说："叔叔变个戏法给你看。"刚才在饭桌上对话的时候，我早已准备好手机，把所有的对话录了音。我把手机拿出来，把录音文件打开，使用语音转换文字功能，很快把小玲的话整理成了文字，稍加整理，一篇五六百字的短文出来了。

我说："小玲你看，你对每个菜都做了点评，而且你评论了今天吃饭的氛围，也表达了喜欢跟爸爸妈妈一起吃饭的感觉，最后，你还讲了一个很科学的道理：不能剩饭剩菜，更不能吃隔夜菜。"

小玲恍然大悟："啊，这么容易！作文就是这样写出来的啊？"

我说："对啊，作文就是一种表达，心里面在想什么，作文就写什么。可能一开始的时候，心里面能想到的东西很少，没关系，你平时多观察、多思考，到了写作的时候，稍微开动脑筋，你所经历过的那些事情，就会全部跳出来啦！"

写作文其实是一个由易到难的过程，不可能从一个很复杂的事物开始，而是从日常生活、发生在身边的耳听眼见开始。一个显而易见的技巧是，如果先学会流畅地表达，那么"说"出来的那些语句自然而然就是或长或短的"作文"了。

作文来源于生活，也来源于表达。

受到我的启发，小玲非常开心，跃跃欲试想要写"自己的"作文。

临走的时候，我告诉朋友几个方法，组成一个"复方"，同时给孩子使用。

第一，经常带孩子出去走走，户外的活动会锻炼他的观察力，以及累积写作的素材。逛逛街，逛逛公园，都可以；融入大自然，自然界的一切都是素材；日常生活中的点点滴滴，人与人之间的交往、交流和情感，也都是素材，慢慢学会观察，锻炼表达和联想能力，自然会积累越来越多的素材。心里有故事，才能讲得出来。

第二，要尽可能多地给孩子讲故事。每个孩子都喜欢听故事。故事讲完以后，尽可能地让孩子发表一些观点，锻炼他的思考能力和逻辑思维能力。让孩子复述一遍故事，这样，孩子就逐渐地把故事转化成自己的了，这也是累积素材。时间久了，孩子的笔下也就讲得出故事了。

第三，培养孩子的阅读兴趣和习惯，尽可能多地读书，写作和阅读是分不开的。当孩子开始养成每日写作的习惯，通过阅读汲取养分和写作经验实现进阶，就成为一条必由之路了。按照我的建议，小韩为女儿配置了一个专门的书架，为她购买了许多图书，每天晚上陪她阅读、给她讲故事，母女二人互相分享书中的内容、作者的写作方法和技巧，乐此不疲。小韩还经常带女儿出入书店和图书馆，这两个地方此后就成为母女俩最爱去的地方了。

第四，当孩子开始自己"上手"写作文，就要制定一个长期的计划，比如"日写数百字"：每天观察一件事物，尽量多地搜集这件事物的素材，以日记的形式，坚持每天写一定的字数。

第五，终极必杀技：多人学习小组。邀请四五个同班或年龄相仿的孩子到家里来，或轮流到各个孩子家中去，形成一个小组，买几本作文选或者图书发给每个孩子一本。阅读过后，让每个孩子发表自己的想法和观点，这样就锻炼了每个人的理解和思辨能力，更形成了一个共同的"学习场"，在场的每个孩子都会受到很大的影响，不爱或者怕写作文的孩子，更会受到"场"的影响，自然而然地融入学习之中。

按照我的"复方疗法"，经过有计划的锻炼，仅仅3个月时间，小玲就爱上了作文，作文水平突飞猛进，成了班上的"作文高手"，她的作文常常被老师拿来作为范文分享，而且在区级作文比赛中获了奖。有时候，小韩也会跟我分享小玲的"得意之作"。我常常觉得，这个小女孩的文章流畅自然、结构合理，颇有文学的天赋——重点是，它是被一顿饭挖掘出来的。

这套"组合拳"，在怕写作文的孩子身上屡试不爽，并且，还能极大地锻炼他们的语言表达能力，有好几个孩子都成了班上的"小主持人"。

朋友，如果您的孩子也不喜欢写作文，不妨按照我的方法试一试！

教育学与心理学视角

虽然家长都想培养出品学兼优的孩子，但是现实中有一些家长却曾经或者正在以"实力"教会孩子在学习上和品德上偷奸耍滑、逃避困难、蒙混过关。孩子身上的问题点，有很大一部分原因是在家长的包庇和纵容之下滋生和蔓延的。比如本文开头提到的小韩，孩子平时和考试的作文都是她代写的，以至于孩子上四年级了还认为自己完全不会写作文。

家长之所以如此，原因无非是两点：心太软、嫌麻烦。不忍心看孩子辛苦，觉得让孩子自己学会太难，教起来又费劲，于是干脆包办代办。

殊不知，这是一种隐形的"偷懒"行为，换取暂时的轻松和交差，代价却是自己长期的辛劳和孩子潜能的退化。

好在，当今大部分家长具有持续学习的热情，通过读书会、请教专业人士等方式，可以及时发现问题所在，接触更好的教育方法，从而重新做好孩子成长的助攻手。

"填鸭式"辅导无效，让孩子自己思考

"朱老师，我儿子每次做作业都很认真，交给老师的作业都是全优秀、零错题，可是一到正式的考试就掉链子，粗心大意，分数很糟，完全不能反映他的真实水平，请问怎么办？"

"那么问题出在哪里呢？是心态问题，还是你们给他的压力太大了？"

"好像都不是，孩子是很憨厚的，我们也没有给过他压力，但是考试却总是考不好。"

"那么他的作业都是谁辅导的？"

"是他妈妈，每天放学之后亲自辅导他做作业，所以家庭作业他一向都完成得非常出色，可为什么考试总考不好呢？"

"恐怕只有好好调查了解一下才能下结论了。"

和我对话的是我的一位工艺美术家朋友包老师，他的太太则是一名亲子DIY蛋糕烘焙店的店主。他们的孩子圆圆上三年级了，粗心大意的毛病一直改不掉。最头疼的就是，每次考试"该对的题不对，不该错的却总是错"。

按照约定，我去圆妈的蛋糕店了解一下情况。蛋糕店在苏州的五卅路。我到店里的时候，当妈的正在教训做作业的儿子：

"每次你做作业都是这样，我说你能不能认真点？"

圆圆颇为不服气，顶了一句嘴："我做作业哪有不认真了嘛！哪次老师改我作业不是给的优秀啊？"

圆妈更加生气："看你还好意思说，为什么每次你只要一考试就不行了呢？"

圆妈这句话分明是戳中了圆圆的"痛点"，圆圆无力反驳，只好愣在那儿。圆妈和我打招呼，说先辅导孩子做完作业再聊，我说好的，让她对孩子温和一点，就在旁边看着他们做作业。

这个圆妈算是我见过辅导孩子最认真、"走心"的一位妈妈了……只是，"走心"有点走过了！

我听到圆妈的一声"咆哮"，便马上知道圆圆考不好的症结所在了。

"你看你啊！这道题答案明明是 8，你为什么就能算出来是 7 呢？你走点心好不好？"

走点心好不好？你倒是"走心"了，在辅导中直接给出了答案。有了答案的孩子还能"走心"吗？

先知道答案，阻断了孩子的思考过程和验证流程。孩子因此变得不会思考了，也变得粗心大意了，甚至，孩子在考试时会经常走神，题目的字符在脑袋里面闪烁，但就是无法形成清晰的逻辑链，无法进行思维层面的工作。

经过我的观察，我发现这种辅导方式是圆妈的常规操作。在他们把作业"做"完之后，我把圆妈拉到一边和她单独沟通此事，她一拍脑门，恍然大悟："对的，就是这样，我每次都是这样辅导的。"

于是圆妈焦急地问我该怎么改，正确的方法是怎样的。

我问："你会装吗？"

圆妈很诧异："装什么？什么意思？"

"装"就是我教给圆妈的第一个方法。

第二天，圆妈就对圆圆说："圆圆，今天妈妈的眼睛很不舒服，看你的作业题目很模糊。"

圆圆关心地说："妈妈你别着急，可能是累着了，你可以滴一点眼药水，或者配一副眼镜。"

圆妈说："嗯，妈妈会的，妈妈现在想休息一下眼睛。今天作业得你自己做，你一定要认真啊。"

圆圆懂事地说："嗯嗯，妈妈，我会很认真的。"

圆妈说："做完之后你自己要检查一下对错。"

圆圆说："好的，妈妈。"

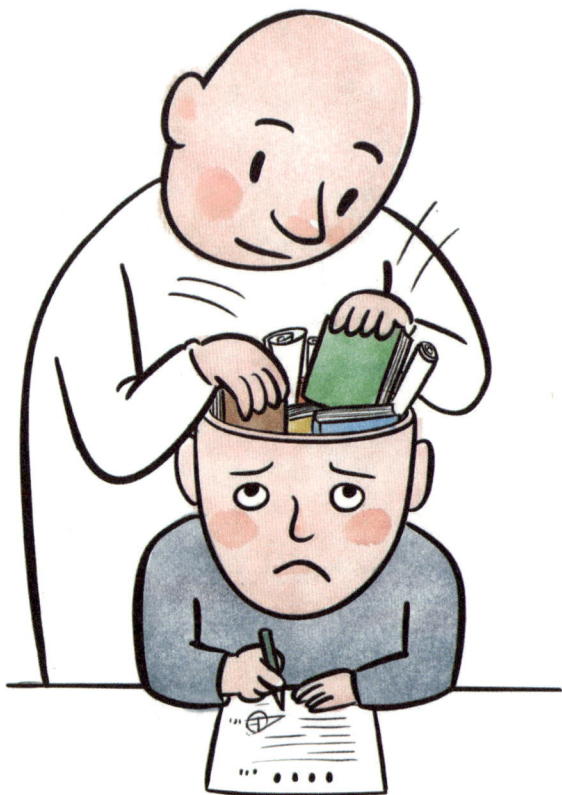

圆妈又说："圆圆，这可是你第一次没有妈妈的辅导独自完成作业哦！你一定要让妈妈看到你有多棒！"

这最后一句话拥有很大的力量，可以让孩子心里生出一种英雄主义的担当和责任感：哦，这次作业可不是为我自己做的，我是做给别人看的，一定要做好哦！一定要让妈妈看到我是个多棒的孩子！

这种心理暗示带给孩子的作用是不可估量的。圆圆完美地验证了这一点。这次作业，他做得很认真，尽管中间还是出现了注意力不集中、审题时间很长、知识点遗忘等问题，但毕竟完成了作业——而且，还比妈妈辅导他的时间少一些。

妈妈通过这次独立作业看到了希望，圆圆也通过这次独立作业树立了信心。

这个方法的核心在于：把责任还给孩子。

第二个方法，没有错题库，只有必得分。我告诉圆圆妈：把以往提示过答案的题集中到一起，建立档案，但是不能叫"错题库"，而是叫"必对题"。

错题库和必对题，名称不同，意义也完全不一样。错题库传达给孩子的意思是：这是你曾经做错过的题，像是对孩子的惩罚，易引起孩子的挫败感。而必对题却完全相反，它给孩子的心理暗示是积极的，不是对曾经的"错误"进行的惩罚，而是说这样的题目根本不难，不应该失分。

第三个方法，连环复习法。每道做错过的题，全部收进"必对题库"。接着，连续两天重复复习它，一星期以后再做一次，半个月后再做一次，满1个月，再做一次。事实上，经过数轮复习，大多数题目圆圆已能直接说出答案了，真的变成一道道"必对题"了。即便妈妈对题目做一些修改，比如改动一下数字，圆圆也能快速地计算出答案，真正地掌握了题目包含的知识点。

经过短短半年的努力，圆圆就成了学习小能手，学习有很强的计划性，新课程也是错误率极低，考试的时候几乎不会再犯粗心大意的错误了。

◆◆◆ **教育学与心理学视角** ◆◆◆

孩子具有独立写作业的能力吗？答案是肯定的。个别有先天性学习障碍的孩子除外。

那么是什么让众多家长在辅导作业的路上严阵以待、穷心竭力呢？

是恐惧和担心，害怕孩子做不好，担心孩子没有能力做好。

恐惧和担心就像魔咒，营造出一种莫名奇妙的悲观氛围，让家长习惯性焦虑，让孩子习惯性依赖，渐渐地孩子会失去独立思考的主动性和积极性。

与恐惧和担心相对，我们提倡相信和关心。相信孩子有能力自己做好，用心关注孩子的动态。在此基础上尽量少干预，只给予必要的辅导。这样才能发挥孩子独立思考的潜能，培养出真正的"学习小能手"，而不是平时做作业挺好的，一考试就"露馅"的"伪优秀"。

脑补记忆法：理解＋默记＋重复

"我儿子贝贝其实很聪明，但就是背书背不好，前记后忘。比如一篇课文，要背好几天，最后还是记不住；让他抄写，抄几十遍，都记不住。"

小金是一个很让我佩服的房产经纪人，让我佩服的地方就是他表达能力特别强，在面对客户销售房子的时候，总是可以精准地联接房源优点和客户需求，特别能打动人，所以成交率特别高，在房产经纪圈"赫赫有名"。

所以，我怎么也理解不了，小金的儿子怎么会有背书障碍这样的"棘手"问题，难道小金没有把天赋遗传一星半点给儿子吗？

小金跟我说："他每次语文考试都很糟糕，凡是涉及背默课文的，几乎很难得分；作文写得不好，没有想象力；填空题是短板中的短板，惨不忍睹。每次看他的成绩出来，我和他妈妈都很崩溃。"

我说："你们知道孩子的问题所在，但却不知道如何解决，无从下手是不是？"

小金说："正是正是！"

我说："这似乎是一件很奇怪的事情，你本人向客户介绍房源的时候能够把房子情况像画面一样呈现在对方面前，为什么就不能点拨你儿子一下，让他背书的时候从你这里学到一些经验技巧？"

小金说："介绍房子跟背书是天壤之别，也没有经验可传授啊。"

我说："我暂时也不知道该如何下手，但我可以试着了解一下情况，然后给出我的一些建议。"

我知道贝贝的问题不是记忆能力的问题，而是心理问题。调节矫正孩子的心理问题，恰恰是我所擅长的。于是我在小金的安排下，和贝贝单独见面聊了聊。

我说："贝贝，对于背书，你是不是很不愿意的？"

贝贝说："是的，只要不背书，干什么都好，哪怕抄 100 遍，我都愿意。"他是个乖孩子，态度很温和。

我现在要做的，是释放掉他的压力——把压力降到 0。

我说："从现在开始，你不用背书了。"

贝贝显得很惊喜，而又难以置信："真的吗？那么考试怎么办呀？"

我说："我有一种方法，能够让你不用背书也一样能考得很好，你想不想试一试？"

贝贝这下相信我了，喜出望外："有这种好事，傻子也愿意干呀。叔叔你不会是开玩笑的吧？"

我说："君子一言快马一鞭。我告诉你，'武功秘籍'就藏在你爸爸那里，他没有传给你啊？"

贝贝说："叔叔你开玩笑的吧，我爸爸就是一卖房的，他能有什么'武功秘籍'？"

我说："这你不知道了吧，你爸爸只需要通过语言描述，就能够把房子像照片一样刻进用户脑子里。他的描述非常具有画面感，能够准确地向客户传达房屋特点、房型格局、房间装饰等。用户都不用到现场看，就能知道房子长什么样，有什么优缺点。在你爸爸的描述里面，还暗含了对客户诉求的特别表达。而当形成初步印象的客户看房之后，发现房屋的真实情况和他的描述几乎是完全一样的，客户几乎就会下定购买的决心。厉害吧？你爸爸还擅长分析客户的心理：对方的买房目的、心理价位和地段等，只要他和客户聊上五分钟，这些必要信息他全部都能掌握。"

贝贝说："嗯，他是很厉害的，可是这跟我又有什么关系呢？跟我的背书、学习有什么关系呢？"

我说："当然有关系啊。我说了嘛，秘籍就在其中啊。你想啊，你爸爸做的这一切工作，为的是让客户怎么样？理解。不需要看到房子实景或者图片，客户在你爸爸的描述里面就知道房子长什么样，妥妥的一幅图片映在他们的脑海里。这就是理解啊！"

贝贝说："理解？怎么就成了我的秘籍了呢？"

理解　黙记

重复

我说："简单地总结一下为什么理解能够解决你的背书问题，其实就是两个字：走心。你如果用心地去理解一篇课文的内容，它在你脑海当中就会呈现为一幅画，是不是特别容易记住？你知道你的问题出在哪里吗？死记硬背，没有走心。你对事物的理解能力没有学到你老爸的一星半点，造成了你在背书时的痛苦。而这种痛苦影响了记忆的效果，形成了恶性循环。"

贝贝说："嗯，是的，我背书真的太痛苦了，从小到大我就不喜欢背书，只要不让我背书，做什么都行。只要是背书的作业，怎么背都不行。一背书，我的痛苦就开始了。"

我问："为什么你对背书这么抵触？发生过什么事情让你一直恐惧到现在？"

贝贝说："以前有老师让我们背书一个字都不能漏，漏一个字都算不过关，都要被处罚，我就觉得，这也太难了吧，怎么样才能一个字都不漏呢？我想，只有一字一句地背。谁知道我怎么背都做不到一字不错，经常被老师处罚。越不能错就越记不住，越处罚就越害怕背书。"

我吓了一跳，心想这个老师可真够教条的，简直到"令人发指"的地步了。

我说："我来教你怎么通过理解去记忆，怎么把内容转换成画面刻到脑子里好吗？我们就以《沁园春·雪》为例吧，让你当场牢记。"

贝贝充满期待地点点头。

我说："你闭上眼睛，想象一下，北国风光，千里冰封，万里雪飘。这是一个什么样的景象？在北方的大地上，一片绝美的风光，茫茫天地间冰天雪地，千里江河冰封一片，万里河山雪花飞舞，美不美？"

贝贝说："美，非常美。"

我说："接着，在你的画面里面，出现了长城和黄河。长城是什么样的？望长城内外，惟余莽莽——长城的内外，就剩下了白茫茫的一片；黄河又是什么样的？大河上下，顿失滔滔——黄河水被冻住，失去了波涛翻滚的气势。山舞银蛇，原驰蜡象，欲与天公试比高。山，绵延起伏，像白色的蛇一样，平原上则像是奔驰着一群一群白色的大象。天地都矮了下来，我倒是想和老天爷比一比看谁更高！"

贝贝沉浸在我口头描绘的雪景之中。

"须晴日，看红装素裹，分外妖娆。刚才是在大雪纷飞之中。现在我想象，雪停了会怎么样？——要是到了晴天，我看着那些本来是红色外观的房子，如今被白色紧紧包裹，显得更加地妖娆。"

我接着向他讲解下阕："词的下半阕作者完全展开想象了。他想到了什么？历史人物。江山如此多娇，引无数英雄竞折腰。——祖国的江山如此的美丽，多姿多彩，引得无数的历史英雄为她前仆后继，只可惜秦始皇、汉武帝，他们文采不咋的啊；唐太宗、宋太祖，他们也不行；那一代天骄成吉思汗，更是个大老粗，只知道弯弓射雕。惜秦皇汉武，略输文采；唐宗宋祖，稍逊风骚。一代天骄，成吉思汗，只识弯弓射大雕。俱往矣，数风流人物，还看今朝。他们如今也全都成了过眼云烟，要说真正的风流人物、英雄豪杰，还得看今天的人们！"

贝贝惊喜地说："好美！我懂这首词的整个意思了！下半阕要更容易啊，跟顺口溜一样，特别好记！"

我说："对，你很聪明，你只要按照每一句的意思，在脑子里面再过一遍两遍，就能完全记住了。你说，背一首诗、一首词，容易吗？"

贝贝说："叔叔，按照你的方法，真的很容易！"

我说："你记其他的课文或者知识点，都是一样的方法，就是六个字：理解、默记、重复。"

贝贝跟着我默念了一遍："理解、默记、重复。"

我说："曾经，你是为了背书而背书，而由于你心里的拒绝、厌恶和不自信，使要记的内容无法真正地进入脑子里面，当然记不住——有一句俗话说得很形象：小和尚念经，有口无心。"

贝贝使劲地点点头。

我说："当你把意思弄明白了，你背诵的质量一定会大大地提高。而通过重复回顾，一次又一次地加深记忆，最后就可以烂熟于心啦。记忆其他任何的内容，都是一样的道理。你看你爸爸卖房子，总是能够向客户描述得那么形象、生动，客户被打动了，对他所描述的内容也是记忆犹新、印象深刻，和你的背书也是相通的。"

贝贝说："嗯，我明白了！谢谢你，叔叔！"

要消除孩子的恐惧心理，首先要卸下他的压力和顾虑，找到病根，就能打开一扇全新的门。学习是一件很快乐的事情。

模仿法（又称示范法）是青少年心理辅导中常用且有效的方法。向求助者呈现某种可参照的行为榜样，让其观察示范者的行为以及通过这种行为得到了什么样的结果，以引起他采取相似行为的方法。

本文中朱老师按照模仿法的原理，通过生活示范（金牌房产经纪人的做法）和参与示范（理解记忆《沁园春·雪》）的具体方式，帮助小主人公贝贝学会了"理解＋默记＋重复"的背书方法，消除了孩子对背书的恐惧心理。

需要注意的是，运用模仿法解决青少年问题时需要技巧和耐心，比如详解步骤、呈现画面感、解说时要走心等，让求助者能心悦诚服地体会到示范者的做法和意义。如果只是简单粗暴地举一个例子，就要求求助者自行领会并做到，可能引起逆反心理。

默写常出错，不是阅读障碍症

2020 年 6 月 16 日下午，我在公司开会，突然接到了好久没有联系的朋友的电话："你有认识的心理医生吗？"

我一听赶紧问："有，是谁要咨询呢？"

"我儿子，最近怀疑他得了阅读障碍症，想找一个专业的心理医生咨询一下，我们去过医院了，医院没有看这个的科室。"朋友焦虑地说。

我很是诧异，朋友夫妻俩都是高才生，IT 经理，他们的儿子爱博是我看着长大的，和我的孩子是好朋友。印象中，爱博是一个兴趣比较广泛的孩子，喜欢阅读，阅读各种侦探小说和科幻小说，喜欢抱着奥数题目研究。三年级的时候，有一次周日我去朋友家吃饭，爱博抱着电脑，在敲字，我很好奇，问他："爱博，你在做什么？"爱博抬头看到我，笑着回答："没什么，我写的东西。"他妈妈和我解释他在写小说。

我拿着电话走到走廊问朋友："你怎么判断孩子得了阅读障碍症？"

朋友说："上周老师打电话给我的。老师说孩子会不会是阅读障碍症，让我们家长找医生咨询一下。爱博回来后，自己上网查了一下，觉得自己的症状和阅读障碍症是一样的。"

"什么症状呢？"我认真地听朋友讲。

"很容易跳行或漏字，怎么默写都不对，书写也是很潦草。这几天他干脆不默写了，这一周学校的默写一塌糊涂。"

"那他除了默写不好之外，有其他什么问题吗？"我继续问。

"没有，其他挺好的，还是物理课代表，每次考试都是第一名。数学也不错。他最近在搞什么专利申请，参加了'挑战爱迪生'的活动。"朋友稍微有点自豪了，立即通过微信把孩子的"挑战爱迪生"亲子创新赛稿件发给了我。

我放心了，爱博根本不是阅读障碍症，我答应朋友晚上就去她家里蹭饭，了解一下孩子的情况。

下班后，朋友来接我一起到她家里，在小区的时候刚好碰到爱博，爱博已经长成大小伙子了，背着很重的书包，腼腆地笑着和我打招呼。我很快和孩子交流上了。到了家里，来到爱博的书房，房间整理得还是比较整洁的。爱博拉了椅子让我坐下来，按照我的要求把各科试卷拿给我看。

爱博在书包里翻了一会儿，抽出物理试卷给我，我看了一下基本全对。"物理学得很棒呢，这一章还是挺难的。还有别的科目试卷吗？数学语文英语都给我看看。"

爱博又在书包里面翻了一会儿，拿出其他几科试卷，我认真看了语文和英语试卷，说真的，他的英语和语文得分不是很低。我特地看了单词拼写和默写题目，错误率并不高。

我问："爱博，你这英语单词默写我看是全对的呀！语文这个古诗词默写错了两个字是因为什么？"爱博站起来，看我指的地方，努力回忆："嗯，考试的时候，这个古诗好久没有复习了，默写错了。"

我决定直奔主题："爱博，我看你的表现一点都没有阅读障碍症，怎么你妈妈和我沟通说有阅读障碍症呢？"

爱博有点拘谨："考试的时候没有的，就是平时在学校的默写有。"

"怎么讲？学校默写就会犯了？"

爱博继续说："嗯，学校默写，我总是默写不好，前一天晚上才看的，第二天就会默错很多。"

"那么，你再想想，学校默写你觉得哪里比较难，让你默写不好？"我问孩子。

"老师报得有点快，我跟不上。有的时候是新单元没有学就默写，我掌握就有点难。"爱博认真地回答我。

我笑笑："那我知道了，你这个症状和阅读障碍有什么关系啊？字写得慢一点没关系，考试能跟上就行。再说了，我们现在这个考试的节奏已经很快了。新单元没有学，掌握得不好，默写肯定不会好。我们都不是天才，怎

么可能不学就会？"

　　爱博半信半疑："我们班其他同学默写得都不错呢，就是我不好！"

　　"好吧，班上同学是不是都补课了？"爱博点了点头，我继续说，"你看，人家寒假学过一遍，现在开学跟着老师又学一遍，周末到培训班再学一遍，你说他们学了几遍？"

　　"三遍。"爱博回答我。

　　"那你才学几遍？"我合上试卷，问他。

　　"一遍。"

"就是嘛，人家学三遍，你学一遍，能达到这个水平朱老师觉得你已经非常棒了。"我说，"当然，朱老师不是鼓励你去补课，我觉得你不用太在意这个事情，只要平时提高一点点学习效率。如果你觉得默写不好，自己可以通过联想和理解，加深对整体的记忆，这样的记忆是能更持久的。"

爱博的情况很明显不是阅读障碍症。阅读障碍症，简单说来它是一种大脑综合处理视觉和听觉信息不协调而引起的一种阅读和拼写障碍症。主要反映在识字阅读方面，其原因也是复杂而多面的。比如：会将字看反或颠倒，很容易跳行或漏字；必须用手指头指着每一个字来阅读；书写时将字简化或者字体潦草等。在行为方面也有一些比较容易观察到的表现，例如掌握事物的顺序很困难，背诵乘法口诀困难等；或在辨析距离、方向时有困难；手脚笨拙，走路时脚步不稳，经常跌倒、被绊倒或撞倒家具等。

当然，在我们陪伴孩子成长的过程中，培养良好的阅读能力是极其重要的，而阅读能力的培养应该从小抓起。儿童期是阅读能力培养的关键时期，要让孩子在长时间的阅读习惯中吸收养分。

在日常生活中，像爱博这样默写经常犯错的，在男孩子中是特别多的。我们需要去剖析孩子错误的原因，然后才能对症下药。我个人不是特别喜欢现在少数老师每天布置抄写词语 5 遍、默写错了再抄 50 遍的做法。随着孩子年龄增长，识字能力和记忆能力都会进步，为了一个"全对"，折腾孩子花费大量时间去抄写，还不如让孩子去阅读。因为"书中自有黄金屋，书中自有颜如玉"，这是古人对阅读最好的诠释。当然，这句话放在今天来说，意义也是非同寻常的。

教育学与心理学视角

如何定义孩子学习中表现出来的问题？是人云亦云随便贴标签，还是理性分析科学引导？这是一个关乎教育智慧的话题。

虽然包括阅读障碍在内的各类学习障碍症的确有一定的发生概

率，但对于大多数孩子来说，只是在学习过程中遇到了暂时性困难，他们可能具备了个别症状，不能草草定性为"障碍"。就像一个人只是喉咙有点痛，不能因此就说他一定是感冒了。虽然喉咙痛的确是感冒的一个常见症状，但是因为其他相关症状比如发烧、流鼻涕、头痛等没有出现，直接说感冒有点武断了，也许是咽炎呢？也许只是刚才吃了辣的食物受刺激了呢？

学习障碍症需要在专业机构由专业人员来诊断，诊断时需要一套专业标准。家长和老师不可随意给孩子贴标签，以免给孩子错误的心理暗示，并错过真实的原因。

效率越高自由越多

　　那天聚餐后送大苏回家，已经是晚上10点多了，我看到大苏的妻子小潘还在辅导孩子做作业，手把手地教，还伴随着大声的呵斥。我不禁很诧异，这个时间，孩子应该已经上床睡觉了才对。我就问大苏："你儿子上几年级了？有这么多作业吗？"

　　大苏尴尬地说："他这是磨洋工，学习效率极其低下。你还不能说他，越说他，他越跟你对着干。你看他妈妈教他，这哪是教啊？这就是手把手帮着他完成作业。"

　　我问："难道他平常都是这样？那么他几点钟上床睡觉呢？"

　　大苏："11点上床睡觉已经不错了。"

　　我说："长期这样子，孩子和大人都受不了啊，很辛苦的。"

　　小潘走过来，很心酸地对我说："别人1个小时的作业，他要做5个小时，我早晚会被他逼疯。"

　　周六下午，我又来到他们家。我问大苏儿子莫莫："你的作业是为谁做的？读书又是为谁读的呢？"

　　"还能为谁？为我妈呀！"

　　我惊讶道："大苏啊，你儿子蛮孝顺的呀，什么都是为了你们啊！"

　　大苏夫妻尴尬地笑笑。

　　莫莫说得没有错啊。这个孩子正如绝大多数孩子一样，每天所有的事情都是被安排好的。白天有功课，回家有作业，周末有辅导，更有一大拨的对之毫无兴趣的兴趣班争抢剩下的时间，孩子拥有的属于自己的时间，少得可怜。

之所以会疲惫而消极，是因为没有前进的动力。

而家长的教育方向已经跑偏了，在孩子已经疲惫不堪、产生强烈逆反敌对或消极抵抗行为之时强行辅导孩子作业，进行填鸭式的教育，效果适得其反。

一天晚饭后，小满习惯性地扔下碗筷跑到电视机旁，熟练地找到"奥特曼"，津津有味地开始"打怪"。这是他最爱的节目，没有之一。

爸爸却火了，一把抢过遥控器："你看你，一吃完饭就跑到电视机前，知不知道还有作业要做？知不知道你一天的作业要做三四个小时？连带着每天都睡得那么晚，第二天起都起不来。"

小满自知理亏，嘟囔着走进自己房间开始写作业。一会儿出来上个厕所，一会儿出来喝口水，一会儿出来吃个糖果水果……不一会儿，再循环一遍。整个写作业的过程，都处于很不专注、三心二意的混沌状态。自然，又到了很晚才做完，又到了很晚才睡觉……

小满的爸爸是我的朋友，他在和我一起吃饭的时候聊起这个话题，我不假思索地告诉他，这种典型的作业拖延症，应该是绝大多数孩子都存在的问题，也是绝大多数家长一筹莫展的家教"慢性病"。这个坏习惯如果得不到有效的矫正，很可能会伴随一生；日后无论做什么事情，都会拖延。其产生的恶劣后果，就是懒散，效率低下，没有目标，没有效率，没有时间观念，乃至于浑浑噩噩、胸无大志、不思进取。

我这一说，倒是把我朋友吓傻了。他从未想过会有此严重后果。

我说，孩子拖延症的根源，是他根本不喜欢做这个事。

一周前，施女士跟我聊起了她的儿子鲁小迅：超没有责任心；对学习没有管理能力，做作业的时间不受控制地无限延长；对自己也没有管理能力，尽管已经很胖了，却只爱吃炸鸡、汉堡等"垃圾"快餐。

进一步交流后我得知，这个"小胖"平时都是爷爷奶奶负责接送的，对他可谓百依百顺，非常宠溺，放学一接到家里就不管了，由着孩子"胡作非为"，长期处于"放养"状态，于是乎形成了种种恶习。

以上三个案例，都是关于孩子的"拖延症"的，或者说，孩子缺乏自制力，无法合理、高效地安排自己的时间，对待学习消极、懈怠且被动，这是很多家庭的孩子都存在的一个现象，也是很多家长既痛苦又无解的难题。

"拖延症"无解吗？上述三个案例中的孩子，他们的"症状"都是典型而严重的，而在我适当方法的"调理"之下，都得到了极大的改善，甚至可以说战胜了这一"顽疾"。

我的方法很简单，一言以蔽之，就是"等量置换"四个字：用自由置换自觉，用自主置换自治，用效率置换时间。

等量置换，是一个有条件、渐进的过程，它会形成一系列以效率为核心的好习惯，这些习惯放大到孩子整个的人生历程中，会显得至关重要。

我对莫莫说："我们今天换一种方式好不好？作业你自己来写，你妈妈不辅导你。如果你能在一小时之内完成作业，我陪你出去玩，条件你可以随便提，无论你想吃什么买什么都可以。"

在此之前，我已经看过他的作业量，按照正常的进度，应该是在半小时之内就可以完成的。所以我提的条件，应该是可以"保证"他赢的。

莫莫有点惊讶，将信将疑地问我："真的吗？叔叔你说话算话？"

我说："那要看你敢不敢跟我赌了，你确定能在一小时之内完成作业？"

莫莫妈妈也不相信，她说："朱老师，这不可能的，你别难为他了，这个作业他能用 3 小时做完我就谢天谢地了，怎么可能在一小时之内做完呢？何况还不用我来辅导他。"

我递给她一本书："你不用管他，在旁边安静看书就行，让他自己做，他一定做得到。"

莫莫开始了他的当天作业。他依然像往常一样不紧不慢地做着，但和往常根本不看题、不思考不同，他在有条不紊地逐题推进。

到 37 分钟的时候，莫莫就喊我了："朱老师，我做完了！怎么样，还没有一小时吧？"莫莫像是达成了一项了不起的成就，一副洋洋自得的表情。一检查，正确率 90%，并且字迹、书写都比以往端正、清晰。妈妈表情很复杂，又高兴又生气："原来你小子以前一直是给我磨洋工！"

我说："这不是磨洋工，我们来采访一下莫莫小朋友就知道答案了。莫莫，为什么以前你要花四五个小时才把作业做完，而今天你只用了 40 分钟不到的时间呢？你是如何实现这样的奇迹的？"

莫莫得意地说："这次有动力啊，平时自己走路跟运动会上参加赛跑比赛能一样吗？"

出发点不同，能动性自然也不同。这次作业他是为自己做的，所以才有动力；有了动力，才有效率。

小潘说："哦，原来如此！朱老师，那么我们现在怎么把他扭转过来呢？"

我说："物质的奖励是非常必要的，但只能偶尔为之，以及阶段性为之，更重要的在于精神的奖励和激励。你要经常想各种各样的办法表扬他的出色之处：儿子好样的，儿子你好棒，等等。没有成本，但是非常有效——效果持久，久到离谱！"

小潘被我的幽默逗笑了。"朱老师，您说得非常有道理，我们一直忽略了对他的奖励和鼓励。每次辅导他的作业，他稍有不专心的时候，我就变得不耐烦，就会批评他，但是效果越来越差，他变得越来越不专心。不瞒您说，辅导他做作业，还不如我帮他做呢，比我做的任何工作都要累人、熬人！"

我说："现在你们要从根本上转变你们的角色定位，做回真正的爸爸妈妈，期待他自己的成长，开放给他属于自己的时间，让他做自己爱做的事情。要给他时间玩一玩。解决孩子任何教育问题的原则都是宜疏不宜堵。给他调整放松的机会，不能让他一天到晚神经绷得紧紧的。"

小满的情况，解决问题的着眼点很明确：让他喜欢。

自然，孩子是不可能脱胎换骨立刻就喜欢上学习的，玩是每一个孩子的天性，"拖延症"也是。矫正这个问题需要一个漫长的过程，需要家长耐心的陪伴，还需要一套"攻略"。

我告诉小满的爸爸，当初我是怎样通过一套组合拳彻底解决我女儿拖延症的。

我女儿晴儿小时候爱看书，每当她妈妈让她去写作业时，晴儿的回答总是只有八个字："我看完了会去做的！"

我早就注意到晴儿的拖延症问题了，当即决定出招。我找晴儿谈了一次话："爸爸和你约法三章：合理安排时间看电视看书。你要看书可以，但是每天要定好时间，哪个时间段看书；你要看电视，也可以，双休日你自己定时间，几点到几点。只有一个附加条件：在作业完成的情况下！"

于是晴儿很快就排出了时间表，以后她总是自觉地遵照这个时间表，有计划、有节制地看书、看电视。因为计划是她自己定的，所以她有遵守的动力，同时她也没有违反的理由。当然，时间表的前置条件——先完成作业，没得商量。为了尽快地做自己喜欢的事，晴儿总是努力以最快的速度、最高的效率做完她的作业。所以她在读书做作业的时候，从来都是聚精会神、一丝不苟的。

听我讲完我女儿的故事，朋友受到了很大的启发。按照我告诉他的方法，他回到家就开始了计划。

"宝贝，你今天可以先看一会儿奥特曼再做作业。但是你看完了，要认认真真地写作业，如果你认真一点，作业做得快，在一个小时之内做好，爸爸答应你再让你看一会儿。"

小满兴奋地和爸爸达成了协议。看完一集奥特曼，小满非常自觉地关了电视机，愉快地跑进自己房间。

"爸爸，今天我们有一篇小作文，还有20道数学题，我应该会很快做完。"

"嗯嗯，这个作业真的不多，我想很快就能做完。你慢慢做啊，爸爸在边上陪着你。"

小满非常认真地做起了作业。更让爸爸开心的是，他发现了一个很大的变化，儿子今天比以往任何一次作业都做得认真，都是一笔一画地在写。

最后，小满1小时不到就把语文和数学作业都做完了，兴高采烈地说："爸爸，我的作业全部完成了，你帮我看看是不是全对？"因为按照学校的规定，孩子做完作业之后，家长是要检查一遍的。

爸爸开心地拿过作业本，认真地检查起来。其实爸爸一眼就看到20多道题目中只做对了9道，但是爸爸却说："儿子你等一下，爸爸现在下楼取个快递，你再把剩下的题目好好检查一下。"

小满听了爸爸的话，趁着爸爸下楼"拿快递"的时间，开始认真仔细地检查做过的题目。等爸爸上来的时候，小满已经把所有错的题目一一地检查出来，并加以订正了。

自然，接下来就顺理成章地进入自己的娱乐时间了。这样的结果，爸爸高兴，小满更高兴。不但可以做自己喜欢的事情，还顺利、快速地完成了作业，非常有成就感，从此感觉作业时间也不再那么漫长和恐怖了。

第三个案例，要解决鲁小迅的问题，需要做到两点：第一，为他建立刚

性的规则，"刚"属于"不可抗力"范畴了；第二，把部分时间还给他，授予他"有限自治"的权力。"作业每天限定时间，不超过两个半小时。在规定时间内做完了，可以给他半个小时的自由玩耍时间；如果没有在规定时间之内做完，那就没有半小时的玩耍时间。"

但所有的坚持，开始的时候都很难，这时候，必须加一些外力。仅三天以后，小家伙就打回原形，又开始不守规矩了，作业时间慢慢地又拉长到了原来的水平。我说："既然常规的办法现在已经不行了，那么是时候给他来个猛药了。"

当天晚上，施女士对儿子说："儿子，今天爸爸出差不回来，另外就是你的作业要抓紧做好，因为刚刚接到通知说这两天供电线路有问题，8点钟之后要停电，所以你务必要在8点之前做好作业哦。"

小家伙嘴上答应着，但显然并没有放在心上。到了8点整，突然整间屋子一片漆黑，真的"停电"了，小家伙顿时慌了，从房间摸着门框走了出来："妈，怎么真的停电了呀？我作业还没做完呢！"

妈妈忍着心里的笑："停电又不是我能控制的，这属于不可抗力，说什么时候停就什么时候停，没得商量。你作业没做完，只能怪你自己咯！"

停一次电对小家伙的影响蛮大的，第二天刚开始做作业的时候，就开始紧张了，问他妈妈："妈，今天还会停电吗？"

妈妈说："儿子，一个人的学习成长最重要的是养成自己的习惯，什么事情该做，什么事情不该做，什么事情该在什么时候做，什么事情该在什么时候完成，都要按照事先的计划和要求做到。要有时间观念。通知说今天会停电，那么今天一定会停电，但如果没有通知，是不是一定不会停电呢？万一咱们家电路突然跳闸，或者坏了呢？你怎么办？只能怪你自己没有在有电的时候按时完成作业，对不对？"

小家伙若有所悟，说："哦，妈妈，我懂了，就是说，我只要做好自己的事情就行了，那么外边发生的任何事情就都不能影响到我！"

妈妈很高兴地摸摸儿子的头："小迅，你果然好聪明，这么深刻的道理都被你悟到了啊！"

鲁小迅得意地说："那当然，我可比同年龄的那些小孩成熟得多！"

妈妈给爸爸发了个消息："解除停电制裁，你可以回家了。"

虽然只"停"过一回电，但通过妈妈的教育和自己的领悟，停电事件在鲁小迅心中产生了相关的"抗体"，他知道必须按时把某些事情完成，才能避免一些突然而来的变故对自己的影响，把主动权牢牢掌握在自己的手中。

同时，他也少了很多的顾虑，他的人生不再"被安排"了，他拥有自己的时间，可以做自己想做的事情。他学习的效率越高，为自己赢得的"自治"时间就越多。这成为他努力学习的动力之源。每天放学之后回到家，第一件事就是先把老师布置的作业做完，然后，兴高采烈、心无旁骛地开始做自己喜欢的事情。

学习成绩上来了，在家里、学校赢得了越来越多的表扬，鲁小迅的自信心越来越强，心理也更加"成熟"了，"不该管"的闲事管得少了，但是责任心和担当却生长起来，变成了一个热心肠的孩子，越来越喜欢去帮助别人。

◆ 教育学与心理学视角 ◆

我们在心理辅导工作中经常听到孩子对爸爸或者妈妈的控诉：

"什么事都是妈妈安排的，我讨厌这样！我恨她！"

"爸爸只知道强制我写作业，我看会儿电视或者玩一会儿他就大吼大叫！"

那么控诉这种现象的孩子往往存在什么问题呢？就如本文的几位小主人公一样，要么在学习上疲惫消极，要么不喜欢学习，要么写作业严重拖延。

其实，帮助孩子改善学习问题有很多有效的方法，比如本文介绍的等量置换。但是这些方法的奏效需要一个前提，那就是父母对孩子的管理不能"事无巨细"（相信他能行），要留给孩子自由发挥的空间（允许孩子做错），允许孩子做自己爱做的事情（给他动力）。

我们要分清哪些是爸爸妈妈应该做的，哪些是孩子应该做的，然后"咬牙"坚持这个原则，"做回真正的爸爸妈妈"，然后孩子才有机会做好他们自己。

放弃保姆式养育方式，让孩子自己
做自己的事情

小王和小张夫妻是一对新苏州人，通过努力工作在苏州买了房子，安家落户了。他们有两个孩子，老大是个男孩，6岁，随母亲小张的姓；老二是个女孩，4岁，随父亲小王的姓。

你可能看出来了，兄妹俩当中，受宠的一定是哥哥。

只是，妈妈小张宠她的儿子已经到了"令人发指"的程度，以至于摔了跤如果没有人扶从不会自己爬起来；任何事情自己从不动手，甚至洗澡都是由妈妈一手包办的；害怕困难，任何困难的事都不肯面对。

学习也是如此。不喜欢数学，上课不听讲、作业不做；给他报课外辅导班，连辅导班都不收他，因为一问三不知，学习状态永不在线。

一想到孩子马上要上一年级了，小张有点慌，她知道这样溺爱很不好，但是孩子已经形成了严重依赖性，行为演变成了习惯，习惯演变成了性格，她不知道该如何下手改造孩子。

小王是我多年的朋友，在一次聚会的时候，他向我请教。

小王向我介绍说："我儿子叫小凯，他平时在家的时候，穿衣服、背书包、穿鞋子、叠被子所有这些事情，都是他妈妈帮他做的，甚至，有时候还给他喂饭，因为他从不好好吃饭。"

我说："这种情况也不是小孩子他自己想要的，而是父母给的。你们想一想，等你孩子长大了可怎么办？让他做一个妈宝男吗？让他继续衣来伸手饭来张口？让他继续害怕、畏惧一切困难？"

小王说："朱老师，我们也很害怕他真的变成这样，你说该怎么去矫正他呢？"

我说："你们夫妻不妨先带孩子过来，让我和他聊一聊。总归先要全面地了解一下他的情况，然后才能给你们提供一些建议。"

我们约的是一家咖啡店。小凯跟在他妈妈身边，自顾自地玩着自己手里的玩具。我从皮夹里拿出一张 100 元面值的钞票，递给小凯："小朋友，你会买东西吗？你去那边的柜台，帮我们每个人点一杯咖啡好不好？然后你自己想要吃什么，也由你自己点，好吗？"

小张按下我的钞票，连连摆手说："不不不，我们来买。我去点我去点，他那么小，还不会点单。"

我阻止她："不要，你要让他来。你相信他，他一定行的。现在，你们要喝什么全部都告诉他。"

小凯说："妈妈，买东西我会的，这个还挺好玩的。你们要吃什么呀？"

爸爸要了一杯摩卡，妈妈要了一杯卡布奇诺，而我则要了一杯拿铁。我跟他说："小朋友，你记好我们三个都要了什么哦！你自己想要什么点什么。"

小家伙屁颠屁颠地跑到吧台，服务员问他："小朋友，你要喝什么呀？"

小家伙一愣："哎呀，我忘了。"接着又跑回来，分别问了一遍，又跑回去。

不一会儿又跑了回来："爸爸，我忘了你要喝什么了。"

妈妈坐不住了："哎呀，还是我去吧。"

我说："不行，要让他自己来。"

就这样来来回回跑了五六趟，每一次不是忘了爸爸点什么，就是忘了妈妈点什么，或者忘了我点什么，急得满头大汗。

营业员说："小朋友，我教你一个办法，你拿纸和笔，让他们写下来，这样就不会错啦！"

小家伙依计而行，拿了纸和笔回来。我们分别在纸上写了自己要喝的咖啡品种，小家伙拿过去给营业员。

不一会儿，营业员送来我们点的东西，三杯咖啡。小家伙一看，只有三杯咖啡，没有自己点的东西，急了："怎么没有我点的东西啊？"

营业员说："小朋友，你点的东西都在纸上呢，你看，已经齐了。你没有点其他的东西！"说完拿出他点的账单。

小家伙摸摸脑袋："啊，我忘了点自己的了！"

我说："小朋友，你先算一下还剩多少钱，然后你根据剩下的钱来点你爱吃的东西好吗？"

妈妈说："他还没上小学，不会算的，还是我来吧。"

爸爸说："就你能！朱老师这是考验他，让他自己来。"

然而小家伙算来算去算不出来。我说："你数一下阿姨找给你多少零钱，不就可以了吗？"

他数了一下，终于如愿点到了自己想要的食物。我问："小朋友，你以后出去买东西，如果你不会算账，那你怎么点单呢？如果别人骗你的钱怎么办呢？"

"可是我不会算呀！我最怕的就是算数了。"

一个孩子，如果他的脑袋里对某个事物存有"害怕"心理，那么他一定会逃避这个东西。

分手的时候，我关照他妈妈："回去以后，你每天在他快睡着的时候，在他耳边轻轻地说：'儿子，你就是数学天才，数学很简单的。'连续说20遍。那时候他虽然睡着了，但是大脑还有些模模糊糊的意识，他会获得这种正向的心理暗示，甚至他以为是梦境，他在梦里击败了数学这个怪物。"

小张依着我的提议做了。果然，有一天，小家伙对妈妈说："妈妈，我昨晚做了个梦，梦到自己是一个数学天才！"

我跟小王夫妻说，带着孩子出去的时候，不管买任何东西，都让孩子来算账。一方面，是对孩子计算能力的锻炼；另一方面，也是在告诉孩子，知识来源于生活的方方面面，数学应用于生活的方方面面。只有真正的需求，才能引起真正的重视。

至于生活习惯方面，小家伙还真的一时难以改正。早上闹钟响过两遍，小凯还赖在床上不起来，要妈妈来给他穿衣服。妈妈走进房间，对小凯说："小凯，昨天我们不是说好的吗，从今天早上开始，你要自己穿衣服。"

小凯不情愿地自己开始穿衣服。毕竟是第一次，妈妈就在旁边指导：裤子怎么穿，上衣怎么穿。小凯照着妈妈的指导，终于穿好了。妈妈说："穿好衣服之后，要自己整理一下，否则出的时候别人都会说：看，这是谁家的孩子啊，连衣服都没有穿好，丑死了。"

小凯学着妈妈的样子，把衣服整理了一下。妈妈把小凯领到穿衣镜面前，让他自己照一照。"哇，咱们小凯真聪明，第一次自己穿衣服，就穿得这么漂亮整齐！100分！"小凯看着镜子里的自己，也开心得笑起来："妈妈，自己穿衣服也没有什么难的嘛！"

小王带着儿子去浴室洗澡，也同样让孩子自己脱衣服、脱裤子，自己洗澡，出来的时候，再自己穿衣服、穿裤子。慢慢地锻炼他的自理能力，慢慢地锻炼他的动手能力。小凯每自己掌握一项新的技能，小王夫妻就要花式夸奖一番。爱一个孩子，更重要的是放手，让他学会独立，学会生存。但是培养一个孩子的动手能力，也是需要技巧的。表扬，就是最重要的技巧。

看着孩子一天天学会自理，小张悬着的心终于放下了。"以前真的是对他包办得太过了，以至于他连一点生活能力都没有。"每每想起曾经的种种溺爱，小张都颇感后悔。

好在，孩子还小，还来得及。李嘉诚说："栽种思想，成就行为；栽种行为，成就习惯；栽种习惯，成就性格；栽种性格，成就命运。"对于孩子而言，从小开始培养他的正确行为方式，就是在培养他的习惯和性格，好的习惯和性格陪伴一生，亦必成就他一生的命运。

越来越多的妈妈不知道应该怎样扮演母亲这个角色。她们不知道怎样做才是"好妈妈"。

温尼科特是英国著名儿科医生和儿童心理分析专家,他提出了"足够好的妈妈"（Good enough mother）这一影响深远的概念：一个"足够好的妈妈"并不是满足孩子所有需要的母亲。而是在刚开始的时候,几乎完全满足婴儿的需要,但随着时间的推进,满足得越来越少,让孩子自己逐渐成长。也就是说,妈妈在被需要的时候一直都在,在不被需要的时候应适时退出。既不忽略,也不会过度地干涉。国内心理学家曾奇峰将 Good enough mother 翻译为"60 分妈妈"。意思是,妈妈不能是差劲的妈妈,也不必是完美的妈妈,刚刚好就可以了。

孩童的心理发展,分为依赖期、相对依赖期和独立期三个阶段,足够好的妈妈能够及时发现孩子独立的需求并给予支持而不是按照自己的想法包办代替。

足够好的的妈妈不同于完美主义和理想主义,后者剥夺了孩子的成长,让孩子没有机会去适应外部的挫折。对于孩子来说,他们并不需要理想的妈妈,他们需要通过环境获得自己需要的东西来为自己的发展过程出力,并从中理解现实的原则和规律。

如果妈妈"太好",对于逐渐产生独立意识的孩子来说,不但无法内化这种"好"（即不领情）,而且容易造成过分依赖的后果。反之,如果妈妈偶尔不满足孩子需要,并创造机会让孩子施展本领,并不影响孩子觉得妈妈好。

致父母的一封信

亲爱的家长朋友们：

首先我引用著名作家杨绛先生的一段话："'好的教育'首先是启发人的学习兴趣、学习的自觉性，培养人的上进心，引导人们好学，和不断完善自己。要让学生在不知不觉中受教育，让他们潜移默化。这方面榜样的作用很重要，言传不如身教。"

每一个家长都渴望自己能成为优秀的家长。反过来，每一个成功的孩子后面都有一个优秀的家长。

在现实生活中，很多家长不能有效地解决孩子的教育问题，其根本的原因是家庭教育知识的片面和零乱、方法使用的随意和盲目。要想从根本上解决这些问题，家长必须更新自己的家庭教育理念，学习系统的家庭教育知识，掌握科学的家庭教育方法，给予孩子适合的家庭教育，把孩子培养成才。

想让自己成为优秀的家长，首先要让自己成为合格的家长。

从孩子诞生的那一刻，你就当上了爸爸或妈妈。随着生活水平的提高，我们都会在孩子身体、成长方面投入大量的精力，让孩子的成长更顺利一点，长得更健壮一点。但是除了这种生理、身体方面的养育之外，在心理方面、知识方面的培育也同样重要。

大家都知道，从孩子出生开始，家长便成为孩子的第一任老师。从孩子成长的过程来看，家庭的教育是基础性的，因为孩子个性的形成在更大程度上受到家庭的影响。家长的行为、家长教育的态度直接影响着孩子个性的形成，而个性又是每个人在社会立足的基础。从这个角度来讲，家庭教育的重要性是显而易见的。

做优秀家长，要做好最重要的五件事。

一、陪伴是最长情的告白

现实生活中有多少父母是整天把陪伴挂在嘴边，但是却疏于每天的陪伴，即使陪孩子在家也是手机不离手，活脱脱变成了语言的巨人、行动的矮子！

提到明星吴尊，想必很多人都不陌生。众所周知，他不仅仅是活跃在屏幕上的大明星，现实生活中更是一名超级奶爸。据他自己介绍，他每天不管工作有多忙，都会抽出两个小时来陪伴孩子。因为陪伴在他看来，就像人生一样，没有彩排，每时每刻都是现场直播，过去了就不会再重来。

汪峰也在《妻子的浪漫旅行》中感慨地说："有时候陪伴比血缘更重要，后天的陪伴更能让孩子健康成长。"想必大家都知道，汪峰的大女儿并不是章子怡所生，或许是内心对母爱的极度渴求，孩子一见面便喊章子怡"妈妈"。一声妈妈，让章子怡心疼，也让两个人的关系变得亲密。章子怡亲自为女儿举办生日会，陪女儿逛街买衣服，和丈夫一起带着女儿去旅行……这个后妈，用爱和陪伴，让孩子那干枯的心灵，重获温暖、自信和快乐。

我始终深信不疑，有父母陪伴长大的孩子是幸福快乐的。而缺失父母陪伴的孩子，往往会在成长的孤独中变得极端、叛逆又冷漠。在《变形计》中，需要改变的大部分孩子都比较叛逆、暴躁。如果你仔细研究就会发现，他们的成长经历大都相似，那就是平时父母工作忙碌，很少陪伴孩子，面对孩子的需求，也都直接用金钱和礼物打发。

心理学家武志红曾对父母们提醒道："在婴幼儿期，爱和陪伴远比教育更重要。一个健康、和谐而亲密的亲子关系是一个孩子人格的基石，也是人格的内容。"请相信，现在你陪孩子长大，以后他也一定会给予你爱的回报。

二、培养孩子的阅读兴趣

世界很大，学校很小，教科书的世界更小，学生将来要面对的是广阔的世界。阅读能力是孩子的一种重要技能，无论对于应试还是生活，阅读都是一种非常必要的学习方式。

然而，现如今很多父母为了让孩子有更多的时间学习功课，为了防止孩子因读课外读物而导致学习成绩退步，采用种种方式阻挠孩子阅读课外书籍。

其实，"课外书"是"教科书"必不可少的补充和拓展，是丰富孩子心灵世界、培养孩子兴趣的最佳途径，不看课外书的孩子眼界注定是狭窄的。家长们如果担心孩子尚未成熟，缺乏分辨能力，那就在尊重孩子的基础上，对孩子进行引导。

首先，父母也要更新观念。

不少父母虽然鼓励孩子读课外书，但功利性较强，一切围绕考试转，以学习成绩为唯一目的。他们鼓励孩子读书，但买的都是教学辅导一类的书，其他书一律禁止。父母们应该站在关注孩子全面发展的高度，走出"教辅书"的狭窄圈子，把阅读看成学生生活的一部分，而不是要达到某种所谓教育目的。带领孩子走进广阔的图书海洋，博览群书，才能给孩子全面的营养。我想告诉所有父母的是，孩子喜欢阅读，其实是一件非常难能可贵的事情。家长们应该尊重孩子的这种阅读兴趣，只要父母引导得法，并且参与其中，孩子的阅读兴趣就能持久而稳定，可以终身受益。

其次，父母要根据孩子的特点帮助孩子挑选课外书。父母应根据孩子的年龄选择适合的读物，同时应该注意知识性与趣味性相结合。父母不妨和孩子一起讨论、选择书籍，以适应孩子的心理和兴趣。

可以让孩子多看一些介绍优秀人物的书籍，树立学习的榜样，孩子可以在阅读中接受成功励志的熏陶，懂得做人做事的态度；也可以读一些经典名著和科普书籍等。

最后，是尊重孩子对课外书的兴趣。

父母要尊重孩子的兴趣，但不是完全由着孩子的性子来，毕竟孩子的判断力和自我约束力还不成熟。父母可以从孩子的兴趣入手，来培养孩子正确的阅读习惯。很多时候，好的阅读习惯比多读书更重要。一般来讲，中小学生会从天性出发选择自己想看的书，父母应尊重孩子的选择。只要不是暴力、恐怖的书籍，都可以让孩子多看一看。当然，父母要帮助孩子安排好学习和读课外书的时间，将读书时间也列进孩子的学习计划表中。在孩子很好地完成学习任务后，允许和鼓励孩子根据自己的意愿读些课外书。只要孩子能合理安排时间，阅读课外书不会妨碍功课，只会有助于拓展孩子的知识领域。

三、与孩子一起养成好习惯

学习不好，根源是什么呢？习惯！想要通过家庭教育的方式让孩子获得好成绩，那么我们父母必须让孩子养成好习惯。

1. 引导孩子解决问题，学会思考

孩子拥有解决问题、学会思考的能力是非常重要的，因为如果孩子不去解决问题、不去思考的话他就不需要知识，那不爱学习就很正常。现在很多家长没有让孩子去解决问题，只是一味要求孩子去学习，那样孩子就用不到自己所学的知识，就会觉得学习是没有用的，所以就更不喜欢学习了，更别提思考了。所以家长在平日里，不要强逼着孩子去学习、去写作业，而应该引导孩子寻找问题、发现问题，跟孩子一起建立解决问题的兴趣。

2. 培养孩子与别人合作的习惯

创造孩子与别人合作的机会，这是家长该做的。例如有些孩子不能很顺畅地表达自己的意见，不会与他人沟通，这种情况就是因为孩子做与合作得太少了，跟别人沟通交流得也太少。同时，做与合作可以锻炼孩子群体生活的能力，也能够培养孩子的责任感。因为在做与合作的过程中，孩子会被赋予责任，在完成任务后也会有成就感，就乐此不疲了。

3. 培养孩子自我管理、自我教育的能力

想让孩子成长得足够独立、优秀，那么孩子就必须具有良好的习惯，具备自我管理、自我教育的能力。想要孩子有好习惯，家长首先就得改变。只有家长从认识上明确，孩子的教育才能真正落地。

四、孩子成人比成才更重要

"成长比成功更重要。"正如一棵树，即便长成参天大树，但是其枝干歪歪斜斜，也终究是不入流的"成功"。

相较于浩瀚的历史时空而言，人的一生极其短暂，但就是在这短暂的一生中，我们需要各种生存能力，而不只是简单地学习书本知识的能力。如果没有其他生存技能，学习书本知识的能力没有任何用处。所以，负责的父母，首先要教给孩子的是各种生存能力，而不只是学习书本知识的能力。

家长们虽然比孩子年长几十岁，经验比他们丰富得多，但是世界一直在不停地变化，一代人有一代人的思想，我们只能是加以指导，哪里来的权力让孩子完全按照自己的经验走呢？人生的道路上难免得失，我们不能凭借自己所谓的经验，不让孩子体会失去的滋味。酸甜苦辣咸都尝过才是真正的人生。我们需要做的就是以身作则，给孩子以积极的引导，让孩子在快乐中寻找到生命快乐的终极密码。

五、相互唤醒"借力打力不费力"

我认为，在家庭教育中唤醒的力量是非常巨大的。

唤醒孩子的自尊、自信的天性，唤醒孩子做人的良知，唤醒孩子自强、自律、自省的能力，唤醒孩子沉睡的潜能，唤醒孩子开拓创新的意识，唤醒孩子自主参与、协作团结的精神……同样也唤醒我们家长自身。

有父母为了唤醒一个经常迟到的孩子，进行心换心的交流。

有父母唤醒了一个自私的孩子，融入集体，帮助孩子找到自己存在的价值。

有父母通过唤醒家校合力，让一个抑郁症的孩子变得阳光起来。

有父母通过唤醒，给一个无法自控的孩子贴了一张优秀的标签。

有父母通过唤醒，适当容错纠正了一个缺乏关爱孩子的不良行为。

有父母通过唤醒，怀揣一份尊重与理解，捕捉了一个好时机，寻找了一份合力，帮助一对"早恋"的学生回归到正常的友谊。

有父母通过唤醒，营造了一个快乐的学习氛围，无声地教育了一个问题孩子。

有父母通过唤醒，让一个长期与老师敌对的孩子从"坏小孩"变成了"学霸男"。

有父母通过唤醒，用耐心、爱心加上慧心，让一个个性鲜明到让人头疼的孩子变得可爱快乐起来。

有父母通过唤醒，用积极的引导、鼓励代替惩罚，教育了一个破罐子破摔的孩子。

有父母通过唤醒，用特别的爱给了自家孩子与众不同的关怀。

有父母通过唤醒，用诗意的眼光看待孩子的闪光点，了解孩子的成长背景，最终赢得了一个孩子的真心。

有父母通过唤醒，用春风化雨的柔情温暖了一颗冰冷的孩子心。

有父母通过唤醒，因材施教，让学霸孩子在学习和做人上双丰收。

有父母通过唤醒，用一股正面的力量来拉动一个孩子脱离了一个不良群体。

有父母通过唤醒，用真爱的泪水融化了一个孤独孩子的心。

有父母通过唤醒，面对一个情绪失控的孩子不急不躁，让孩子自己发现问题，思考解决问题的方法，帮助孩子逐步学会控制情绪，理性面对问题。

有父母通过唤醒，面对一个内心比较灰暗离校出走的孩子，冷静沉着，有条不紊，不求他如何优秀，但求他一生平安与幸福。

有父母通过唤醒，对孩子打架的恶性事件，了解情况，一分为二地看待事情，从源头上杜绝孩子犯罪。

有父母通过唤醒，抓住教育一闪而过的契机，从小处着手，培养孩子的良好习惯，静待花开……

你会发现，以上这些在父母们的眼中，绝不仅仅只有分数，相反，他们更多关注孩子的精神状态和内心世界，通过唤醒的方式让孩子一步步走向胜利。

虽然本书中只有几十个真实案例，但我相信，在中国的教育大地上，绝大部分的父母一直都在艰难探索着最好的家庭教育之路，父母们一直在坚持不懈地努力。

都说理想很丰满，现实很骨感，当今父母都夹在应试教育和素质教育的缝隙里艰难求索，寻找着平衡点，寻找着家庭教育的美好和诗意。

大教育家孔子有一个先进的教育方法，那就是注重培养人们的兴趣。他曾说过："知之者不如好之者，好之者不如乐之者。"只有对学习产生了兴趣，才会快乐地去学，收获自会比前两种人大得多。看来兴趣才是人们的天性，是成功的重要因素。

有一位青年画家想努力提高自己的画技，画出人人喜爱的画。为此他想出了一个办法，他把自己最满意的一幅作品的复制品拿到市场上，旁边放上一支笔，请观众们把不足之处指出来。

集市上人来人往，画家的态度又十分诚恳，许多人就真诚地发表自己的意见。到晚上回来，画家发现，画面上所有的地方都标上了指责的记号。也就是说，这幅画简直一无是处。这个结果对年轻人的打击太大了，他萎靡不振，开始怀疑自己到底有没有绘画的才能。他的老师见他前不久还雄心万丈，此时却情绪消沉，不明就里，待问清原委后哈哈大笑，叫他不必就此下结论，换一个方法再试试看。

第二天，画家把同一幅画的另一复制品拿到集市上，旁边放上了一支笔。所不同的是，这次是让大家把觉得精彩的地方给指出来。到晚上回来，画面上所有地方同样密密麻麻地写满了各种记号。青年画家乃大彻大悟，以后在画坛上终有成就。

我讲这个故事，是想告诉家长朋友们：如果孩子批评你，出发点是希望你改正缺点变得更好；如果孩子鼓励你，出发点是希望你更加自信，变得更好。所以，请家长们正确对待孩子的批评和鼓励。当然，教育孩子我们家长还要养成自我反省的习惯。我国宋代著名教育家朱熹说过这样一句话："日省其身，有则改之，无则加勉。"一个善于自我反省的人，往往能够发现自己的优点和缺点，并能扬长避短，发挥自己的最大潜能；而一个不善于自我反省的人，则会一次又一次地犯同样的错误，不能很好地发挥自己的能力。

总之，我们不仅要做一个优秀的家长，也要让自己成为名副其实的幸福家长，更要做一个智慧的家长。我们对孩子要有信心，在对孩子严格要求的同时，首先我们要严于律己，养成好的习惯，在孩子需要帮助的时候给予帮助。多与孩子互动与沟通，改善亲子关系，做孩子最好的朋友。

衷心祝愿天下父母都能育子成龙，而不是逼子成龙！同样祝愿天下父母能育女成凤，而不是逼女成凤！

教育学与心理学视角

这是一封饱含深情与智慧的信，揭示了亲子教育中常见的问题，共情了在应试教育和素质教育的夹缝中艰难求索的不易，同时从五个方面鼓励父母们继续寻找家庭教育应有的美好和诗意。

正如文中的青年画家请众人点评自己的画作，发现不足之处很多，精彩之处也很多，细想起来，每一个孩子也如此，每一位父母亦如是。

教育的出发点是人，而不是哪一道题、哪一次考试。改善家庭教育的出发点也是人，让孩子健康成长，让父母幸福智慧。家庭教育最好的格局是孩子和父母共同成长——互相成就，各自精彩。

后记：幸福人生是需要目标的

我本科修的是经济学，其本质就是研究如何在资源有限的情况下做到配置最优化以达到理想目标。从微观角度来看，如何合理规划自己已有资源也属于这门学问的范畴。目标是一种理想状态下的结果，也就是优化使用现有资源之后的结果。但其实我们都知道，这并不是一件容易达成的事。我也曾深受其扰，如今总结了些许经验，状况有所好转。写下此文做一个简单的交流。

实现目标最最重要的，或者说唯一重要的是你真的想要去达成这个目标，所谓"心诚则灵"就是这个道理。大目标拆成小目标，小目标的达成需要今天明天、一天又一天的脚踏实地、坚持不懈。若是没有一颗极其坚定的心，是不太可能坚持得下去的。

只有坚定自己的目标，才会有所谓"时间管理"这回事。时间管理这个概念常常被提起，也经常作为所谓成功学的秘诀出现。不可否认，时间是最珍贵的资源，因为我们的生命是有限的。合理有效的时间规划是实现目标的关键。更重要的是，会帮助我们事半功倍地实现目标。

对于时间规划这一命题来说，我认为，树立正确的时间观念是第一点也是最为重要的一点。在这里，我所谓的时间观念并非物理空间上对时间的感知，而是关于时间使用的观念。我们在强调惜时之前应该理解为什么要惜时。对我来说，不是珍惜生命之类很宽泛的说辞，而是尊重时间本身。尊重时间本身需要知道一个概念：这段时间加以利用好后可以产生的影响。在肆无忌惮挥霍大把时光的时候，也许可以思考：若是这段时间我用来做一些别的事情，是否可以离我的目标近一点。当然，这并非表示时间应该 100% 被工作学习或是一些所谓的"正经事"占满。举个例子，午后的一段时间总是会令

人感到疲乏倦怠，午睡、喝下午茶或工作学习等都是可供选择的选项。然而时间只有一段，鱼和熊掌不可兼得。若是你选择了午睡，午睡恢复的精力所带来的愉悦感是大于完成了一部分工作带来的成就感和满足感的，且耽误工作后的结果是完全可以承受的，那么，这段午睡的小憩时间就可以认为是被善用的。当然，这里有个大前提：这是需要经过理智思考的，而不是拍脑袋的理所当然。

第二点就是要选择适合自己的计划方式并使用一些小技巧。每个人的工作和学习方式各不相同，所以计划的方式也各异。拿我举例，第一次接触时间表就是小学课表，几点到几点上什么课。也许是印象过于深刻，等到我自己制作计划表的时候，也是写这样的钟点计划表。但是像这样特别精确的时间表往往不容易遵守，因为生活中总是有意想不到的变化。我还曾得到过一个教训：计划表一旦确定就要全力以赴执行，否则下一次就又可能违约，长此以往就会恶性循环。后来我就开始在待完成事项后面跟着截止日期，每做完一件就打个钩，当完成当天计划时就给自己画一个大大的笑脸。其实以上这两个方案都没有我上大学用的方法合理、简单、易归纳。

一日我看闲书，意外了解到了由日本看板管理改编而来的计划方案。简单来说就是按事情完成的周期对不同的事件进行分类。按照我的模版就是近期准备开始着手做的事、正在做的事、做完但是需要再加工的事、做完的事，这是四个最基本的栏，当然也可以像我一样在最前面加一个积压已久还没做完的事，然后再在每一栏下面写下不同的事件，截止日期也可以备注在上面。若是你使用电子版的话，事情的顺利开展也会使得这张静态的图标动起来，因为前一栏的事件依次往后一栏推进，给人以良好的使用感受和源源不断的正面反馈。

除了以上我提到的主方案，也可以使用些科技应用软件进行辅助，如我常用的 Forest，帮助我专注的同时又可以在荒漠种植树木植被。这些专注的时光像一面面小小的红旗标志着通向目的地的路，也像那些假想的、连接星座中星星们的晶莹线段，不可或缺。

除了有效的时间管理，我认为正面的自我暗示和鼓励也是不可或缺的一个环节。之前有认识的小朋友在我真诚地夸奖他棒的时候，会低下头然后轻声说还得继续加油，现在还不够好云云。其实大可不必，我觉得该给自己肯定的时候就是应该很坚定，这是自信的源泉，也应该成为骄傲的资本。我就常常在阶段性胜利之后犒劳自己一顿大餐。追求目标的过程中不应该是苦哈哈地整天勤耕不辍，应该是乐在其中的、享受的。若是觉得生活十分枯燥，没有盼头，这时候就应该停下来思考一下努力的方向是否正确。若不太对劲，就及时调整方向，少做无用功；若是正确，就应该思考是否运用了科学的方法，如何让过程变得有趣，而不是像一头蒙着眼睛磨磨的驴，没头没脑地从日出忙到日落。

坚定目标，相信自己。科学、合理地计划自己的时间，珍视自己的每一分努力，观察自己的每一点进步，足矣。

人间值得

就在这本书即将完成的时候，我突然接到小韩父亲的电话。

他向我分享了一个喜讯：他的儿子小韩被新加坡南洋理工大学录取了。听到这个消息，我顿时百感交集……

韩爸是一个司法所的工作人员，他是通过另一个做律师的朋友找到我的，请我一定要帮忙唤醒那个已经站到"悬崖边"的孩子。当时，小韩站在"生命"的悬崖边。

究竟是什么原因，让一个孩子有了轻生、"解脱"的想法？

那个时候小韩读初二，成绩很好，人也是少语听话，较为内向。小韩的母亲是一位全科医生，且是著名的专家。按照我的理解，这种专业的医生应该是谙熟人的心理、善于解决别人的心理问题。然而事实并非如此，韩妈下班回家之后，总喜欢讲起当天接诊了什么病人、其行为表现怎样怎样、医院发生了什么事情。

很显然，这些病例病情并不是生活中经常发生的，而是一些特殊的人和案例。一经她讲述出来，整个家庭便被卷入一种非常扭曲、压抑、负面的情绪之中。

而这个时候，韩爸往往一言不发，整个家庭便陷入了韩妈讲述之后的"负能量场"当中。久而久之，小韩心里便笼罩了浓浓的阴影，他对人生、对未来是极为悲观的。直到那天，他说出了："人既然活着没一点儿意思，那还不如不要活，早点走吧！"

韩爸激灵灵地打了个寒战，他醒了：孩子可能产生了轻生的念头。

韩妈也吓坏了，赶紧解释："儿子，你千万不要这样想，我只是看了个不好的病人……生活还是很美好的！"

但是他们的解释并没有缓解小韩的情绪。

我见到小韩的时候，他的眼神暗淡、空洞、迷离，充满了绝望。

我请韩爸、韩妈回避一下，和小韩单独聊一聊。

"爸爸妈妈经常陪着你吗？"我问。

或许因为面对的是一个陌生人，或许真的是因为生无可恋，所以小韩并没有抗拒的心态。"他们从来都没有陪过我，从来也不会陪我，他们各有各的工作，只在我放学他们下班的时候，才会'遇'到一起。这个时候，他们对我也说不上陪伴，一个在絮絮叨叨说着医院里发生的、很不正常的人和事，一个一言不发。每一天家里都是这种奇怪的氛围。朱老师，你觉得有意思吗？"

我知道，小韩说出了他的真实想法。但是我并不能顺着他，否则势必会强化他所描述的"氛围"，勉强的说教将使问题更加无解。

我要和他"同频"。什么意思？就是说我也曾经和他一样有过"生无可恋"的时候。

"小韩，不瞒你说，你的诉说勾起了我小时候的许多往事。我像你一样大的时候，也有过这样的想法。那时候我在农村的老家读书，都是走路上学。你知道吗，每天要经过一片坟岗，就是过去埋死人的地方，一大片的荒地，到晚上阴森森的更可怕，周围听不到一点儿声响的——当然听到声响更恐怖，我每天晚上经过的时候，都被吓得半死。那时候我就想：人活着真的没意思啊，受那么多的苦，最后终究要被埋到这里。"

小韩回应了："嗯，那是很恐怖的。那么朱老师，你现在不是好好地还活着吗？"

我说："很简单，我就换了一条路，宁愿绕一点点，但是躲开了那种阴森森的氛围，就不这样想了啊。我白天看着阳光明媚、蓝天白云，晚上看着月影星光、清风池塘，感到世界真的是太美好了。"

小韩说："但是世界并不总是蓝天白云、月影星光的。"

我说："这正是我们要经历的，世界的千千万万种变化，人生的千千万万种可能，我们都要……经历。如果我们因为悲观，告别了这个世界，那么你想，后面的一切、那些将要一件一件发生的美好，是不是就看不到了？

你不知道世界将会发生什么，人生将要经历什么，那才是真的遗憾呢！"

我正能量的激励、对世界保持好奇心的引导，暂时稳住了小韩的情绪，也让我的神经松弛下来。这个孩子，恰好就站在那个临界点上，这个时候，就要看吹向他的是什么风了：如果是从背后吹来的"负"风，那么极有可能他就此纵身一跃；如果是从对面吹来的"正"风，那么就可能阻止他这一跃，并且推他后退，救他于生命的悬崖边。

更重要的工作，是重塑他家庭的氛围，建立积极的、蓬勃的正能量场。工作开始了……

我对小韩的父母说："今天晚上，请你们放下所有事务，推掉所有饭局，保持轻松、愉快的心情，带着孩子一起去逛街。孩子想买的任何东西，都买给他；孩子想吃的任何东西，都带他吃。一切以孩子为主导，像过节一样，其乐融融。"

那天晚上，小韩在父母的陪同下，玩了一个痛快，前所未有地开心。回到家后，已经很累了。

在小韩准备上床休息的时候，按照我的指导，韩爸用手机以不高的音量播放轻音乐，韩妈则拿出自己的手机在小韩的枕边播放一段语音，那是我特地为小韩录制的，我轻轻对小韩说："小韩，我是朱老师，你现在是感觉累了吗？请你闭上眼睛，想象一下，在一片蔚蓝的天空中，有朵朵白云，在轻轻地移动、变幻，而你，躺在碧绿的草地上，清风拂来，在你的脸上扫过，舒服极了……你现在开心吗？幸福吗？多么美好的生活！你是否感觉到了生活的美好？而且，请你和我一起相信，生活将会越来越美好……"

听说那天晚上，小韩睡得非常香甜，梦中还数次微笑。不久后的一天，小韩主动要求见我。他从书包里拿出一个飞机模型送给我："朱老师，谢谢你。十几年了，那天是我过得最开心最幸福的一天，也是我睡得最好的一天。"

那天之后，我告诉小韩父母家庭"正能量"睡前课：就是每天睡觉之前开一个简短的分享会，每个人都必须做分享——比如我今天做了哪些事情，其中最得意或最有成就感的是什么事；接着，大家再一起探讨，这个事情会不会有更好的处理方式；最后，每个人都制定第二天的工作或学习计划，并且讨论怎样才能做得更好。

按照我的计划，一家人开始正式实施。当然，一开始做的时候多少有些不适应，不善言辞的爸爸尤其不适应；"习惯性"负能量的妈妈也差点控制不住自己，想要倾倒白天的记忆"垃圾"，好在她及时控制自己，不再让负能量的话和消极的事影响到整个家庭的"场"。

家庭会议是一个值得倡导的"家庭制度"，通过这种形式，把所有家庭成员的情绪集中到了一起予以调控，这样就自然而然地形成了 1+1+1 > 3 的能量场，在有意的正向引导和努力之下，这个能量场拥有强大的力量，能够化解每一个人的负面情绪，激发每一个人的正面情绪，从而让每一个人的情绪意识、态度甚至工作的方式方法和效率，都向一个更高的能级迁跃。

"每一个人"，不仅仅指孩子，还包括旨在对孩子施加影响的爸爸妈妈……我这样说，自有证据——一周后，韩妈打电话给我，开心地告诉我，她找到了更好、更积极的工作方法和态度。在这之前，她的情绪始终是紧绷的。和病人、和周围所有人的关系，都是严肃而紧绷的。而现在，她柔软了许多，阳光了许多，她更多地把微笑挂在嘴边，这一变化明显地感染了许多人。大家都觉得她"变了"，工作的效率提高了，医患关系更和谐了，甚至，病人治疗的效果都变好了……

这让我想起了前阵子很热的讨论：人间到底值得还是不值得？

人间，当然是值得的。

图书在版编目（CIP）数据

唤醒：好父母就是好老师 / 朱桂根著 . -- 北京：作家出版社，2021.7

ISBN 978-7-5212-1267-9

Ⅰ . ①唤… Ⅱ . ①朱… Ⅲ . ①儿童教育－家庭教育Ⅳ . ①G782

中国版本图书馆CIP数据核字（2020）第270729号

唤醒：好父母就是好老师

作　　者：朱桂根
责任编辑：郑建华　李　雯
装帧设计：连鸿宾
封面绘图：连鸿宾
内文插图：徐　涛
出版发行：作家出版社有限公司
社　　址：北京农展馆南里10号　　　　邮　　编：100125
电话传真：86-10-65067186（发行中心及邮购部）
　　　　　86-10-65004079（总编室）
E-mail:zuojia@zuojia.net.cn
http://www.zuojiachubanshe.com
印　　刷：唐山嘉德印刷有限公司
成品尺寸：170×240
字　　数：397千
印　　张：23.5
印　　数：001-101000
版　　次：2021年7月第1版
印　　次：2021年7月第1次印刷
ISBN 978-7-5212-1267-9
定　　价：78.00元